财税法译丛 熊 伟 主编

国际税收政策

在竞争与合作之间

Tsilly Dagan
〔英〕特斯利·戴根 著

毛杰 译

This is a Simplified Chinese Translation of the following title published by Cambridge University Press:

INTERNATIONAL TAX POLICY
Between Competition and Cooperation
ISBN: 9781107531031
© Tsilly Dagan 2018

This Simplified Chinese Translation for the People's Republic of China (excluding Hong Kong, Macau and Taiwan) is published by arrangement with the Press Syndicate of the University of Cambridge, Cambridge, United Kingdom.

© The Commercial Press, Ltd. 2024

This Simplified Chinese Translation is authorized for sale in the People's Republic of China (excluding Hong Kong, Macau and Taiwan) only. Unauthorised export of this Simplified Chinese Translation is a violation of the Copyright Act. No part of this publication may be reproduced or distributed by any means, or stored in a database or retrieval system, without the prior written permission of Cambridge University Press and The Commercial Press.

本书根据剑桥大学出版社2018年版译出
Copies of this book sold without a Cambridge University Press sticker on the cover are unauthorized and illegal.
本书封面贴有Cambridge University Press防伪标签，无标签者不得销售。

作者简介

特斯利·戴根（Tsilly Dagan），以色列巴伊兰大学法学教授。国际上杰出的税法理论研究者，对税法领域的思维定势和传统理论提出了新的见解和挑战，曾获 2018 年度国际财政文献局（IBFD）福莱斯·范尼斯泰德国际税法奖（Frans Vanistendael Award for International Tax Law）。

译者简介

毛杰，浙江宁波人，武汉大学法学博士。现供职于国家税务总局宁波市税务局，从事国际税收管理和税收争议解决工作。全国首批税务领军人才（国际税收方向），2019 年由英国志奋领奖学金资助获伦敦大学国王学院国际税法硕士学位。研究领域：国际税收、税收行政法。已出版专著《WTO 货物贸易多边补贴规则的法律问题研究》（2016 年，浙江大学出版社），译著《税收协定与发展中国家》（2018 年，商务印书馆），在《法学》《税务研究》《国际税收》等期刊上发表论文十余篇。

总　序

译书是个苦差事,翻译法律书籍更是苦上加苦。不同国家有不同的法制传统,有的属于大陆法系,有的属于英美法系,同一个法系内部也是异彩纷呈。要想将不同背景的法学论著翻译成中文,使之准确对应中国法的名词术语,的确不是一件容易的事情,词不达意在所难免。因此,对于语言能力强的人来说,直接阅读论著原文,深入特定国度的具体场景,当然是最为理想的选择。

然而,对于中国财税法学来说,这个目标还显得比较遥远。目前学科还处在成长阶段,年龄较长的学者很少用外语,中青年学者出国交流学习的机会多,其中不乏外语能力很强的人,但大部分人还只是掌握英语,阅读一般的外文读物没有问题,能熟练查阅专业文献的并不多见。在财税实务部门中,这方面的人才更加欠缺。总体来说,我们对境外财税法的研究并不全面和深入。

另一方面,随着推进建立现代财政制度,近年来我国财税改革的实践如火如荼。不管是中央与地方的财政分权,还是预算管理制度的强化;不管是地方债的规制,还是政府与社会资本合作;不管是税收法定原则的落实,还是税收征收程序的完善,结合国情的制度创新都是核心内容,迫切需要财税法学界提供理论支持,包括有关外国学说和制度的借鉴。

尽管财税法发展离不开本土经验的总结，但这个领域总体来说是舶来品。基于市场经济的愿景，各国在观念、制度、规则和应用等方面有共通之处。外国学者的成果，不管是基础理论提炼方面的，还是历史梳理及制度比较的，抑或是规则阐释及应用方面的，只要考据翔实、言之成理，对提升我国立法、执法、司法以及研究的水平，应该都会有所裨益。

二十年来，我国财税法学经历了"摇旗呐喊""跑马圈地"，现在需要进入"精耕细作"的阶段。译介外国的论文著作、法律文本，有的放矢地学习国外先进的治学方法和法治经验，方便财税法学者从事比较研究，方便政策制定者了解国际动态，这是学科精耕细作的必然要求，民法学、行政法学、宪法学、刑法学都经历了这个过程，新兴的财税法学也不可逾越。

鉴于此，笔者不揣冒昧，积极从各个方面争取资源，策划组织"财税法译丛"，并得益于金莹莹编辑的帮助，在商务印书馆成功立项。作为总主编，我深知此事之艰难，除了需要不时亲自示范，直接参与翻译工作，更为重要的是，要认真筛选待译文献，物色合适的翻译人员，为译稿质量最终把关，为出版筹集足够经费，等等。但兹事体大，不敢犹豫，只有迎难而上。

这套丛书的顺利出版，要感谢商务印书馆的支持，感谢中国财税法学研究会会长、北京大学刘剑文教授的鼓励。约克大学奥斯古德霍尔（Osgoode Hall）法学院的李金艳教授、不列颠哥伦比亚大学法学院的崔威教授、悉尼大学商学院的 Antony Ting 教授、香港中文大学法学院的许炎教授、南开大学法学院杨广平教授积极推荐优秀著作，国内不少中青年学者和实务专家纷纷表示愿意加入翻译团队，这份热情让我感动，借此机会一并表示感谢。

译丛的选题覆盖财政法和税法，既可以是理论性的思想探索，也可以是制度方面的比较研究，还可以是行政或司法案例的分析整理，作者的国别不限，书稿的语言不限，只要是优秀的作品，版权方面不存在争议，都可以列入选题范围。恳请各位师友不吝荐稿，并帮助联系作者和出版社，也欢迎有志之士加入翻译团队。如有慷慨者愿意资助出版，更是功德无限。

随着"财税法译丛"项目的推进，一本又一本优质图书将被引入国内，与学术研究者、政策制定者、法律执行者见面，成为中外思想交流的又一平台，成为推动我国税法学进步的新动力。这一幕情景虽然需要付出非常努力，却无比令人向往，值得我和学界同仁一起去实现。笔者相信，所有投身于这项事业的人，其收获的快乐将远超预期。

此为序，与诸君共勉！

熊　伟

2017 年 9 月 8 日

译者序

在国际税收方面的著作日益增多的今天,特斯利·戴根教授的《国际税收政策——在竞争与合作之间》一书不落窠臼,标新立异,立足国际社会的结构现实,运用博弈论的分析方法,视角独特,深入剖析,给读者以全新的阅读感受。

传统意义上,国家作为民众缔结社会契约的产物,可以在封闭的环境中,自主制定所得税等税收政策,维护本国的税基,筹集税收收入以资助公共产品的供应,实现有效的再分配,进而在政治上确立其权威的合法性。在国际层面,有限的国际交往广度、深度和频度尚不要求 国在决定本国税收政策时考虑其他国家的行为。然而,在全球化浪潮风起云涌的时代,国际社会结构以及国家的角色功能已经悄然发生了不可否认的变化。去中心化的国际社会中主权国家林立,每个国家都按照自身利益最大化来决策行动。生产要素的国际流动必然引发国家之间的竞争,东道国为吸引外国投资,居民国为挽留或者争取"理想"的税收居民,无不竞相抛出"橄榄枝"。申言之,国家不得不将主权权能拆分重组,为纳税人量身定制具有吸引力的税收与支出的"政策包",由此,国家主权"碎片化"了。生产要素的拥有者可以在众多国家的"政策包"之间进行选择,作出最为有利的配置安排，由此，国际税收政策"市场化"了。国家与纳税人之间的这种新的、更为复杂的博弈格局，不同程度地侵蚀了国家的税基，削弱了国家提供公共产品、实施再分配以维护社会公平的能力，动摇了国家的政治权威。

为应对国际税收竞争带来的这些后果，人们通常支持加强国际协调，增进国际合作。在过去的一个世纪里，国际社会确实在国际税收合作领域持续地努力着。重点的合作行动包括：防范双重征税，打击有害税收竞争，涉税信息共享安排，应对税基侵蚀与利润转移行为等。然本书作者从博弈论的视角，对双边与多边合作进行了分析，并得出了与主流观点不同的结论。例如，作者认为为防范双重征税而缔结税收协定这种双边合作行为，其效果完全可以由一国单边措施来实现，而协定缔结耗时费力，不符合效率原则。更为重要的是，协定带来的分配效果往往损害来源国的利益。又如，对于多边合作，作者从效率角度出发，认为集体行动问题所带来的背叛以及监督成本使得多边合作往往归于无效或者失败，而在利益分配格局上，这些合作也可能造成发展中国家国内劳动力等弱势群体利益受损。

作者没有停留在论证"合作可能损害部分参与者利益"这一点，而是超越合作本身，考察合作参与者与不参与者之间的利益关系，进而对国际税收领域广泛存在的"在不存在强迫的前提下，参与合作必然意味着合作对参与方有利"的观点进行了批判性分析。作者揭示，部分国家（多数为发展中国家）参与各种国际税收合作，并不是因为这些合作本身对这些参与者有利，而是国际合作所具有的网络化效应、内在锁定以及卡特尔等效应,对"局外人"施加了负外部性,因此,尽管合作并不符合这些国家的最佳利益,但它们仍然不得不进行合作。

分析问题旨在对解决问题有所助益。作者从两个层面提出了自己的设想。其一是在规范层面,确立"正义"作为应对挑战、重塑国际税收秩序的根本价值取向。国家间竞争削弱了国家实施再分配,以及维护社会正义的能力,在此全球化背景中,不能寄希望于正义仍然能够在一国范围内得以实现,促进正义的可选途径可能是超越一国范围而上升到国际层面,国际合作不只是为了实现本身目标和利益而进行博弈,也应当作为帮助每个国家实现对全体国民的正义的重要途径。其二是在应对措施层面,作者支持将国际税收解释为各国策略性征税的竞争性市场,并在此基础上提出完善竞争的措施建议,这就有别于主流的通过合作来"一刀切"地限制税收竞争的立场。竞争本身并非一无是处,作者支持"有效率"的税收竞争,其设想更有"疏之而非堵之"的意味。

经过百余年的发展,国际税收领域呈现出"巨大的变局",国际税收去中心化并日益成为一个竞争性的市场,国家成为这个市场上的博弈者,由此在国内以及国际层面均产生了无效率和不公平的后果。各国普遍性地降低税率,以吸引流动性强的生产要素,但削弱了国家的征税能力,危及福利国家的可持续性。各国不同税制之间的差异滋生了税收筹划和避税,规则透明度的缺失亦导致逃税泛滥,而多边层面的诸多努力,也未达到税收公平分配的程度,反而可能加剧国家间利益分配格局的失衡。国家日益丧失在国内税收事务上的合法性与在国际税收事务上的独立性。在此"激荡"的时代，我们翻开特斯利教授的这本著作，穿透国际税收传统理论的"黑匣"，品味博弈论方法对利益格局的洞悉，或许可以对国际税收政策未来的走向有所感悟，有所共鸣。

纪念我的母亲

目　录

致　谢……………………………………………………………… 1
导　言……………………………………………………………… 3

第一章　全球化经济体内税收政策的困境…………… 15
第一节　封闭经济体内的所得税政策……………………… 18
第二节　税收竞争…………………………………………… 29
第三节　税收竞争如何重构国家税收政策………………… 38

第二章　全球规划者与策略主体……………………… 54
第一节　国际联盟的解决方法：分配征税权……………… 55
第二节　国家层面的解决方案：尝试中性………………… 62
第三节　策略性征税………………………………………… 74

第三章　税收协定的神话……………………………… 89
第一节　通行的观点………………………………………… 90
第二节　国家政策之间的互动……………………………… 98
第三节　税收协定的现实…………………………………… 119
第四节　赢家和输家………………………………………… 133
第五节　结论………………………………………………… 144

第四章　多边合作的成本 …… 145
第一节　税收竞争的成本 …… 147
第二节　协调的问题 …… 158
第三节　结论 …… 169

第五章　合作及其不足之处 …… 172
第一节　国际税收合作的简要历史 …… 176
第二节　为何（部分）行为者违反自身最佳利益而进行合作 …… 201
第三节　博弈制定者和博弈改变者 …… 219
第四节　结论 …… 223

第六章　国际税收与全球正义 …… 225
第一节　政治哲学中关于全球正义的争论 …… 230
第二节　遭受损失的国家 …… 236
第三节　我们该往何处去？ …… 248

第七章　完善国际税收市场 …… 260
第一节　市场失灵 …… 264
第二节　分配正义 …… 269
第三节　对政治领域的削弱 …… 271
第四节　一种可能的解决路径 …… 272
第五节　两项可能的反对意见 …… 275
第六节　完善税收竞争 …… 280
第七节　结论 …… 298

索　引 …… 300

致　谢

本书得益于许多朋友和同事的广泛评论和探讨，他们阅读了本书全部或部分内容，他们是：斯万·阿贡-施罗莫，鲁文·阿维-约拿，爱德华多·拜斯特罗基，菲利普·贝克，伊扎克·本巴吉，基恩-皮埃尔·贝努瓦，埃雅尔·本韦尼斯蒂，帕米拉·博克曼，亚瑞夫·布朗纳，金·布鲁克斯，艾莉森·克里斯汀，史蒂夫·迪恩，安娜·葆拉·多拉多，艾迪·艾雅，罗恩·戴维斯，尤瓦尔·费尔德曼，塔利亚·费雪，戴维德·吉洛，奥弗·格罗斯科夫，阿萨夫·哈姆达尼，沃纳·哈斯勒纳，马丁·赫森，迈克尔·海勒，明迪·赫茨菲尔德，彼得·洪格尔，罗伊·克里特纳，塔玛·克里歇里-凯兹，艾迪·里布森，阿萨夫·里克夫斯基，多林·勒斯蒂格，塔利·玛格丽特，约拉姆·玛格流特，鲁思·梅森，阿杰伊·梅罗特拉，厄玛·莫斯克拉，雅各布·努西，莉萨·菲利普斯，帕斯奎拉·皮斯通，凯瑟琳娜·霍尔辛格，加布里埃尔·劳特伯格，塔莉·雷格夫，黛安娜·林，亚当·罗森兹威格，伊恩·若克森，斯蒂芬·谢伊，米兰达·斯图尔特，麦克斯·斯特恩斯，林达·苏金，爱德华多·特拉弗斯，以及剑桥大学出版社和以色列科学基金会的匿名审稿人。本书的完成也得益于一系列会议中的讨论：关于"法律、经济和不平等"的康奈尔-特拉维夫会议、布鲁克林法学院的"重新思考税收协定"研讨会、洪堡大学"当代国际法中的社会义务"研讨会、里斯本大学"税收与发展"研讨会、麦吉尔大学"追寻我们的财政足迹：评价当代国际税法标准对于低收入国家的影响"研讨会、高级研究院关于"主权、全球正义和国际制度"的耶路撒冷会议、国际财政文献管理局（IBFD）的"金砖国家与国际税收协调的出现"研讨会，以及在以色列巴伊兰大学、布鲁克林、福特汉姆、欧洲大学研究所、国际财政文献管理局、国际数据中心（IDC）、伦敦政治经济学院、特拉维夫、康涅狄格大学、佛罗里达大学、里斯本大学、马里兰大学、东京大学以及维也纳经济与商业管理大学举行的研讨会。我也非常感谢加尔·本·哈伊姆，加亚·哈利里·海特，德维尔·霍伦德，列乌特·伊斯雷尔舍维利，萨皮尔·朗克里和罗腾·施皮格勒所提供的研究协助。感谢达纳·梅苏拉姆优质的编辑服务，以及以色列科学基金会书籍资助项目给予的慷慨支持。本书第三章和第六章分别修改和更新自之前的论文：The Tax Treaties Myth（《税收协定的神话》），32 *NYU J. Int'l L. & Pol.* 939 (2000)；International Tax and Global Justice（《国际税收与全球正义》），18 *Theoretical Inquiries in Law* 1 (2017)。

导　言

国家内部以及国家之间日益增长的不平等亟待有效的制度解决方案。传统上所得税是改善不平等格局的标准政策工具。但是，国际税收的去中心化结构中，国家之间为了资本、居民和税收收入展开竞争，导致国家通过税制实现规范目标的能力受到了严重的挑战。由于这种竞争，单边行动的国家日益无法维护自己的税基以及完全实现自身的规范目标，即以有效率和公正的方式筹集足够的税款资助公共产品的提供。这就给国际税收政策制定者和研究者提出了一个重大的命题：设计能够支持——尽最大可能地支持——正义和效率目标的国际税收政策。在寻求这类政策的过程中，许多努力集中在超国家层面，旨在达成对国家间税收竞争进行监管的合作机制。有观点坚称，从效率和正义的角度来看，一个限制税收竞争的全球机制是值得称道的。本书对此观点提出了质疑。本书支持更多的竞争——或者说更为有效的竞争——笔者认为，这种竞争能更好地促进公正和有效率的国际税收。

本书最有力的论点在于国际税收应当被认为是去中心化的竞争性市场，在这个市场中，政府日益成为追求自身利益最大化的策略主体。尽管当前国际税收体制中的许多挑战来自于这种去中心化的竞争性结构，但正如笔者所展示的，通过集中化限制竞争并不必然是解决问题的答案。与支持多边合作实现集中化的观点不同，笔者的解决方案支持竞争成为实现国际税收规范目标的途径。基于此，不同于限制竞争的全面多边体制，笔者认为，多边协议应当寻求改进——事实上是完善——竞争。除了其令人质疑的名声，如果竞争能够得到合适的设计，它对于全球福利和全球正义将是有益无害的。

如今的国际税收政策备受关注。从最初单调乏味、鲜有人问津的、高度技术化的公共政策领域，到如今不仅吸引媒体的视线，更广受政治领导人、商界和公共利益群体的聚焦。臭名昭著的避税天堂银行账户信息泄露以及与告密者交易等事件东窗事发，深深震撼了社会大众。人们紧跟诸如欧盟对爱尔兰施压要求后者对跨国企业征收足够的税款以及向纳税人公开国家间协议等事态的发展。单边措施大量涌现，双边税收协定成为所有国家的标准，而多边谈判和协议则达到了顶峰。之所以如此，原因很明确：国家的税收政策正遭受到国际税收竞争、税收筹划和避税的严重挑战。伴随着公共资金的大部分来源落在劳动力身上，国家正在逐渐丧失收入再分配和维持福利体系的能力。这使得国际税收成为国内所得税政策的重要分支，也因此成为不仅对资本所有者和跨国企业，而且对所有人均具有重要影响的政治问题。

与此同时，国际环境的变化正在改变我们通常关于所得税的看法。传统观点设想的是由拥有排他性税收立法权的主权者统治下的国家，在加强其选民所共享的基础规范价值的同时，寻求（至少在理想上）福利的（效率）最大化和公正的（再）分配。但是从现今全球化的视角看，所谓的强大主权者只不过是就投资、居民和税收收入开展竞争的大约两百个主权者之一分子而已。税收是竞争的筹码，国家提供有吸引力的税收和支出"交易"从而吸引投资和居民。因此，在税收竞争的环境中，税收政策几乎不可避免地被市场化了，因为国家试图根据对它们而言最有价值的现实以及潜在投资者和居民的需求和要求,"量身定制"地为他们提供征税和公共利益的一揽子交易。流动性的资本享受低税率待遇,外国投资者从有吸引力的税收减免中获益,受欢迎的跨国企业适用有利的税收机制(比如有利的研发税收待遇)。这种市场化的结果是,再分配日益成为不可能完成的任务。国家的福利体系难以为继,而国家之内与国家之间的贫富差距不断扩大。所得税在全球化竞争性环境中所面临的挑战巨大,甚至是压倒性的,导致许多人都惋惜福利国家的终结,并促使政策制定者和学者们寻求维持所得税的效率和正义目标的可行方案。

国际税收的基础已经去中心化了:不存在制定规则和税率或者分配征税权的中央政府。尽管晚近存在促进合作的巨大努力,同时有些观点认为已经出现了限制国家选择的税收领域的国际习惯法,但是每个国家依然独立地制定本国的税收政策,确定自己的规则和税率。国家的这些税收政策互动,形成了国际税收体制。国际税收的去中心化造成了税收体系之间的不一致,产生了阻碍跨境经济活动的障碍,也滋生了避税的机会。去中心化使得国际税收体制不仅具有市场竞争性,而且呈现高度碎片化。经验丰富的纳税人利用税收筹划工具,能够在各种税收体系中选择不同的组成部分,搭国家的公共产品和服务的便车。在这些税收竞争条件下,国际税收的碎片化和市场化已经侵蚀了国家为资助公共财政而征税以及财富再分配的能力。这些反过来严重削弱了国家运用强制性权力征税的合法性。

本书分析的始点是国际税收的市场化和碎片化结构。为获得对该体制运行更为微妙的理解,本书运用市场竞争的术语来描述国际税收:将国家理解为以有偿方式——即支付税款,向其选民和投资者提供产品和服务。因此，这一分析的核心是国家，它被视为是与其他同类国家、其选民以及投资者进行互动的理性行为主体。这一分析所展现的是一幅复杂的国际税收图景，其中国家制定策略，达成交易，进行合作，或者是背叛协议，所有这些举动都是出于国家对于本国利益最大化的考虑。然而，税收当然不是一般意义上的价格，国家提供的产品和服务也不是一般意义上的商品，国家之间的互动或者国家与其选民之间的互动也不是一般意义上的市场关系。它们的作用、目标以及成功的手段是（至少应当是）很不相同的。因此，本书并没有满足于这一市场的分析，而是更进一步批判地检视和规范评价了这种市场互动的结果，强调的不仅是效率，还有分配正义和政治参与。

本书运用市场类比和博弈理论，将国际税收体制的运作比作具有类似市场动机和市场策略的市场主体之间策略性的竞争性博弈。在税收市场中，国家设计（或者如果需要理性地运作，也应当设计）最符合本国利益的国际税收规则，而同时它们的选择会与其他国家的选择发生互动和竞争。这一国际税收策略市场的观点确立了本书的方法论框架。第一，笔者解释了国家如何能单边策略性地征税，预计其他国家的策略或者对其他国家的策略作出反应，从而更好地促进本国的利益。第二，笔者运用博弈论分析思考能否论证明确的双边合作优于国家的单边策略。第三，笔者聚焦于多边层面，比较竞争性策略与合作性策略，运用网络理论假定分析各种多边合作协议的成本与收益。这一以市场为基础的分析解释了利益——与权力的斗争——这些构成了现今体制的基础，并为如何设计未来多边方案提供了重要的洞见。

从规范的视角，本书详细审视了国际税收在分配正义、效率和政治参与方面的结果，认为更多的竞争（或者说更为有效的竞争）是促进一个更为公正和有效率的国际税收体制的更好途径。为此，本书考量了国际税收应当追寻的目标，检视了国际税收能够实现的目标，并提出了一些初步的建议。本书的这一规范分析有别于现今的学术研究和近期的政策方案，这些研究和政策方案出于竞争侵蚀了国家的税基、征税权以及特别是再分配能力等原因而倾向于谴责竞争。这些现象引领学者和政策制定者另辟蹊径，寻求解决方案。鉴于竞争通常被认为是造成国际税收问题的原因，通过合作来限制竞争由此被认为是最有效的办法。合作的观点赢得了巨大的支持，获取了空前的影响力，并被认为是无可置疑的理想方案。本书提出的观点与之正好相反。本书认为通说的分析——完全拒绝竞争而支持合作——过于忽视竞争的益处以及合作的可能成本。不受约束的竞争，由于（甚至）缺乏博弈的规则，必然产生市场的无效率、扩张的分配鸿沟，以及从政治制度向市场制度的权力转移。但是合作也可能存在巨大的成本。涉及权力集中的合作带来了效率、分配正义以及政治参与的成本，而竞争在抵消这种权力集中方面可以发挥重要的作用。因此，合作本身并非必然是好的，而是应当审慎看待合作，而竞争对于消除合作可能的缺陷却是非常重要的。但是，笔者并未将竞争作为合作的对立面。事实上，笔者认为一定程度的合作有助于促进更为有效的竞争。类似地，有效率的竞争对于确保合作取得最佳结果也至关重要。

本书所提出的三个主要成果可以概括为：其一，概述了20世纪国际税收理论与实践的发展。本书描述了国家主权者征税权的转变，强调了这些权力的市场化和碎片化，以及国家如何日益成为市场主体。本书同时阐述了从国际联盟体系下的努力一直到晚近的税基侵蚀与利润转移（BEPS）协议等政策前沿的多边动议。其二，本书在方法论上整合了国际税收竞争性市场的策略分析。这一方法阐明了现存的条约与正在探讨中的方案，并对国际税收领域适用和支持的（看上去无害的）机制存在的赢者与输家作出了明确的解读。其三，本书的规范性评价——基于效率和分配正义——为采用统一标准的更具（改进后的）竞争性的体制和实施有效竞争的合作性机制提供了辩护。

路线图

本书从对国际税收政策传统概念的批判入手，这些传统概念聚焦于征税权或者是关于中性的不同概念。但本书将国际税收类比于竞争性博弈，并提出国家需要为追求本国利益，制定体现本国比较优势的国际税收政策，以吸引和挽留具有流动性的居民和生产要素。市场环境极大地改变了税收政策的基础。纳税人拥有可行的选择权，税收竞争逐步地完全改变了税收政策的决策过程。在税收语境中，国家已经不再单独为了实现集体目标而对其选民作出强制性要求。相反，国家日益成为从全球吸引投资和居民的招揽者。

本书第一章探讨了税收政策制定者在竞争环境中所面临的困境。为了具有竞争力，国家必须提供优惠政策，以使其选民能从外国和本地投资中获取最大利益，以及更为重要的是，这些税收政策能够吸引新的理想的税收居民。这种对于居民和投资的双重竞争改变了国家思考税收政策的基础。这种竞争使得诸如效率与再分配等基本目标变得有条件和不确定，并对集体身份这一传统概念提出了挑战。

税收政策目标再也不是为了一组确定的选民而量身定制的。相反，纳税人群体与税收体制所服务的选民是同时形成的。也许令人惊奇的是，这种看上去属于政策制定者关于塑造选民的额外权力实际上削弱了政策制定者根据典型政策目标制定税收政策的能力。迎合更具吸引力的流动性居民和投资者偏好的需要，迫使政策制定者在国家原有选民与潜在的可能是更具吸引力的选民之间作出抉择。这就促使政策制定者限制国家的再分配职能。而且，政策制定者也被诱导将发言权这一民主参与传统与"用脚投票的做法"进行交易，并将流动性置于对国家的忠诚之上，作为确定经济权利和利益的一个重要（尽管绝不是唯一）的因素。

第二章回顾和批判了有关防范双重征税的国际税收政策的传统观点。自20世纪20年代以来，国际税收学者和政策制定者聚焦于国家对所得征税的主权权力。国际税收的经典文献发展出了属地征税、经济忠诚，以及国家间平等的概念。国际税收规则之后将注意力转向所谓的"中性"，致力于决定何种国际税收政策能够最好地促进经济效率。学者们对全球化经济中不同类型中性（资本输出中性、资本输入中性、国家中性以及晚近的资本所有权中性）的相对效率展开争论。本章对于传统的以权利为基础的方法以及中性的争论都进行了批判，并提出了国际税收政策的第三条道路：在全球决策主体缺失的情况下，个体国家只能策略性地思考，在给定其他国家预计反应的前提下，根据本国最佳利益来设计本国的国际税收政策。运用这种策略方法，本章聚焦于消除双重征税的单边选择，而把对于双边以及多边合作性选择的探讨留给了后续章节。

在第三至第五章中，本书反对合作的观点，并认为在双边或者多边层面的合作方案，尽管被描绘为对所有参与方均有益，但实际上却是以发展中国家利益受损为代价、服务于强大和富裕国家利益的工具。

第三章解构了税收协定的神话。通说认为税收协定是一种既定的对于消除双重征税必不可少的机制。人们的共识是通过降低双重征税的负担，税收协定促进了资本、货物和服务的自由流动。第三章的分析阐明了这些税收协定并非是防范双重征税所必需的，而在事实上服务于并非如此崇高的目标，比如缓和官僚纷争以及协调缔约国税收术语。而且税收协定还可能产生许多更具争议的后果，特别是导致税收收入从贫穷的缔约方转移至富裕的缔约方。运用博弈论，该章考察了不同类型国家单边政策之间的互动，阐明了这些政策互动是如何与税收协定同等程度地降低税收水平的。税收协定并没有提供更高程度的稳定性，而经常只是复制国家为消除双重征税而单边采取的机制而已。然而，在单边措施与税收协定机制之间存在一个实质性差别：国家间单边措施的互动倾向于允许东道国从征收税款上获益，而税收协定则总是将税收收入作有利于居民国的分配。在发达国家之间，两者在税收收入分配上的差别可能可以忽略不计。但当涉及发达国家与发展中国家时，税收收入的再分配意味着具有累退性——以损害发展中国家利益为代价，服务于发达国家的利益。

第四章的探讨从双边层面转移至多边层面，考察了多边合作的成本。深受税收竞争导致的逐底竞争困扰的政策制定者和学者倾向于支持一项能够执行统一税收标准的多边合作方案。该章建议，尽管合作享有良好名声，但其并非是固有的好，而且合作的后果也并不总是可取的。为了阐明这一点，笔者采用了一个极端（不可否认也是假设）的合作案例，即统一全世界所有国家的税制。人们广泛相信，这种统一可以帮助国家征收足够的税款从而维系（或者恢复）福利国家,同时促进国内的分配正义和效率。笔者通过分析不仅质疑这种全面合作的实现前景,而且怀疑其实际的规范可取性。鉴于背叛合作对于个体国家是优选策略,而且其他合作主体监测背叛与执行合作协议的能力不足,笔者由此认为这些重大的集体行动问题损害了全面合作性体制的实现可能性。另外,尽管被吹捧为是具有广泛授益性的策略,这种全面的多边合作在国家之内和国家之间都存在低效率和潜在的累退效应,因此并不必然是理想的。从这个意义上说,尽管协调当然可能改善国家为提供公共产品而征税的能力,税收竞争(统一的报应)则可能促进其他重要的效率目标。这些效率目标包括匹配公共产品与个体偏好,减少政府的浪费,以及清除驱使政府为社会中特定群体排他性提供利益的政治约束。

分配方面的考虑进一步给统一税制的可取性打上了问号。尽管税收协调允许国家在资本即使具有流动性的条件下对资本进行征税,从而将税收负担从较少流动性的劳动力之上转移回更具流动性的资本上,实现所得的再分配,但是限制竞争会给贫穷国家带来令人忧虑的分配效果。多边协调机制能对跨境投资征收更多的税款(产生税收楔子),但可能由此减少对贫穷国家劳动力的市场需求。而且这些国家无法征收足够的税款来补偿本国劳动力因此蒙受的工资损失。基于上述所有理由,笔者得出结论认为,合作并非是本身(per se)可取的。尽管合作可以成为支持某些偶然性政策的有用修辞工具,但与此同时也模糊了其他同等重要的考量和选择。识别合作性政策的赢者和输家对合理评价这些政策至关重要。

第五章解释了为何现存的多边合作方案经常有利于经合组织的强国却牺牲发展中国家的利益。在过去的近一个世纪中,国际税收领域重大的多边合作项目都是由经合组织国家领导的,其中有些项目比其他项目更为成功。基于合作对于所有参与国有益这一前提（或者至少是提议），这些国家不遗余力地推动这些合作项目。对于合作的支持是与经典的集体行动基本原理相一致的，即拒绝合作、各自逐利，则满盘皆输。但这些支持合作的解释忽略了另一种可能：即有时尽管合作并不符合其最佳利益，国家仍会参与合作。该章回顾了国际税收领域重要多边合作的历史，解释了想必是自愿性质的合作，其本身并不能证明该体制对于所有参与方有益，正如单个国家拒绝合作并不能成为合作必然不符合其最佳利益的充分证据。笔者支持这一观点是基于对实现合作之路可能存在四种主要缺陷的深入分析：策略性的互动造成国家没有其他可行的选择；国家之间实质性的不对称导致天平朝强国倾斜[特别是发达国家更能在它们之间实现合作从而把握（集体）的市场力量]；国际税收领域网络产品的盛行，以及这类产品固有的锁定效应和卡特尔效应给予发达国家先发优势和对其他国家施加外部性的能力；议程设定方面的问题帮助部分行为主体按照有利于自身的方式操纵程序。在某些情形中，上述缺陷使得国家愿意进行合作，但如果可以的话，它们宁可事先从来没有这种合作协议。当然，这并不是说任何合作都是不好的，而是与其认为一个国家的合作都是对其有益的，不如更为深入地考察其中的利益关系。

本书的最后几章对处于去中心化治理中的国际税收提出了规范路径。这些章节讨论了实现公正和有效率的国际税收所需要的条件，以及因国际税收去中心化结构导致实现这一目标的困难。本书最后部分自第六章起，该章分析了全球化对分配正义带来的挑战，探讨了世界正义论与国家统治论这两种不同观点以及它们对于国际税收政策的影响。支持世界主义正义论的人认为，无论人们属于哪个国家,正义应当在人与人之间普遍存在;而国家统治论观点认为,正义是政治制度的衍生物,国家才是实现正义的主要平台。笔者认为,由于国家间竞争削弱了国家(无论是富国还是穷国)维持保留其合法性所必要的国内背景条件的能力,以及使国家成为促进正义的唯一合适机构的能力,因此重置了上述争论的条件。税收竞争下主权的碎片化和市场化性质侵蚀了国家对于强制性权力的垄断地位以及其表达选民集体意愿的能力。基于此,我们无法继续认为正义可以在国家范围内得以实现,而这又反过来削弱了国家的合法性。因此,国家之间的合作不只是国家通过讨价还价实现目标的途径:它是国家通过改善其确保公民集体行动与平等尊重和关切其公民的能力,从而重获合法性的手段。

关于国际税收的传统论述似乎支持国家统治论的观点,暗示假定当国家为多边协议讨价还价时,正义完全是通过国家之间的协议所媒介的。但本书第六章提出,旨在为国家提供基本合法性的多边体制,其本身要求独立的正当性。与国家统治论的通常观点相反,笔者认为合作本身并不能确保正义,富国与穷国之间一定的转移支付可能是确保正义所需要的。为了实现国内正义,同时防止穷国中的贫穷阶层承担相关的成本,正义的支持者应当争取在富国和穷国之间实现这种转移支付。

作为本书的收尾部分,第七章提出了一些临时性的建议。假定以穷国国内贫穷阶层利益受损为代价的富国国内分配是不公平的,而国家之间的转移支付是乌托邦的,该章探索了第三条道路:完善而非限制税收竞争。为了实现这一目标,国家(或者一组国家)之间的合作对于矫正诸如搭便车、交易成本、信息不对称以及策略性行为等市场失灵至关重要。在国际税收领域,这些典型的竞争障碍转变成为避税、逃税以及政府卡特尔等现象。当然,完善后的国际税收市场机制并不能解决所有问题,特别重要的是维持国内再分配的难题,也不足以防范政治自治在全球化进程中不受市场化的侵蚀。然而笔者认为,相对于国际税收界所广泛支持的国际税收体制的日益集中化,改进竞争仍不失为最佳的次优选择。

绘制详细的蓝图超出了本书的范围,但提出一些关于改进国际税收体制的粗略建议则可能是有益的。因此,本书最后一章阐明了一些有助于克服市场失灵的替代机制。这些解决方案从较为试验性的(可能是不现实的)到看上去已经在确立过程之中。最为激进的方案是设立遏制反竞争策略的国家间反垄断机构;较为现实的方案则是建立克服信息不对称的信息共享体系。而第三种可能的机制是针对体制间规则分歧的结构性问题的解决方案,这一方案在防范搭便车和降低交易费用的同时,维护国家提供多样化征税与支出体制的能力。

第一章　全球化经济体内税收政策的困境

在一国国内层面，税收处于由支撑集体生活的相互矛盾的各个规范性（normative）目标所组成领域的中心地带。税收决定被认为影响国内福利的规模和分配。税收决定进而对塑造纳税人身份、人们生活社区的类型，以及人们对国家固有的归属感和团结意识具有重要意义。人们相信，国家颁布的税收规则是与其选民共有的基本价值观相一致的：做大"福利的蛋糕"并且进行公正的分配，增强公民的身份认同，支持他们的社区，体现人们民主表达的集体意愿。当然，出于预算约束、技术复杂性，以及利益集团政治经常主导规范性探讨等原因，对所得征税的现状更为复杂。笔者无意低估国内层面的复杂性，但本章（事实上本书）将超越国内层面而聚焦全球层面。本章以一国为中心，探讨全球竞争，特别是国际竞争如何影响国内税收政策。在此讨论中，笔者暂时忽略国际间可能存在的任何双边或者多边的合作，这些将在后文中加以探讨。

国际税收的去中心化（decentralized）性质促使国家为争取税收居民和投资展开竞争。本章提出，日益加剧的国际竞争改变了国家税收政策的基础。竞争——国际税收去中心化性质的必然结果——使税收政策的各个方面备受争议，也使税收政策取决于该国在国际竞争中所处的地位：效率、再分配、社区的概念、个体和集体的身份认同。如果没有竞争，在国内税收政策领域，税收只是政府为了克服资助公共产品提供方面的集体行动困境、监管其他主体的行为、应对在分配方面的挑战而采用的一个强制性工具。但如果存在竞争，公民与国家之间的关系就会发生变化，国家在很大程度上转变成为了争取居民（个人以及企业）、生产要素和税收收入而开展竞争的市场主体。传统观念默认国家是权威无限的主权者，可以在封闭的经济体内制定和执行强制性规则、征收税款和实施再分配。但当国家的治理能力日益受制于资源的国际供需以及纳税人选择的弹性时，国家在很多方面就更像一个在竞争性全球市场上的主体。如今，个人与企业在税制、规则、税率等方面有了更广泛的选择余地，而国家——正在逐渐丧失其垄断性征税地位——被迫以较低的价格提供公众所需要的公共产品和服务的竞争性合约。

在不存在竞争的条件下，政策制定者在设计税收政策时至少可以有一个非常清晰的目标：服务于选民，即其利益应当得到增进的群体。一旦选民群体得到识别，政策制定者必须确定其目标（比如福利最大化、促进分配正义，或者支持所需要的社会制度和社区），并决定实现这些目标的最佳策略。这些目标经常可能是相互冲突的，因此要求有高超的平衡手法，这会使政策制定变得重大而复杂。然而在政策的服务对象与实现政策目标的途径这两方面至少是相对明确的。

税收竞争为一国税收政策的制定增添了明显的复杂性，因为税收竞争为部分纳税人提供了替代选择：向其他税收管辖区转移资本、居所（residency）、税基，甚至是改变公民身份。因此，国内税收政策不仅影响纳税人的行为，还决定政策所（事实上应当）服务的利益群体的构成。而且，在当前去中心化国际税收体制中，纳税人甚至无需在整体上对一国税制承担完全义务。税收竞争经常能使纳税人分解这些税制，而且（那些能够有效地对所得进行税收筹划的主体）可以从不同国家的不同税制中选择具体的规则加以利用。

税收竞争绝对不是完全竞争。从一国向另一国转移资本或者变换居所存在着障碍，税收也不是人们选择居所、进行投资以及获取居民身份的唯一考虑因素。税收筹划也类似地受到限制，国家经常能够通过反避税措施来约束税收筹划。然而从整体上可以假定，对于临界的（marginal）纳税人来说，改变税收管辖区是一个能够实际影响其投资方式、经营模式、选择居所位置，甚至是公民身份的足够可行的选项。当然，并不是所有纳税人都有能力或者有兴趣考虑改变税收管辖区，但是从对税收政策发生影响的角度出发，只要存在权衡变更税收管辖区这一选项的纳税人、投资者以及居民群体就足够了。

税收竞争为纳税人提供了上述现实的选择，由此对税收决策的过程带来了全新的改变。国家不再为实现集体目标而对其国民施加强制性要求，相反，它开始日益扮演争取投资和税收居民的招募者角色。由于国家的税收政策（以及其他措施）已经成为促成个人成为本国居民或者跨国企业到本国投资的激励措施，那么税收政策就必须具有竞争力。从战略角度看，一国的税收政策不仅应当使现有选民的利益最大化，还需着力于吸引"合适种类"的居民、投资者和投资。

不同的潜在纳税人群体在效率、分配、政治权力甚至集体身份认同等方面会带来不同的利益。因此，政策制定者不仅要确定福利的大小和分配福利的方式，还应当确定被代表的特定利益群体的大小和构成。事实上，无论政策制定者是否乐见，全球税收竞争的现实导致政策制定者的决定会影响选民规模和构成。不再是税收政策目标简单地为特定选民群体量身定制，而是纳税人群体和纳税人群体所服从的税制这两者被同时重塑。可能令人惊奇的是，政策制定者所获得的改变其选民的额外权力反过来削弱了它们按照所得税传统目标制定政策的能力。

这里的关键是税收竞争严重地冲击了传统的政策目标。本章将会阐释，为了迎合更具吸引力和更强流动性的潜在税收居民和投资者，政策制定者不得不限制国家的再分配职能。国家被迫在现有选民和更有吸引力的潜在选民之间作出选择，并为"用脚投票的做法"（exit-based practice）而放弃发言权这一民主参与的传统，因为流动性已经成为获取经济权利和利益的主导因素。

本章第一节简要回顾国内所得税政策的目标：效率和分配正义，以及个人和集体的身份认同。第二节阐述在竞争压力下国家政策的市场化，以及由于部分纳税人可以在不同国家税制之间进行选择，使得国家政策碎片化。最后，第三节解释了国际竞争如何影响第一节中所描述的各项规范目标，以及恰当平衡这些目标对政策制定者提出的挑战，因为后者在制定国内税收政策时不得不作出艰难的选择和妥协。

第一节　封闭经济体内的所得税政策

所得税在传统上被认为是以公平和高效的方式分担政府成本的一个工具。[1]根据这个经典的描述，借助所得税可以实现有时是相互矛盾的目标：社会福利最大化和促进分配正义。按照亚当·斯密关

1　参阅如：Adam Smith（亚当·斯密），*An Inquiry into the Nature and Causes of the Wealth of Nations*（《国富论》）310-11 (4th ed. 1925); Liam Murphy（利亚姆·墨菲）& Thomas Nagel（托马斯·内格尔），*The Myth of Ownership*（《所有权的神话》）12 (2002); Michael J. Graetz（迈克尔·J.格雷茨）& Deborah H. Schenk（德博拉·H.申克），*Federal Income Taxation: Principles and Policies*（《联邦所得税：原则与政策》）25-27 (4th ed. 2002); Reuven S. Avi-Yonah（鲁文·S.阿维-约拿），The Three Goals of Taxation（《税收的三个目标》），60 *Tax L. Rev.* 1, 3 (2006-2007)。

于"何为好的税收"的经典论述,人们经常将这些目标称为:公平、效率和简化。[2]

一、效率

自亚当·斯密以来,存在着一项广泛的共识:税收应当尽可能地有效率。[3]在传统思想中,有效率要求税收不扭曲或者不干扰自由市场,即确保经济能如在没有税收情况下那样运行。[4]因为自由市场能使参与者的福利最大化。消费者所支付价格与生产者所获得价格之间的差异是税收所造成的"楔子"(wedge),减损了自由市场的效率。[5]有

---

2 亚当·斯密,《税收的原则》(*Principles of Taxation*)(1776):
Ⅰ.每个国家的臣民都应当尽可能地根据各自的能力对政府做出贡献……Ⅱ.每个人应当缴纳的税款必须是确定的,非武断决定的……Ⅲ.每一项税款征收的时间和方式,应当尽可能地便利于纳税人……Ⅳ.每项税收都应当被设计成以尽可能少地从民间索取来满足政府的财政需要。

3 尽管效率这个范畴可以涵盖各种规范性目标,但在目前的学术研究中,效率分析经常与所得税的功利主义观点紧密联系,该观点认为所得税应当在最大程度上使得社会整体福利最大化(因为纳税人的效用经常被理所应当地认为是指其所获得的物质福利)。参阅如:Edward J. McCaffery(爱德华·J.麦卡弗里),Tax's Empire(《税收帝国》), 85 *Geo. L. J.* 71, 75, 106 (1996)(描述了税收研究中的功利主义传统,并提供了一项补充税收政策分析中功利主义和形式主义的政治解释分析);Reuven S. Avi-Yonah, Why Tax the Rich? Efficiency, Equity, and Progressive Taxation(《为何对富人征税? 效率、公平和累进征税》)[review of Joel Slemrod(乔尔·斯莱姆罗德)(ed.), *Does Atlas Shrug? The Economic Consequences of Taxing the Rich*(《阿特拉斯耸肩了吗? 对富人征税的经济后果》), 2001], 111 *Yale L. J.* 1391, 1413-16 (2002)(提倡在税收政策的公平和效率分析之间寻求新平衡)。

4 参阅如:Joel Slemrod & Jon Bakija(乔恩·巴基扬), *Taxing Ourselves: A Citizen's Guide to the Debate Over Taxes*(《对自己征税:关于税收争论的公民指南》) 120 (4th ed. 2008)。

5 同上书,第120页。"这一结果使得市场参与者的福利最大化,但这种福利最大化是在狭义意义上的,指以金钱计算的总收益超过总成本的余额最大化,经济学家称之为'有效率'。"

效率的税收在增加财税收入的同时,能尽可能地减少"无谓损失"（deadweight loss）（也就是扭曲经济决定的成本）。当有些活动的税负高于其他活动时,纳税人就有动机避免从事那些税负高的活动,转而进行那些本来价值不高但是税负较轻的活动。[6]因此,税制改革的一个中心目标经常是中性：避免对于不同类型的消费和投资武断地适用不同的税率。这有助于减少对关于消费什么与如何生产等决定的扭曲。

然而,中性并不总能提升经济效率。在其他因素相同的条件下,对于需求和供给价格相对不敏感的商品征收更重的税是可取的。因此,近年来人们提出的"最优税"为设计更有效率的税制提供了方向。[7]针对税收导致的"无谓损失",最优税制理论建议采用"'反向弹性规则'（inverse elasticity rule）——如果其他情况相同,税收应当与被征税对象对商品或者活动的依赖程度（commitment）成反比,相比于需求弹性高的奢侈品,弹性低的必需品负担更重的税负",[8]因为较之于对前者的征税,对于后者征收相同的税额,较少改变纳税人的行为。尽管最优税具有理论上的吸引力,但对于税收政策制定

---

6 参阅如：Joel Slemrod & Jon Bakija, *Taxing Ourselves: A Citizen's Guide to the Debate Over Taxes*, 120。

7 Joseph Bankman（约瑟夫·班克曼）& Thomas Griffith（托马斯·格里菲斯）, Social Welfare and the Rate Structure: A New Look at Progressive Taxation（《社会福利与税率结构：对累进征税的新观点》）, 75 *Cal. L. Rev.* 1905, 1945 (1987); McCaffery, *supra* note 3, at 81; David A. Weisbach（戴维·A.韦斯巴赫）, Line Drawing, Doctrine, and Efficiency in the Tax Law（《税法中的线图、主义和效率》）, 84 *Cornell L. Rev.* 1627, 1655-56 (1999).

8 麦卡弗里,同注3,第81页。

实践，它并不是一种特别有用的指引。[9]该理论要求采用不同的税率（其中对必需品适用最高的税率）以及——鉴于无法确定哪些商品具有相对的价格需求弹性——这些税率的确定很容易受到来自利益集团的压力。这正是在宽税基基础上采用统一税率被认为是一种很好的经验做法的原因，这种做法可能导致较少的经济扭曲，并允许更低的税率。[10]

二、分配正义

分配正义经常（无疑也应当）是税收政策中一项关键的考量因素。[11]对于正义在所得税领域的精准界定需要规范性的政治考量，

---

[9] 斯莱姆罗德和巴基扬，同注4，第132页（"尽管最优税收原则在理论上是正确的，但是它面临不少实践问题，因此并不是一个十分有用的政策指引"）。

[10] 同上。

[11] 参阅如：Henry C. Simons（亨利·C.西蒙斯），*Personal Income Taxation*（《对个人所得征税》）18-19 (1938)（税收的大幅累进……必须基于道德或美学上反对不平等的理由，因为当前普遍的财富和所得分配揭示了存在一定程度上（和/或某种）明显邪恶或者令人讨厌的不平等）；墨菲和内格尔，同注1，第12页。近期学术界探讨分配正义的文献，请参阅：Linda Sugin（琳达·萨金），Theories of Distributive Justice and Limitations on Taxation: What Rawls Demands from Tax Systems（《分配正义的理论与对征税的限制：罗尔斯对于税收体系的要求》），72 *Fordham L. Rev.* 1991 (2004); Brian Galle（布赖恩·盖尔），Tax Fairness（《税收公平》），65 *Wash. & Lee L. Rev.* 1323 (2008); Barbara H. Fried（芭芭拉·H.弗里德），The Puzzling Case for Proportionate Taxation（《令人困惑的比例征税》），2 *Chap. L. Rev.* 157, 195 (1999)。关于对富人征税的政治历史回顾，请参阅：阿维—约拿，同注3，第1409页；J. J. Thorndike（J. J.桑代克）& D. J. Ventry（D. J.温特瑞），*Tax Justice: The Ongoing Debate*（《税收正义：持续的争论》）30 (2002)。关于支持分配正义各项措施的理由的回顾，请参阅：David Duff（戴维·达夫），Tax Policy and the Virtuous Sovereign: Dworkinian Equality and Redistributive Taxation（《税收政策与高尚的主权者：德沃金式的平等和再分配性的征税》），in *Philosophical Foundations of Tax Law*（《税法的哲学基础》），167 (Monica Bhandari, ed., 2017)。

但这已经超越了本文讨论的范围。[12] 然而，就本书而言重要的是关于税收在实现国内分配正义方面的作用这一基础假设。在过去，税收被默认为是人们消费公共产品所支付的成本，由此，因获得收益而纳税的合理性得到广泛的支持。[13] 但在当代，人们普遍认为税收应当与纳税人从国家获得的利益相脱钩。[14] 相反，当今多数评论者认同税收和公共产品的获得权应当基于社会正义的某些功能。

---

12 这一问题过于宽泛，无法在此处进行全面的探讨。正如墨菲和内格尔（同注1，第73页）所总结的：

影响公共政策评价的价值观是十分多元的，所以会有很多让人不以为然的地方。第一，对于公共政策的合法目的存在疑问——是应当根据集体自利对其进行界定，还是以公共福利或者包括机会平等在内的某些公平概念……第二，在国家对于个人行使权力的界限问题上存在争论，财产权利是否构成这种界限的组成部分，或是这些界限只构成服务于其他目的的常规（conventions）。第三，对于责任和应得（desert）在决定人们经济回报方面的应有作用——以及个人可以和不可以承担哪些责任，也存在争议。第四，有些问题是关于机会均等的重要性，以及其与所沿袭下来的经济不平等的关系——造成分配不平等的哪些社会原因应当被认为是不受欢迎地武断的。最后，人们对了经济生活中自由选样的重要性也存在疑问。

13 非常著名的是，霍布斯主张个人的纳税与其在社会中的"消费"成比例：但当对人们所消费的物品进行征税时，每个人都平等地为其使用的东西纳税。" Thomas Hobbes（托马斯·霍布斯），II *Leviathan*（《利维坦》）295 (A. P. Martinich & Brian Battiste eds., revised ed. 2010).在现代，对于受益原则强力支持的观点，请参阅：F. A. Hayek（F. A.哈耶克），*The Constitution of Liberty*（《自由宪章》）315-16 (1960). 墨菲和内格尔，同注1，第16页，提出"许多人认为，税收公平要求纳税人依照他们从政府获得利益的一定比例来缴纳税款"，并批评受益原则"与关于社会或者经济正义的每个重要理论都不相符合"，同上，第19页。

14 关于艾利（Ely），亚当斯（Adams）和萨里格曼（Seligman）等美国税法学者给学术带来的转变，并揭示受益原则所依据的社会理论已然过时的论述等详细内容，可参阅：Ajay K. Mehrotra（阿杰伊·K.梅罗特拉），*Making the Modern American Fiscal State: Law, Politics, and the Rise of Progressive Taxation, 1877-1929*（《成为财政国家的现代美国：法律、政治以及累进税的崛起：1877—1929》），at 111-18 (2013).

根据现行通说，税负的分担应当根据个人的支付能力，[15]这一观点大体基于物质福利的概念。[16] 该观点的基础理念是国家发展是如此的独特和有意义，以至于根据收益来承担税负的做法变得不可行，或者更为重要的是，两者并不相关。由此，个人的纳税义务不再基于其从国家获得的利益，而是根据个人的公民身份认知（sense of civic identity）。[17]

尽管支付能力的准确含义并不明确甚至存在争议，关于这个范畴的所有理解都包含了一个基本的概念，即每个纳税人作为政治社会的平等成员，应当为公共财政承担公平的份额（密尔所说的"平等

---

15 "每个国家的国民都应该尽可能地根据各自的能力为政府的支持作出贡献，即按照他们各自在国家保护下获得收入的一定比例来作出贡献。"斯密，同注1，第371页。但墨菲和内格尔（同注1）认为税收负担不应当被认为是独立于整个社会系统的。

16 参阅如：Richard A. Musgrave（理查德·A.马斯格雷夫），Ability to Pay（《支付能力》），*The Encyclopedia of Taxation and Tax Policy*（《征税与税收政策的百科全书》）1 (2005)。关于文献的全面评述，参阅：Stephen Utz（斯蒂芬·乌茨），Ability to Pay, 23 *Whittier L. Rev.* 867 (2001-02)。

17 阿杰伊·梅罗特拉，同注14，第113页，引用了埃德温·萨里格曼（Edwin Seligman），特别"批评了支撑受益原则的政治理论"。他认为，受益原则的核心是建立在一个过时的公民概念之上的：

> 如今人们普遍认为，交纳税款并不是因为国家保护了我们，或者我们从国家那里获取了任何利益，纳税只是因为国家是我们的一部分。支持和保护国家是我们与生俱来的责任。在文明社会里，国家之于个人的必要性就如同空气之于个人；除非个人退回到无国家的原始状态和无政府状态，否则他无法远离国家而生活。个人的一举一动均受制于国家的存在。他不是选择了国家，而是生于这个国家；个人存在的每个方面都与国家休戚相关，不仅如此，他还在最后把生命给了国家。如果说个人支持国家仅仅是因为其从国家受益，这是一种狭隘而自私的教条。我们纳税并不是因为我们从国家受益，而是因为支持国家是我们的责任，就如同支持我们自己或者我们的家庭；因为简而言之，国家已经成为我们每个人必不可少的一部分。（脚注略）萨里格曼通过这些震撼的话语，清晰地勾勒出一种新的、充满活力的公民身份认知，这种身份认知远远超越了传统社会契约理论所要求的紧扣公民的"支付能力"或者萨里格曼所说的纳税"能力"（faculty）。

的牺牲"[18]）。在税收正义语境中，税基（分配什么）[19]和税率（分配多少）[20]都是存在争议的。但是，国家是维护正义的一条重要途径，[21]以及所得税是促进分配正义的一项重要（有些人甚至认为是最优的[22]）工具，这两点却是毋庸置疑的。

18 平等牺牲的思想源于：J. S. Mill（J. S.密尔），*The Principles of Political Economy with Some of Their Applications to Social Philosophy*（《政治经济学原理及其在社会哲学上的若干应用》）485 (1866) （"当每个人根据自己的收入和财富做贡献时，就被认为是公平地承担了自己的份额，就是为了共同的目标做出了平等的牺牲"）。但是墨菲和内格尔（同注1，第20—25页）反对平等牺牲的提法，实质是反对纵向平等，他们认为，不能脱离政府支出模式的正义来谈论税收负担的正义。

19 在税收正义的语境中，关于分配正义存在很多解释。物质福利无疑构成个人能力的一部分；但是，分配不是也不应该仅仅注重物质福利。健康、身体状态、家庭地位、性别、声望、生活质量以及受教育程度等因素，并不必然会转化为物质差异，但这些因素确实会影响人们的幸福。参阅：Amartya Sen（阿马蒂亚·森），*Inequality Reexamined*（《对不平等的重新检视》）150 (1992); 麦卡弗里，同注3，第106页（"但是现代税收体系已经远不止影响金钱的分配，正如前文所示，税收理论中功利主义变革一直存在着局限性，即它把税收问题简单归结为在狭隘分配正义问题下个体拥有资源的单一指标。但是即使税收只是如此，实践中所有寻求分配正义的方法都会超越这一单一的财富指标，进而影响到工作、婚姻、家庭、教育、储蓄、投资、慈善等行为模式。行为、生活方式、家庭模式，以及各种市场行为都不可避免地受到影响。"）。另参阅：墨菲和内格尔，同注1，第57页（"关于社会正义的这些广泛问题，明显会对税收政策与财富、可支配收入、消费和收入能力等方面不平等的关系产生影响。除此之外，消除导致不平等的任意来源的目标，会影响公共政策的具体制定。税收方面的公平性争议特别明显地体现在对于那些具有同等经济能力但在其他方面特征差异明显的个体给予不同税务处理上，例如储蓄者与消费者、结婚的与未婚的、有孩子的与没有孩子的，以及诸如此类。"）。

20 对于支持与反对累进税的观点，请参阅：阿维-约拿，同注3，第1399—1410页。

21 正如托马斯·内格尔在《全球正义的问题》[The Problem of Global Justice, 33 *Phil. & Pub. Aff.* 113, 130 (2005)]中所提到的："国家对其成员的意愿提出了独特的要求，……这些特殊的要求给国家带来了特殊的责任，即促成正义的积极责任。"

22 参阅如：Louis Kaplow（路易斯·卡普洛）& Steven Shavell（史蒂文·萨维尔），*Why the Legal System Is Less Efficient than the Income Tax in Redistributing Income*（《所得再分配方面法律体系比所得税低效的成因》），23 *J. Legal Stud.* 667 (1994)。

三、身份

作为所得税政策中两个经典的规范性考量因素,效率和分配正义的作用不应当被夸大。它们没有穷尽税收的所有规范性支撑因素。税收也是在构建人们个人和集体身份中发挥重要作用的一个强有力的社会工具。[23] 税收反映和塑造人们如何看待自己以及看待他人。它影响着人们在各种场合,包括家庭和社区中的交往互动,它也会影响人们对于社会团结的意识和参与社会制度的模式。[24] 所得税法反映并同时塑造了人们对于自身的看法。比如,当所得税法承认某些差异(例如,个人支付能力、婚姻状况,或者商务出行花费)而忽略其他的差异(例如,个人残疾情况、在普通法上的法律地位、通勤和孩子抚养花费),纳税人某些方面的概念得到了加强,而其他方面的则被削弱了。在此过程中,税收以个体纳税人的原型为基础,同时也在塑造这个原型。[25] 如果这个原型被假定为健康的、已婚的、未生育的、居住地离工作场所很近的纳税人,那么就排除了那些残疾的、单身的、有孩子的、居住地离工作场所较远的纳税人。而且,不仅是税收规则的具体内容,还有税收体系的运作都影响了纳税人的身份塑造。税收不可避免地以金钱为标准衡量和比较人们以及他们

---

23 参阅如:麦卡弗里,同注3,第106页。更多的讨论,请参阅:Tsilly Dagan(特斯利·戴根),The Currency of Taxation(《税收通货》),84 *Fordham L. Rev.* 2537 (2016)。

24 麦卡弗里,同注3,第85页:
重要的是,税收并不仅仅涉及资源的分配。现实世界中的税收体系影响广泛的行为,以及人们工作和生活多样的模式:税收影响人们是否结婚,是否生育,构建双职工还是单职工家庭,接受教育,支持慈善,为退休而储蓄,进行代际赠与或者遗产,等等。这些都是或者至少可能是原则性事项。当我们完全理解罗尔斯下列话的含义时,也可以将之用于税收:"这些制度可以具有长远的决定性社会影响,重要的是,其可以塑造社会成员的个性和目标,以及他们是哪类人和想成为哪类人。"

25 Tsilly Dagan, Commuting(《通勤》),26 *Va. Tax Rev.* 185 (2006)。

的行为,将之等同于市场交易。市场联结因素对于人属性的渗透和互动将人的属性商品化。人的属性被市场——这个狭隘和简化的棱镜所评价,而这种评价反过来又影响个人属性的含义。[26]

重要的是,税收的影响并不局限于这些明示的领域,它对纳税人动机的影响产生现实生活方面的后果。它不仅塑造了纳税人对自己和对他人的认知,也影响着他们的选择和行为模式(选择离工作场所较远的地方居住,非居家工作,或者在家操持家务)。如果有足够多的纳税人改变他们的选择,社会意义和社会规则也会相应改变。由此,税收会影响纳税人在家庭、社区和工作场所中的职能。而且,纳税人社区的构成、规模和性质,以及纳税人所构建的制度也会发生改变。个人职能和社区性质方面的改变反过来会强化人们的选择、社会意义和社会规则。

个人生活转变为明示或者暗示的税收通货(currency)既不是一个中性的过程,也不是技术性的过程,而是涉及相当数量的规范性(经常是暗示的)选择。除了税收传统上的效率和分配标准,政策制定者必须考虑税收对于纳税人个人和集体身份的影响。相应地,所得税的综合分析除了考虑效率和分配正义等传统目标外,还应当考虑身份、社区等非传统概念。

最后,税收不仅影响社会共同体,而且影响政治共同体。在任何地方,税收都是国家主要的资金来源和选民所关切的一个主要问题,也是公民参与民主社会的最突出表现之一。正如著名的"无代表不纳税"这一口号所蕴含的,纳税义务与在政治进程中的发言权有着

---

[26] 关于这一点的详细解释,参阅:Tsilly Dagan, Itemizing Personhood(《人格特点之详列》),29 *Va. Tax Rev.* 93 (2009)。

极其紧密的联系（至少被认为是这样）。[27]成为一国的成员往往要承担纳税的义务，[28]而承担纳税义务是纳税人成为一国政体（polity）成员的表征。[29]鉴于税收在促进国家运作中的中心作用，在很多人心

---

[27] 参阅：Ruth Mason（鲁思·梅森），Citizenship Taxation（《对公民身份征税》），89 *S. Cal. L. Rev.* 169, 189−92 (2015)（回顾和批评了作为税收非居民的美国公民在选举中的投票权与其对美国的纳税义务之间的联系）；Michael S. Kirsch（米歇尔·S.基尔希），Taxing Citizens in a Global Economy（《全球经济中对公民的征税》），82 *N. Y. U. L. Rev.* 443, 480−84 (2007)（支持公民的征税，即使这些公民居住在国外，因为这些公民对于本国具有归属关系）。关于在国际税收背景中税收政策、民主、责任和合法性的全面分析，请参阅：Diane M. Ring（黛安娜·M.林），What's at Stake in the Sovereignty Debate? International Tax and the Nation−State（《何为主权争论的要点？国际税收与民族国家》），49 *Va. J. Int'l L.* 155 (2008)。关于2008年金融危机后欧盟内纳税人的纳税义务与其在政治过程中发言权之间的关系，请参阅：Ana Paula Dourado（安娜·葆拉·多拉多），"Chapter 10: No Taxation without Representation in the European Union: Democracy, Patriotism and Taxes"（第十章：欧洲联盟中无代表不纳税：民主、爱国主义与税收）in Cécile Brokelind（塞西尔·布罗克林德）(ed.), Principles of Law: Function, Status and Impact in EU Tax Law（《法律原则：欧盟税法的功能、地位与影响》）[IBFD（国际财政文献局），2014]。关于税收和民主参与之间复杂联系的若干例子，请参阅：Saul Levmore（索尔·莱夫莫尔），Taxes as Ballots（《税款选票》），65 *U. Chi. L. Rev.* 387 (1998); Nancy Staudt（南希·施托德），Taxation Without Representation（《无代表下的征税》），55 *N. Y. U. Tax L. Rev.* 554 (2002); Lisa Philipps（莉萨·菲利普斯）& Mary Condon（玛丽·康登），Connecting Economy, Gender, and Citizenship《联结起经济、性别与公民权》），*Law and Citizenship* 176 (Law Comm'n Canada ed., 2006)。

[28] 参阅如：梅罗特拉，同注14，第114页[解释了新流派的经济学家（艾利、亚当斯和萨里格曼）认为税收是人们作为有组织社会的公民——成员所应当缴纳的]；*Cook v. Tait*（库克诉泰特），265 U. S. 47, 56 (1924) (Justice McKenna)["在所有情形中，征税权的基础不都是也不能都是财产的坐落地（situs），因为财产可能位于美国境内也可能位于美国境外，征税权的基础也不都是或不能都是公民的住所（domicile），住所既可能在美国境内，也可能在美国境外，征税权的基础在于纳税人作为公民与美国国家的关系，以及美国国家与作为其纳税人的公民之间的关系。"]。

[29] 梅森（同注27，第190页）描述了在特赦（amnesty）程序中，纳税是非法移民获得公民地位的先决条件。施托德（同注27，第599页）描述了在很多情况下，纳税人在民主进程中被赋予了特殊的地位，因为他们被认为是社会的利害关系人，但施托德也批评了这种地位与宪法第二十四修正案是相矛盾的。

目中，纳税是个人履行公民义务的一个支柱，[30]也是通过国家制度确立个人与集体之间关系的主要平台。[31]尽管存在其他参与途径，纳税标志着公民的参与。[32]而且，纳税也被认为是政治共同体成员之间相互的社会责任和团结联系的表现。特别是，一个寻求减少不平等的税收体系应支持旨在培育成员个人与社会之间道德联系和成员同胞之间义务感的理念。[33]

总之，纳税是一个人归属于政治共同体的标志，这种标志在两个方面得到显现：一是纳税人遵从国家规定的纳税义务，相应的税款被用于资助国家提供公共产品和服务；二是通过纳税展现了国家选民之间团结联系和相互依存的关系，这超越了纳税人对于其他主体（比如，对其他国家选民）的义务。

30　Ajay K. Mehrotra, Reviving Fiscal Citizenship（《财政公民权之重生》），113 Mich. L. Rev. 943, 944 (215).

31　参阅：墨菲和内格尔，同注1，第41页（"整个讨论的框架是如何通过国家机构构建起个人与集体之间的恰当关系。国家在其领土内具有几乎垄断性的权力，有权迫使个人遵守由集体选择程序中非全体一致同意所通过的决定。这种权力的合法目的是什么，如何能限制，如果有的话，可以使这类权力合法地运用于个人？这些问题事关个人对其他公民同胞所负的义务，我们应当为自己保留何种免受国家权力干预的主权，即使我们是国家的成员，在某些方面受到国家的控制。这些问题关系到如何界定政治的合法性。"）。

32　参阅如：Lawrence Zelenak（劳伦斯·泽莱纳克），Learning to Love Form 1040: Two Cheers for the Return Based Mass Income Tax（《学会喜欢上1040申报表：收入为基础的个人所得税的两个优点》）4 (2013)。

33　Michael J. Sandel（迈克尔·J.桑德尔），What money Can't Buy: The Moral Limits of Markets（《什么是金钱无法购买的：市场的道德界限》）119-20 (2012).作者讨论了不平等对于政治公共体的成员关于共同生活意识的破坏作用：

共和的传统带来的教训是：严重的不平等会腐蚀富人和穷人的品格（character），破坏自治所必要的共性，从而损害自由……这个腐蚀的论据将我们的注意力引向当下过于悬殊的贫富差距对公民造成的后果。从关于公民身份的共和观念来看，危险在于：这种新的不平等并不仅仅妨碍了穷人分享消费的成果或者选择自己的生活目的，也造成了富人和穷人的生活方式更加两极分化。

第二节　税收竞争

通常的税收政策探讨中所暗含的国家概念，指的是在封闭经济体内存在的拥有制定和执行强制性规则、确定和征收税款，以及平衡所得税各项政策目标等排他性权力的强大主权者。但在全球竞争的格局中，国家与选民之间的关系从原先国家向民众征税的强制性体制日益转变为一种可选择的市场关系，在这种市场关系中，国家被迫向纳税人提供具有竞争性定价优势的公共产品和服务。人们所缴纳的税款不仅用来资助国家提供公共产品和服务，而且日益成为国家向民众提供公共产品和服务所收取的对价。进一步而言，部分纳税人拥有选择税收规则和税收管辖区的能力，使得国家与选民之间的关系市场化和碎片化，个人和企业[34]事实上得以在不同税收体制的规则中进行选择。因此，税收竞争不仅存在于国家间提供的全盘接受或者全盘放弃（take-it-or-leave-it）的"一揽子交易"上，[35]也存在于不同国家所提供的各种税率、规则、减免优惠、利益，以及公共产品与服务上。

34　这些个人和企业是那些拥有最多选择和最有能力来实现这些选择的实体。这种竞争绝不是充分竞争，因为纳税人的反映并不是完全弹性的，而是取决于许多非税因素。因此很难知道和衡量纳税人的选择程度，但我们可以合理假设，这种情况在边缘意义上（at the margins）持续存在。

35　比较：Rick Hills（里克·希尔斯），Shrinking-Wrapping NYC: How Neighborhood Activists Are Strangling a City（《纽约套餐化：邻里运动者是如何扼杀一座城市的》），PRAWFSBLAWG (Nov. 29, 2009, 1:47 PM), http://prawfsblawg.blogs.com/prawfsblawg/2009/11/shrinkingwrapping-nyc-how-neighborhood-activists-strangle-a-city.html。

一、市场化

如上所述，国家对于其选民的垄断权力正在经历深刻的变迁。许多纳税人——无论个人或者企业——日益具有流动性，因而能够选择管辖区来重置税务居所和经营活动。比如近年来，许多超级富豪选择变更居所，甚至变更公民身份，从而移居国外，以实现规避母国高税率的目的。[36]国家为了鼓励理想的税收居民流入而向他们提供某些特权或者激励措施。[37]这些理想的税收居民会选择更具有吸引力的税收管辖区；国家则会向外国的医疗专家、奥林匹克运动员、潜在的投资者，以及年轻的劳动力抛出橄榄枝，以拯救其摇摇欲坠的社会保障体系。[38]跨国企业也当然具有流动性。它们在所选择的税收管辖区成立，或者重新成立，[39]并且将生产、营销、研发等活动转移

---

36 基尔希，同注27，第490页；Nina E. Olson（尼娜·E.奥尔森），Taxpayer Advocate Serv.（《纳税人支持服务》），2013 Annual Report to Congress（《2013年提交国会的年度报告》）206 (2013), https://taxpayeradvocate.irs.gov/2013-Annual-Report/。自1999年以来，在海外居住的美国公民人数已经增长了85%，而每年放弃国籍的人数已经飙升了近500%。也许是因为放弃公民身份"可能比留下来遵守对于其他国家公民十分严苛的美国税法要更容易"，因此，可以预期放弃国籍的人会持续增多，预计2013年的比例比之前的最高值即2011年的比例还要至少高33%。

37 参阅：OECD（经济合作与发展组织），Taxation and Employment（税收与就业》）138 (2011), http://www.oecd.org/ctp/taxation-and-employment-9789264120808-en.htm（描述了所选的经合组织成员国对高技能劳动力提供的税收优惠）。

38 Ayelet Shachar（阿耶莱特·沙查尔），The Race for Talent: Highly Skilled Migrants and Competitive Immigration Regimes（《人才竞争：高技能人才与竞争性的移民体制》），81 *N. Y. U. L. Rev.* 148 (2006); Ayelet Shachar, Picking Winners: Olympic Citizenship and Global Race for Talent（《选择赢家：奥林匹克公民身份与全球人才竞争》），120 *Yale L. J.* 2098 (2011).

39 关于美国税法下公司居民身份选择性的深入讨论，参阅：Daniel Shaviro（丹尼尔·沙维罗），The Rising Tax-Electivity of US Corporate Residence（《日益增加的美国公司居民身份的税收选择性》），64 *Tax L. Rev.* 377, 403 (2010)["在测量美国公民居民身份的选择性时，关键问题是对于不在意税收的人而言其所选择（转下页）

安排到更有利的地方。[40] 此外，东道国则急切希望跨国企业能在本国成立或者转移到本国。国家之间竞争跨国企业的生产设施（因为它们创造就业机会，非专利技术具有溢出效应），[41] 总部和研发中心（相信这些能够产生正外部效应），[42] 甚至是形式上的注册成立（可以获得注册费和税收收入，即使有时这些收入是微不足道的）。[43]

（接上页）非税优势是否足够低，以至于只要相关税收成本显著增加就会导致其退出。很可惜，这难以直接测量。"]；Cathy Hwang（凯茜·黄），The New Corporate Migration: Tax Diversion Through Inversion（《公司的新迁移：倒置带来的税收转向》），80 Brook. L. Rev. 807 (2015); Tsilly Dagan, The Future of Corporate Residency（《公司税收居民身份的未来》），https://papers.ssrn.com/sol3/papers.cfm?abstract_id=3045134，及其所参考的文献。

40　参阅如：Michael P. Devereux（迈克尔·P.德弗罗）& Rachel Griffith（蕾切尔·格里菲斯），The Impact of Corporate Taxation on the Location of Capital: A Review（《公司所得税对于资本选址的影响：回顾》），9 Swedish Econ. Pol'Y Rev. 79 (2002); IMF Policy Paper（《IMF政策文件》），Spillovers in International Corporate Taxation（《国际公司税收的外溢》）19 (May 19, 2014)（"在1997年至2007年，约有6%的跨国企业重新安置了总部"）。

41　参阅：Holger Goerg（霍尔格·格尔克），Productivity Spillovers from Multinational Companies（《跨国公司的生产率外溢》），in Perspectives on Irish Productivity（《根据爱尔兰生产率的视角》）240 (Ciarán Aylward & Ronnie O'Toole eds., 2007); Duardo Borensztein（杜阿尔多·伯恩斯坦），Jose De Gregorio（乔斯·德·格雷戈里奥）& Jong-Wha Lee（李钟和），How Does Foreign Direct Investment Affect Economic Growth?（《外国直接投资如何影响经济增长？》），45 J. INT'L ECON. 115 (1998); Yoram Margalioth（约拉姆·玛格流特），Tax Competition, Foreign Direct Investments and Growth: Using the Tax System To Promote Developing Countries（《税收竞争、外国直接投资与增长：税制促进发展中国家》），23 Va. Tax Rev. 161 (2003)（支持向导致正生产效率外溢的外国直接投资提供税收优惠）。

42　参阅如：Michael J. Graetz & Rachael Doud（雷切尔·杜德），Technological Innovation, International Competition, and the Challenges of International Income Taxation（《技术创新、国际竞争与对国际所得税的挑战》），113 Colum. L. Rev. 347 (2013); Jan I. Haaland（简·I.哈兰）& Ian Wooton（伊恩·伍顿），International Competition for Multinational Investment（《对跨国投资的国际竞争》），101 Scandinavian J. Econ. 631 (1999)。

43　参阅如：Ronen Palan（罗恩·帕兰），Richard Murphy（理查德·墨菲）& Christian Chavagneux（克里斯琴·萨瓦纽），Tax Havens:How Globalization Really Works（《避税天堂：全球化是如何真正运行的》）(2010); Wolfgang Schon（沃尔夫冈·舍恩），Playing Different Games? Regulatory Competition in Tax and Company Law Compared（《不同的博弈？税法与公司法中监管竞争之比较》），42 Common Mkt. L. Rev. 331 (2005)。

在具有流动性的个人或者企业选择居所、安排经济活动时,所适用的税收规则和税率是重要的考虑因素。[44]因此,对国家而言,税收规则和税率在很大程度上成了竞争的筹码。[45]国家由此处于一个十分陌生的境地。它们不再能够仅仅为了促进特定群体的集体目标对其成员适用强制性的税收规则和管制要求。相反,竞争逐渐改变了国家政策制定进程,国家日益成为争取全球投资和居民的招募者。竞争迫使国家以市场主体的方式行事,向潜在的顾客提供产品和服务。对于个人和企业而言,他们则要比较在现有居所开展经济活动

---

[44] 德弗罗和格里菲斯,同注40;《IMF政策文件》,同注40,第18—19页;Mihir A. Desai(米希尔·A.德赛)& Dhammika Dharmapala(达米卡·达哈马帕拉), Do Strong Fences Make Strong Neighbors?(《牢固的樊篱造就强大的邻居?》), 63 Nat'l Tax J. 723, 724-25 (2010)("尽管明显是初步的,但已有的证据表明了一个趋势:在美国股票市场IPO上市的公司越来越多的是在境外注册的公司,美国目标公司越来越多地被海外免税公司或注册在避税天堂国家的公司收购,美国投资者越来越多地利用外国证券组合投资来规避美国全球征收的所得税制")。但他们的决策在多大程度上受到税收的影响是难以实证衡量的。丹尼尔·沙维罗,同注39,第429页。他最近根据美国的环境总结道:

在日益紧密的全球经济中,跨境上市和跨境持股不断兴起,由于美国税法是依据公司的注册地认定居民身份,出于所得税目的,纳税人越来越有可能以低成本选择居民身份……不断增加的选择性对于现存的美国公司权益而言,问题反而没有新权益(无论是新公司的还是既有公司的)那样严重,因为美国公司现存权益在很大程度上是被困住的(trapped)。随着这个项目的推进,我逐渐意识到,增加的选择性可能并不如我在项目之初所设想的那样。

关于税收和公司章程背景下的购买(shopping)公司居民身份选择的全面分析,参见:Mitchell A. Kane(米切尔·A.凯恩)& Edward B. Rock(爱德华·B.罗克), Corporate Taxation and International Charter Competitions(《公司税与国际的章程竞争》), 106 Mich. L. Rev. 1229 (2008); Eric J. Allen(埃里克·J.艾伦)& Susan C. Morse(苏珊·C.莫尔斯), Tax-Haven Incorporation for U. S.-Headquartered Firms: No Exodus Yet(《在避税天堂设立的美国为总部的公司:并未逃离》), 66 Nat'l Tax J. 395 (2013)(主张公司在决定其总部所在地时,实际上并没有考虑税收因素)。

[45] John Douglas Wilson(约翰·道格拉斯·威尔逊), Theories of Tax Competition(《税收竞争理论》), 52 Nat'l Tax J. 269 (1999);《IMF政策文件》,同注40。

与迁移到潜在的国家开展经济活动的成本（和收益）。[46]迁移的成本越低，在当前国家中的经营成本越高，迁移可能性就越大。[47]在下文中将讨论，这种市场化和竞争性的格局影响着国家对于效率、再分配、国家身份认同以及民主参与等问题的考量。但在讨论这些影响之前，值得指出的是，这种市场化只是竞争影响国家考量的冰山一角。

二、碎片化

个人与企业对其经济活动进行税收筹划的能力，使得国家与选民之间的关系市场化，因为后者能够选择税收管辖区。同时，选民能够分解国家所提供的公共产品和服务。由此，个人与企业在这个市场中可以"点菜"的方式购买税制和政府服务的部分内容。[48]

在税收规则和税率的市场中，个人和企业可以分离经济活动的组成部分。在一些情况下，这需要重新配置实际的资源；而在另外一些情形中，仅仅需要签署一些文件或者进行一些必要的纸面工作。[49]由此，资本可以脱离其所有者而独立流动；知识产权可以与

46　关于对公共产品的竞争之经典论述，参阅：Charles Tiebout（查尔斯·蒂伯特），A Pure Theory of Local Expenditures（《一个关于地方支出的纯粹理论》），64 *J. Pol. Econ* 416 (1956)（对地方政府有效提供公共产品提出了一种基于竞争的理论）。另可参阅：舍恩，同注43，Wallace E. Oates（华莱士·E.奥茨），An Essay on Fiscal Federalism（《财政联邦主义的论文》），37 *J. Econ. Lit.* 1120, 1126 (1999)。

47　同样，那些接受再分配的人会去寻找回报最高的地方。参阅：Roderick M. Hills Jr.（小罗德里克·M.希尔斯），Poverty, Residency, and Federalism: States' Duty of Impartiality Toward Newcomers（《贫困、居所和联邦主义：国家平等对待新来者的责任》），1999 *Sup. CT. Rev.* 277。

48　一般请参阅：Tsilly Dagan, The Global Market for Tax & Legal Rules（《关于税收与法律规则的全球市场》），21 *Fla. Tax Rev.* (forthcoming 2017)。

49　Joel Slemrod, Location, (Real) Location, (Tax) Location: An Essay on Mobility's Place in Optimal Taxation（《场所、（真实）场所、（税收）场所：关于最优税中流动性地点的论文》），63 *Nat'l Tax J.* 843, 844 (2010)。

其产生的技术相分离；生产可以与销售相分离；公司可以与其利害关系方相分离。人们不再需要居住或者物理存在于其开展经营活动的地方，而公司结构可以使企业在任何数量的地方拥有居所。由此，个人能够在一个管辖区拥有财产和居所（消费警察服务、公园、清新的空气）；在另一个管辖区开设银行账户和开展经营活动（使用当地的司法和银行系统服务）；在第三个管辖区投资产业设施（通过雇佣当地接受过良好公共教育的劳动力而受益）；在第四个管辖区注册无形资产（从当地无形资产监管体系中受益）；在第五个管辖区行使投票权。而纳税地点和纳税数额多少则完全是另一个问题，因为这取决于相关税收管辖区不同税制所包含的具体规则：关于税前扣除和免税的规则；界定不同实体、交易和所得来源地的规则；转让定价规则等。有了水平高超的税收筹划者的帮助，（部分）纳税人——得到良好咨询服务，并且其资源与特定地理位置仅保持最低程度联系的纳税人，特别是跨国企业——经常能够根据自身的选择来确定适用的税制。[50]

国际税法在不同国家的适用受制于当地各异的条件。如2015年税基侵蚀与利润转移（BEPS）项目报告所强调的，现今国家所面临的一个关键挑战是难以保护被税收筹划所侵蚀的本国税基。[51] 尽管有些国家为应对这个挑战付出了巨大的努力，规定纳税人税法责

---

50 关于税收筹划中"贸易工具"的简介，参阅如：IMF，同注40，第11页（2014）；OECD, Addressing Base Erosion and Profit Shifting（《应对税基侵蚀与利润转移》）(2013), http://dx.doi.org/10.1787/9789264192744-en［以下简称BEPS报告］。

51 OECD, Explanatory Statement, OECD/G20 Base Erosion and Profit Shifting Project（《解释性声明，OECD/G20税基侵蚀与利润转移项目》）(2015), https://www.oecd.org/ctp/beps-explanatory-statement-2015.pdf.

任的规则仍然被广泛地规避了。[52]具体而言,尽管所得的居民国和来源地规则仍然是确定税收责任的正式标准,但税收筹划者仍能采用一系列技术从而在实际上脱离某个税收管辖区的监管,而且他们能够在不实际改变客户的居所或者经济活动发生地的前提下帮助客户做到这一点。税收筹划者惯常帮助客户在避税天堂设立子实体,从而将所得(如全球的特许权使用费或者服务费收入)递延至子实体实际分配利润时纳税。[53]他们借助低税地缔结的对客户有利的税收协定待遇,虹吸和转移所得,从而规避所得来源地的征税。[54]他们

---

[52] 当然,各国所积极参与设计的税制总会存在漏洞,这些漏洞之后被税收筹划者所利用,以规避在该国或者其他国家的税负。参阅:欧姆瑞·玛丽安(Omri Marian),同注4。可在SSRN下载:https://ssrn.com/abstract=2685642(描述了避税天堂国在提供税收筹划机会方面的违规行为,并以卢森堡泄露ATAs案为例加以说明)。

[53] 关于在著名避税天堂进行投资的零星数据显著表明:

根据IMF协调直接投资调研(CDIS)的调查,可以发现巴巴多斯、百慕大和英属维尔京群岛在2010年获得的外商直接投资(合计占全球外商直接投资的5.11%)超过了德国(4.77%)、日本(3.76%)。在同一年内,这三个地区对全球的投资(合计4.54%)超过了德国(4.28%)。挨个国家或地区看,英属维尔京群岛在2010年是中国的第二大投资者(14%),排在中国香港地区(45%)之后,但在美国(4%)之前。同年,百慕大是智利的第三大投资者(10%)。其他国家也有着类似的数据,例如毛里求斯是印度最大的投资者(24%),而塞浦路斯(28%)、英属维尔京群岛(12%)、百慕大(7%)和巴哈马(6%)位列俄罗斯的前五大投资者之中。

OECD, BEPS报告,同注50,第17页;Gabriel Zucman(加布里埃尔·祖克曼),The Missing Wealth of Nations: Are Europe and the U. S. Net Debtors or Net Creditors?(《消失的国家财富:欧洲和美国是净债务国还是净债权国》),128 *Q. J. Econ.* 1321 (2013),估计全球约有8%的家庭金融财富位于避税天堂,其中的四分之三没有记录在案。

[54] 参阅: Rebecca Kyser(丽贝卡·凯泽), Interpreting Tax Treaties(《解释税收协定》), 101 *Iowa L. Rev.* 1387, 1418-21 (2016)。注53所涉及的BEPS报告第41页解释了这种操作:

如果创造收入的资产(例如基金或者无形资产)所有人位于低税负管辖区,则意味着当所得来源于其他国家时,来源国的征税权在绝大多数情况下不会受到任何双边税收协定的限制。如果在一个与来源国签订了协定的国家设立一个导管公司,纳税人就可以主张协定利益,从而降低或者消除在来源国的税负。此外,(转下页)

设立混合错配的实体(hybrid entities),在规避所得发生地征税的同时,在高税负管辖区内进行税前扣除,[55]或者享受两次税前扣除的好处。[56]他们通过关联实体之间的转让定价增加在低税负管辖区的可征税所得和在高税负管辖区的扣除,从而向低税负管辖区转移配置收入。除此之外,税收筹划者采用收益剥离(earning stripping)的方法侵蚀所得发生地的税基,[57]设计出在一国被认为是贷款而在其他国家被认为是权益投资的创新性衍生产品。[58]而且,他们经常综合采用这些方法以及其他技术[59],在不改变个人和企业的居所

(接上页)如果导管公司所在国的国内法对部分对外支付不征收任何预提税,或者该国与创造收入资产所有人的所在国之间存在的税收协定规定免除来源国的预提税,则所得无需在来源国承担任何税负就可以流回创造收入资产的所有人。来源于基金或无形资产的所得在导管公司所在国不产生税负,因为该所得将被支付给低税负管辖区的创造收入资产所有人的相应款项所抵消。

55 例如,如果一个子公司在A管辖区被视为是透明体,但在B管辖区被视为非透明体,那么从B管辖区支付到A管辖区的款项(例如利息支付或特许权使用费)在A管辖区是可扣除的(从而降低在A的应税所得和纳税义务),但在B管辖区不被视为所得。两国的规则在事实上促进了这种筹划。比如美国的打钩制度(check-the-box)就允许美国实体实际设计不透明的或者是穿透的税务处理。

56 为此,需要将扣除项归属至可以与位于两个不同国家的另两个实体进行合并申报纳税的实体。

57 这通常涉及在一个低税负国设立金融业务以资助集团内其他公司的活动。结果就是这些费用支付可以从高税负的经营公司应税利润中扣除,在接方处享受优惠的税务处理或者根本不承担税负,由此降低总税负。参见:BEPS报告,同注50,第40—41页。

58 例如,如果A国将一项交易定性为权益投资(因此相关支付被视为股息分配),而B国将同样的交易视为贷款(则相关支付被视为利息),从B国支付到A国的款项将被B国视为利息(可扣除)而被A国视为股息。如果A国对股息所得免税或者给予优惠待遇,就会存在税收利益。参见:BEPS报告,同注53,第9—10页。

59 谷歌的"爱尔兰-荷兰双层三明治"结构就是这类典型的复合结构。谷歌的全球所得被传送到爱尔兰子公司,由此,谷歌在高税负管辖区的所得减少了,因为所支付的费用可在来源地得到扣除。爱尔兰子公司再以特许权使用费的方式支付给另一个子公司——即谷歌BV,一家荷兰公司——从而减少爱尔兰子公司的所得,而且谷歌享受到了在欧盟内免交预提税的优惠待遇。谷歌BV再以几乎相同的特许权(转下页)

或者重新安排主营活动的情况下,降低这些个人和企业的整体税负。[60]个人和企业税收筹划的能力因各个管辖区的不同而不同,但归根到底还是与当地的税制漏洞以及国内税法执行程度有关。[61]然而毋庸置疑的是,综合而言,各国相互冲突的税法规则会产生国际税收碎片化的格局,在得到良好筹划建议时,灵活变通的纳税人能够拼装出自己所需要的税收规则体系。

由此,与上述探讨的围绕着作为市场主体的国家提供关于法律规则、服务和税收的全盘接受或者全部放弃的一揽子交易这个传

(接上页)使用费支付方式将收益转给百慕大公司,其所得几乎被完全剥离。荷兰不征收预提税,而百慕大又以不对所得征税闻名。最终,谷歌从欧洲、中东和非洲顾客收取的收入几乎没有纳税。关于进一步的描述,参见:Edward Kleinbard(爱德华·克兰巴德), Stateless Income(《无国籍所得》), 11 *Fla. Tax Rev.* 699, 706 (2011)。

60 值得注意的是,并非所有这些税收筹划方案均可适用于所有纳税人。尤其是自然人(作为再分配政策的主要目标),其必须与公司相区分,因为公司在税收筹划方面享有更多的回旋余地。但即便如此,高端人士[也就是被委员舒尔曼归为高净值人士的这些人,道格拉斯·舒尔曼(Douglas Shulman)委员,"为乔治华盛顿大学第22届国际税收大会准备的讲话"(Prepared Remarks before the 22nd Annual George Washington University International Tax Conference)(Dec. 10, 2009), http://www.irs.gov/uac/ Prepared-Remarks-of-Commissioner-Douglas-Shulman-before-the-22nd-AnnualGeorge-Washington-University-International-Tax-Conference]也有能力并实际通过公司以及其他实体(如信托)进行运作,从而也可以像公司那样从税法漏洞中获益。例如,米特·罗姆尼(Mitt Romney)的离岸公司在他进行2012年总统竞选时成为了新闻头条。参阅: Mark Maremont(马克·梅尔蒙特), Romney's Unorthodox IRA(《罗姆尼的非正规的个人退休金账户》), *Wall St. J.* (Jan. 19, 2012), http://www.wsj.com/articles/SB10001424052970204468004577168972507188592。

61 不同国家的自然人进行国际税收筹划的能力也有所不同。在美国,尤其是后《外国账户税务合规法案》(FATCA)时代,有人认为逃避税的机会似乎变得更加成本昂贵了。参见阿维-约拿,同注3等。但还是有机会进行离岸税收筹划。关于部分可供选择方案的目录,参阅: Davis S. Miller(戴维斯·S.米勒), Unintended Consequences: How U. S. Tax Law Encourages Investment in Offshore Tax Havens(《意外的结果:美国的税法是如何鼓励对于离岸避税天堂的投资》)(Oct. 4, 2010), http://ssrn.com/abstract=1684716orhttp://dx.doi.org/10.2139/ssrn.1684716。

统流动性理论不同,碎片化观点强调该一揽子交易的可选择性和弹性。[62] 与通过将居所搬迁到新的税务管辖区从而整体性地变更管辖区的做法不同,碎片化强调了个人或者企业所具有的综合和匹配税制的能力。因为许多个人和企业并不只是排他性地绑定在单个国家上,相反往往在许多层面上同时与多个国家互动,国家与选民之间的关系不能也不必是涵盖纳税人和国家之间潜在互动的所有方面。这一现实影响着个人、企业以及国家的行动策略。如果没有税务管辖权的碎片化,国家提供给个人和企业的选择或者是政治发声(通过政治权力来影响国家政策)或者是离开(重新选择管辖区来获得更优惠的一揽子交易);[63] 而如今纳税人又多了一种选择:分解经济活动,并将各个部分转移安排在相关的税务管辖区来获取最大化的利益。

反过来,国家将本国的税收和财政支出体制作为竞争的筹码,用来争取税收居民以及居民所带来的(碎片化)资源和经济活动。笔者认为,即使所争取的居民和资源微不足道,这也能够影响这些国家制定税收政策时的规范性考虑。下一节将讨论在税收竞争条件下,关于效率、分配正义以及身份等的考量所经历的改变。

第三节 税收竞争如何重构国家税收政策

为了更具竞争优势,国家需要设计出相应的政策来吸引适当组

---

[62] 舍恩,同注43,第336页(将税收竞争比作"打包货物"之间的竞争,而公司法竞争只是单一货物的竞争)。

[63] Albert O. Hirschman(艾伯特·O.赫希曼), *Exit, Voice, and Loyalty: Responses to Decline in Firms, Organizations and States*(《退出、发言权与忠诚度:对于公司、组织和国家衰弱的回应》)(1970)。

合和水平的经济活动或者外来投资。国家也需要吸引（或者留住）"合适种类"的税收居民、个人或者跨国企业。由于（部分）纳税人具备从不同税制中选择税收规则的能力，国家税制的每个组成部分就必须包含具有竞争力的税收规则和税率，否则纳税人就可能选择其他国家的更合适的规则和税率来取而代之。这种为吸引居民纳税人和投资而展开的多层次竞争已经改变了国家制定税收政策的方式；它在效率、再分配以及个人和集体身份概念等诸多方面产生了矛盾。接下去，笔者将探讨上述竞争性现实对于在全球经济背景中国家税收政策制定的影响。

一、效率

从修正后的税收竞争角度看，国家的角色已经从一个寻求对现有纳税人群体制定最具效率的税收规则（往往意味着最低扭曲性的规则）的中央政权转变为一个旨在寻求"利润"最大化的市场主体。当然，这里的"利润"不仅包括税收收入，同时也包括特定税收居民和投资者为本国经济所带来的其他利益。从这个意义上说，在竞争中成功的国家能够通过设计最具有吸引力的税制，同时以牺牲尽可能少的税收收入为代价，成功吸引（或者留住）"最优"税收居民、[64]最有利润的投资、最能带来利益的企业和公司。这样的市场主体有兴趣，甚至是渴求市场按照其意愿运行，其视角因此而改变。处于竞争状态的国家关注其选民群体的成本和收益（即使这意味着对于其他群体施加成本），同时也聚焦于如何引导获得利益的群体

---

[64] 但请注意，尽管各国对理想居民的争夺日益激烈，但是也不太可能赶走不想要的（自然人）居民。原因是多种多样的，包括政府对初始选民的承诺，以及这些居民通常也不受其他国家的欢迎，因此无法从居民国移民至别国。

（leading the winning team）。[65]

为在这个市场上开展竞争，有一系列的策略可供国家选择，当然如果没有这种竞争，这些策略也不会如此具有吸引力。首先，国家能够（为了其"群体"的利益最大化也应当）减少对具有流动性经济活动的征税，比如资本投资（证券组合投资和外国直接投资）的所有者拥有到别处投资的选择权。[66]众所周知，国家为争取到跨国企业的投资，可以为之提供税收及公共产品和服务方面颇具吸引力的政策包（比如东道国经常为外国投资者提供"围栏式"的利益）。[67]竞

---

[65] 第二、四、五章将解释为什么单边合作对于国家行为体而言并非一个合理的策略。

[66] 尽管乍一看一国向外国人征收尽可能多的税款符合该国的利益，但经济学分析表明，对于小的东道国而言，最优政策实际上是对外国投资者免除除受益税（benefit tax）以外所有的税负。参阅：Joel Slemrod, Tax Principles in an International Economy（《国际化经济体中的税收原则》）, in *World Tax Reform: Case Studies Of Developed and Developing Countries*（《世界税制改革：对发达国家和发展中国家的案例研究》）11, 13 (Michael J. Boskin & Charles E. McLure, Jr., eds., 1990). 理由在于，如果国际资本市场是竞争性的，那么小的国家（其市场力量无法影响全球回报率）为吸引外商投资，就必须能和其他地方提供的投资机会相竞争。参阅：A. Laus Bovenberg et al.（A. 兰斯·博芬贝格等）, Tax Incentives and International Capital Flows: The Case of the United States and Japan（《税收优惠和国际资本流动：美国与日本的案例》）, in *Taxation in the Global Economy*（《全球化经济中的税收》）283, 291–92 (Assaf Razin & Joel Slemrod eds., 1990).

[67] 大致参阅：《IMF政策文件》，同注40，第13—14页。围栏式的活动是OECD 1998年有害税收竞争报告的重要关切之一，参阅：OECD, *Harmful Tax Competition: An Emerging Global Issue*（《有害税收竞争：一个日益显现的全球化问题》）26 (1998)。然而，2015年BEPS第5项行动计划报告对围栏式活动的关注有所降低，转而关注特定类型所得公司税的降低，例如提供无形资产而产生的所得。OECD, Countering Harmful Tax Practices More Effectively, Taking into Account Transparency and Substance, Action 5–2015 Final Report（《第5项行动2015年最终报告：考虑透明度和实质性因素，更有效打击有害税收实践》）, OECD/G20 Base Erosion and Profit Shifting Project 23 (2015). 但玛格流特（同注41）支持发展中国家提供的某些税收优惠。

争中的国家可以减少对（更具流动性）资本的征税，为具有潜在的强流动性的本地企业提供税收利益（比如那些主要面向国外市场的高科技企业，或者开展大量广泛研发活动的高科技行业[68]），但并不减少对于（弱流动性）劳动力以及与本地资源（比如自然资源）紧密联系的企业的征税。[69]

其次，为了争取那些"紧俏的"（high-demand）税收居民，国家需要减少对特定个人和公司的征税。国家寻求吸引那些年富力强的，具有一技之长的居民（而不是老弱贫疾者），以及诸如企业家、颇具潜力的雇主和跨国集团的总部等能使用本国银行、法律、会计甚至研发服务，从而可能产生正外部效应的居民。为了争取这些居民，国家不仅可以降低这些居民的税率，更可能通过对其适用属地性质的国际税制、递延纳税，或者提供更为慷慨的税收抵免、税前扣除和免税等来缩减它们的税基。这些措施所带来的国家税收损失可以通过由此吸引到本地的生产要素所产生的利润加以弥补。

68　正如最近的专利盒现象所表现的那样。参阅：Lisa Evers（莉萨·埃弗斯），Helen Miller（海伦·米勒）& Christoph Spengel（克里斯托夫·施彭格尔），Intellectual Property Box Regimes: Effective Tax Rates and Tax Policy Considerations（《知识产权盒制度：有效税率与税收政策的考量》）1, Centre for European Econ. Research Discussion Paper No. 13-070, 2013。关于OECD第5项行动计划下的现行专利制度的深入分析，参阅同上注，第63页。

69　参阅：Peter Mullins（彼得·马林斯），International Tax Issues for the Resources Sector（《资源领域的国际税收问题》），in *The Taxation of Petroleum and Minerals: Principles, Problems and Practice*（《对汽油和矿产的征税：原则、问题和实践》）378, 379 (Philip Daniel, Michael Keen, & Charles McPherson eds., 2010)。该文章解释说，尽管资源富裕的国家可能没那么在意税收竞争，毕竟自然资源具有区位的特定性（location specific），但这类国家可能不得不为稀缺的资源开采管理和技术技能，或者用于资源项目的资金而展开竞争。另参阅：Carlo Cottarelli（卡洛·科塔雷利），Fiscal Regimes for Extractive Industries: Design and Implementation（《采掘业的财税体制：设计与执行》）14 (IMF Working Paper, Aug.15, 2012)。

最后，国家也可以为迎合那些更具流动性和高价值的潜在纳税人而量身定制竞争策略。换言之，国家不仅可以减少这些纳税人以支付税收为表现形式的价格，更可以为它们提供其所亟需的服务。比如确立友善的法律体系可以更好地吸引投资者；优质的公共教育体系和宽松的劳动法律制度能够吸引潜在的雇主；繁荣而具有活力的文化环境可以吸引技术工人。每个国家具有不同的比较优势（比如舒适的居住环境、良好的公司治理制度，[70] 或者发达的金融市场），[71] 而具有这些优势从而更受外来者青睐的国家相应地具有设定更高税率的自由空间。

国家还应当根据市场碎片化的现实来相应调整自身的策略。国家必须内化自身（应）在多个市场上成为竞争主体的现实，并相应地考虑其最佳的市场战略，或者为自身在这些市场上的表现付出代价。国家的竞争是在多个平行市场上同时展开的：吸引居民的市场，争取资本的市场，经营选址的市场，创造劳动就业机会的市场，争取无形资产的市场等。由此，某些服务与公共产品，甚至是法律规则应当单独定价或者战略性地捆绑在一起，共同构成国家吸引外来资源的比较优势。这种碎片化的市场格局已经彻底改变了国家在制定最有效税收（和支出）制度时的考量。与以往的内部福利最大化的问题不同，现在的问题是公共产品的提供者（国家）相互竞争为吸引客户（居民以及投资者）而制定最优的策略。从这个意义上说，国家所要

70　参阅：Eric L. Talley（埃里克·L.塔利），*Corporate Inversions and the Unbundling of Regulatory Competition*（《反向设立公司与监管竞争的分解》）4 (2014)（主张美国将税收制度和公司管理制度捆绑在一起，由此可以征收相对较高的公司税）。另参阅：舍恩，同注43，第336页（讨论了公司法的分解"价格"）。

71　因此，比如美国利用其资本市场的比较优势成功推动了FATCA。参阅：Joshua Blank（乔舒亚·布兰克）& Ruth Mason, Exporting FATCA（《输出FATCA》），142 *Tax Notes* 1245 (2014)。

应对的是竞争条件下一系列全新的困境。

国家为了争取那些"紧俏的"居民和投资者，不仅可以减少对所有纳税人的征税，也可以在潜在纳税人之间进行价格歧视。这体现为提供针对性的利益，比如依外国直接投资者申请而发布税收裁定所带来的便利，[72] 为某些特定行业提供更为优惠的税前扣除，[73] 特定的免税，以及选择性地执行一般反避税规则（GAAR）。[74] 相对地，国家也可以在其税收体制中嵌入一些漏洞，从而允许拥有大量海外投资的本国居民享有一定限度内进行税收筹划的空间，[75] 以及允许外国投资者和居民开展针对母国税法规则的税收筹划自由。[76] 从这个角度看，为在竞争中有效地设定本国的国际税收政策，国家不仅应当

---

[72] 参阅：玛丽安，同注52。这种操作在欧盟委员会最近的国家援助决定下似乎受到了抨击。参阅：Mindy Hertzfeld（明迪·赫茨菲尔德），News Analysis: State Aid Bureaucrats Run Amok（《新闻分析：执行国家援助的官员背离正道》），82 *Tax Notes Int'l* 1127 (June 20, 2016)（批判了委员会对美国跨国公司在欧洲的纳税是否过少的调查，并主张"难以判断它如何符合禁止国家援助的初衷——防止各国以牺牲欧盟境内其他公司利益为代价向本国公司提供利益。最近的调查——都是为了防止各国以牺牲跨国公司为代价损害本国公司的利益，委员会已经完全颠覆了国家援助法的初衷"）。

[73] 例如，OECD详细解释了慷慨的利息扣除，《第4项行动计划2015年最终报告：限制涉及利息扣除和其他财务支付的税基侵蚀》（Limiting Base Erosion Involving Interest Deductions and Other Financial Payments, Action 4–2015 Final Report）15–17 (2015), http://www.keepeek.com/Digital-Asset-Management/oecd/taxation/limiting-base-erosion-involving-interest-deductions-and-other-financialpayments-action-4-2015-final-report_9789264241176-en#page17。专利盒则是国家为吸引高科技产业而创设特殊制度的另一例证。参阅注68。

[74] Benjamin Alarie（本杰明·阿拉里），Price Discrimination in Income Taxation: Defending Half-Hearted Anti-Avoidance（《所得征税中的价格歧视：为半心半意的反避税辩护》）(Mar. 26, 2011), http://ssrn.com/abstract=1796284. Brian J. Arnold（布赖恩·J.阿诺德），The Long, Slow, Steady Demise of the General Anti-Avoidance Rule（《漫长缓慢但又稳定消亡的一般反避税规则》），52 *Can. Tax J.* 488, 491 (2004).

[75] 例如，经营所得的税收递延。

[76] 阿拉里，同注74，第24页。

考虑居民的流动性、投资选址的弹性等因素，还要关注它们对于国家上述保护性（sheltering）措施的反应程度。

要点在于，国家被迫放弃对于那些不容忽略的纳税人原先所拥有的相当部分的垄断性主权权力，并且根据市场因素调整本国的税收政策和体系。这必然意味着为了实现效率的目标，国家必须限制（对于具有流动性纳税人的）征税，并更为慎重地设计提供公共产品和服务的制度。然而，这也意味着提供这些公共产品和服务的标准取决于市场供求规则，以及那些具有流动性的市场主体的偏好，而不是由国内福利最大化的决策过程所确定。

二、分配正义

争取税收居民和资源的竞争严重制约了国家进行再分配的能力。由于这种竞争的存在，以及国家丧失了征税的垄断权力，再分配已经不再是民主社会中政府可以自由运用的促进正义和平等参与的机制，而日益成为国家向这些高能力的（high-ability）个人和企业收取的对价。纳税人为避免给再分配"买单"，选择通过物理重新选址，或者将税基转移到其他税收管辖区，[77] 这些调整已经成为政府考虑支持或者反对再分配时的一项额外成本。

国家之间为吸引投资（通过降低税率）和争取税收居民（个人以及跨国企业）而争相提供具有吸引力的税收和公共支出的合约（deals），其结果便是臭名昭著的逐底竞争。居民国和东道国被迫持

77　很难收集和衡量该现象程度的经验数据，尤为困难的是区分居民迁移决定的税收动机和非税动机。就美国公司领域该问题的详细讨论，参阅沙维罗，同注39，第429页，审视了现有证据后总结认为，公司居民身份的可选择性不断上升"对于现存的美国公司权益而言，问题反而没有新权益（无论是新公司的还是既有公司的）那样严重，因为美国公司现存权益在很大程度上是被困住的"。

续地降低税率——根据理论预测,最终将降至零税率[78]——由此将损害国家对财富进行再分配的能力。尽管经验证据并不明确支持这种零税率的预测,[79]即使存在其他可能的场景,[80]但是税收竞争限制了国家进行财富国内再分配的能力,这一点却得到了广泛的承认。[81]

---

78 关于该研究的全面调查,参阅:威尔逊,同注45; John D. Wilson & David E. Wildasin(戴维·E.威尔德森), Capital Tax Competition: Bane or Boon?(《资本税收的竞争:灾难还是恩惠》), 88 *J. Pub. Econ.* 1065 (2004); Vito Tanzi(维托·坦兹), *Taxation in An Integrating World*(《在整合世界中的征税》)(1995)(主张资本的税率应当接近于零)。此外,参见笔者在第四章中的讨论。

79 经验证据并没有清晰表明,逐底竞争是一个严重的问题,参阅:Sijbren Cnossen(塞伯仁·科诺森), Tax Policy in the European Union(《欧盟的税收政策》)(CESifo Working Paper No. 758, Category 1: Public Finance, Aug. 2002); Thomas Plümper(托马斯·普朗普), Vera E. Troeger(维拉·E.特勒格)& Hannes Winner(汉纳斯·温纳), Why Is There No Race to the Bottom in Capital Taxation? Tax Competition among Countries of Unequal Size, Different Levels of Budget Rigidities and Heterogeneous Fairness Norms(《为何在资本征税方面不存在逐低竞争?规模不同,具有不同严格水平预算以及异质公平规则的国家之间的税收竞争》), 53 *Int'l Stud. Q.* 761 (2009)。"毫无疑问,资本税率为零的预测在提出之初便不符合现实,此后也没有成真。"参阅:James R. Hines, Jr.(小詹姆斯·R.海因斯), Will Social Welfare Expenditures Survive Tax Competition?(《社会福利支出能够经受住税收竞争吗?》), 22 *Oxford Rev. Econ. Pol'y* 330, 331 (2006); Vivek H. Dehejia(维韦克·H.德赫贾)& Philipp Genschel(菲利普·根舍尔), Tax Competition in the European Union(《欧盟中的税收竞争》), 27 *Pol. & Soc'y* 403, 409 (1999); Philipp Genschel & Peter Schwarz(彼得·施瓦茨), Tax Competition: A Literature Review(《税收竞争:文献的回顾》), 9 *Socio-Economic Review*, 339。

80 参阅:海因斯,同上,第331页(主张全球化也可能为发达经济体增添活力,使其更有能力支撑重大的社会福利支出)。

81 关于该现象的详细分析,参阅:Reuven S. Avi-Yonah, Globalization, Tax Competition, and the Fiscal Crisis of the Welfare State(《全球化、税收竞争以及福利国家的财政危机》), 113 *Harv. L. Rev.* 1573, 1575-1603 (2000)。有人主张,税收竞争将导致税率降到次优水平,这会迫使各国无法充分提供公共产品。关于支持该主张的正式模型,参见:George R. Zodrow(乔治·R.佐德罗)& Peter Mieszkowski,(彼得·米斯考斯基), Pigou, Tiebout, Property Taxation, and the Underprovision of Local Public Goods(《庇古、蒂伯特、财产税以及地方公共产品的提供不足》), 19 *J. Pub. Econ.* 356 (1986)。尽管尚不明确公共产品的"最优"水平是什么[Julie Roin(朱莉·罗因), Competition and Evasion: Another Perspective on International Tax Competition(《税收竞争和偷逃税:对于国际税收竞争的另一个视角》), 89 *Geo. L. J.* 543 (2001)],但可以明确的是,再分配会减少。

在最极端的情形中,降低对于流动性强的居民和生产要素的税率,可能使税负转移给流动性弱的(通常是处境更差的)[82]生产要素。这会减少国家的财政收入,侵蚀国家维持公共产品和服务,特别是进行再分配的能力。进一步而言,正如鲁文·阿维-约拿所言:"如果不能对资本进行有效征税,税基就会在整体上转移——累退地——到劳动力上。从这个意义上说,税收竞争损害了所得税具有的将财富由富人向穷人转移的再分配能力。"[83]无论如何,税收竞争毫无争议地会使国家承受减少税收和限制再分配的压力,否则国家就会为维系整体福利付出代价。[84]

但是,也存在若干能够缓和税收竞争给再分配带来压力的平衡因素。其中的中心因素是个人和企业重新选址产生的实际成本。人们必须考虑因为改变居所、家庭、文化联系、职业以及改变与本国的联系所产生的重大成本。企业也需承担因为在物理上或者法律上转移其居所、经济活动或者工人至新税收管辖区所产生的成本。第二个重要因素是税收管辖区所具有的特殊的市场优势。如果它能够提供颇具吸引力的居住环境,特殊的忠诚因素(比如,因为历史、文化和国家的联系而使人对于特定居住地产生强烈的情感偏好),对社会成员福利水平的独特承诺,[85]丰富的自然资源,网络化的外部效应,

---

82 考虑到财富和流动性之间往往存在关联(尽管不是一直如此),问题变得格外尖锐。最富有的人(及其资本)通常是流动性最强的。因此,试图更宽容地对待这些强流动性人员的笼统规则往往会通过税法来限制再分配。由于再分配针对的是最富有的人,各国再分配的能力将受其流动性的限制。对具有流动性的富人征税可能会将他们赶走;对流动性较差(也没有那么富有)的人征税将产生低效的再分配后果。

83 阿维-约拿,同注81,第1578、1624页。

84 关于税收竞争的成本和利益的进一步详细分析,参见第四章。

85 Alberto F. Alesina(阿尔贝托·F.阿莱西纳)& Paola Giuliano(葆拉·朱利亚诺),Preferences for Redistribution(《再分配的偏好》)(NBER Working Paper No. w14825, Mar. 2009)。

有利的监管体系(比如,优越的公司治理体系[86]),或者其他任何比较优势,这些都会赋予该管辖区在再分配方面更大的自由度。[87]政治上的约束则是另一个重要因素:一个具有致力于维护公平政治传统的国家是不会轻易地完全放弃再分配职能的。[88]所有这些因素能够很好地解释国家如何以及为何继续征税,以及即使在全球竞争的现实条件下,国家仍然能够履行一定水平的再分配职能。

但是,无论上述平衡因素能够为国家提供多大程度的韧性,纳税人的流动性意味着国家(应当)在再分配的收益和因为过度再分配导致富裕人口和企业流失造成的潜在损失这两者之间进行权衡。如果还存在税收筹划,那就将进一步限制国家再分配财富的能力。即使某个特定国家相比于其他国家拥有一定的比较优势,或者纳税人因转移管辖区可能负担相当的成本,国家也会发现,将这些比较优势或者非弹性转化为财政收入,从而促进再分配,也是十分困难的。

三、个人与集体身份

竞争也会改变国家与其选民之间的关系,这通过挑战国民身

---

[86] 参阅如:塔利,同注70(注意到由于跨国企业对特拉华州公司法的青睐,将税收与公司注册地捆绑在一起使得美国能够征税)。

[87] 美国联邦法律和地方税法演变的结果限制地域特殊(location-specific)的租金,特别是对于在多个税收管辖区经营的企业而言更是如此,由此,通过地方税法规则进行再分配变得效率相对低下。参阅:盖尔,同注11,第534—537页,以及援引的参考文献。

[88] 普朗普,同注79,第783页:
在其他条件保持不变的情况下,公平因素对政府限制越弱的国家,对流动资本施加的税率便越低,从而成为资本输入国。该结论在相反的情况下也是成立的:公平规范对政府的限制越强,则对流动资本施加的税率便越高,从而成为资本输出国。据此,遵守公平规范是要付出代价的;对于一个选民平等的国家而言,其他国家的公平规范越弱,其所付出的代价也就越大。

份，在测试标准中加入国内忠诚度因素，以及改变政治参与等形式来实现。当纳税人可以选择负担更少税负的居所时，他们——或者至少是其中部分群体——将（几乎必然地）在对本国承诺与转移（或将其税基转移）至新税收管辖区所带来的收益和成本之间进行权衡。这种以金钱为标准来衡量对国家忠诚度的做法会产生商品化（commodifying）后果。所得税的纳税人被迫在他们与本地的联结度（而负担所得税义务的成本）与其用节省的税款可购买的商品之间进行比较。那些有能力重新选择其他税收管辖区的纳税人需要在他们对本国的忠诚与改变居所带来的利益之间作出选择。

国家面临着类似的困境：它们必须在坚持接纳成员和征税方面的最初标准与招募新的、理想的居民的需求之间进行抉择。[89] 税收竞争将其他情形中无需考虑的、关于纳税人身份的两个特质置于显著地位：纳税人对国家的吸引力和他们的流动性。在争取税收居民时，国家更希望追求具有吸引力的纳税人，并对其中具有流动性的纳税人提供更为优惠的税收合约。税收竞争环境突出了纳税人的吸引力和流动性，强调了人们离开现在社会的意愿以及他们的使用价值。通过考虑潜在税收居民和投资者的使用价值，国家衡量他们在将来

89　美国所得税制只关注公民身份这一主要特征可以被理解为在明确区分"我们"和"他们"，其中，"我们"（us）指的是每一个美国公民（即便其不在美国居住）。关于公民标准的进一步解释，以及用于确定非居民身份的公民标准测试所受到的批判，参见梅森，同注27，第121—124页。根据居民身份确定本地纳税人身份的国家（包括美国，除了美国公民和绿卡持有者，美国还对税收居民征税）使用不同的标准（主要是技术性差异）。有些国家使用天数标准；还有一些国家则是依据自然人的"税收住所"（tax home）所在地或者主要利益中心所在地，后者使用的标准包括永久居所地、银行账户、家庭成员居所地、职业关系所在地等。关于各国税收居民规则的汇编，参阅：http://www.oecd.org/tax/automatic-exchange/crs-implementation-and-assistance/tax-residency/。

对国家的贡献（多为经济性的[90]），评估他们对"我们"的益处。这一标准把成为社会组成部分的概念简化成为对社会成员的成本和利益计算，并促使国家向未来更为理想的税收居民以及那些对国家最有利并能为优惠财税政策所挽留的现有居民提供更为优惠的合约。

这种使用价值的立场对个人与国家身份都产生了影响。在个人身份层面，它把个人的公民身份与狭隘的商品化了的政治成员身份相联系。有趣的是，这使所得税完全倒退到其早期的阶段，在该阶段根据受益征税是一个关键理由。实际上，受益作为征收所得税的理由在19世纪末之所以式微，正是因为其对所得税消费主义（consumeristic）或者商品化的理解与现代化和高度依存的社会特质格格不入。[91] 税收竞争强调类似消费者的选择、偏好以及交易回报，似乎又重提早先税收商品化的说法，也削弱了人们的公民身份和政治属性。

在国家层面，这种"似新实旧"的视角让"谁组成了'我们'"的观点受到了质疑。在任何意义上，"我们"是否还是拥有共同的团结

---

[90] 税收优惠这种鼓励形式强调了"交易"的经济价值。税收利益属于金钱给付，税收政策使得所得越高的人能得到越多的金钱给付。因此，最富有的潜在居民会发现移民到一个向他们提供税收利益的国家是有好处的。根据一个人的经济价值提供金钱给付可以视作是赤裸裸的基于金钱考虑而进行的政治联系的交易（当新成员最有利于决策者的政治利益时），或者说——如果政治权力并非决策者所追求——税收利益只是更强调新成员的经济价值（而不是其他品质）。

[91] 阿杰伊·梅罗特拉，同注14，第114页，对美国受益税的转型作了如下阐述：
如果改革派经济学家一致认为，受益理论对于高度相互依赖的现代社会而言已经过时了，他们还会因受益理论是用市场关系的习惯用语描述的而排斥它。在强调道德责任和社会联系的重要性的同时，这些经济学家对受益理论将公民和国家之间关系商品化的方式表示厌恶……以相互交换或者物物交换的交易观念为基础的税收……似乎有悖于税务人士和经济理论家所认为的道德责任和社会团结是新的政治归属感的核心之立场。

观、承诺和归属感的具有内聚力的群体？或者"我们"仅是对增加集体净财富具有共同利益的群体？全球税收竞争格局强调吸引最有利的新的税收居民支持后一种观点，即更加商品化的"我们"。换言之，税收竞争使我们按照市场条件来考量国家身份认同。

与使用价值角度类似，纳税人的流动性也产生了一系列新的——相关但不尽相同的——与作为国家政治社会组成部分的纳税人身份相关的问题。流动性本身聚焦于纳税人的暂时性地位并给予这种地位以回报。纳税人的流动性越强，就越能从本国或者竞争国那里获得更优厚的税收待遇合约。然而，对流动性的回报会带来国家共同体变得脆弱的风险：共同体更依赖于国家所提供服务的质量和程度，却更少依赖共同体成员在相互责任基础上的归属感。

当流动性强的纳税人同时也是更为富裕的、拥有更多外国来源收入和更多境外机会的纳税人时，对社会成员量能课税的诉求与对那些紧俏的流动性纳税人提供具有吸引力合约的渴望，这两者会发生正面冲突。这类个人纳税人更可能权衡其国民身份与国家对其征收的国内税和所提供的利益，由此，国家也希望限制对这类自然人的征税。这会减损以对政治社会中共同成员责任为内容的社会成员身份所具有的含义。

现有公民的流动性和争取更理想的新的税收居民，这两者的最终后果是对国家政治过程产生潜在的影响。具体而言，当国家成为吸引新税收居民的招募者时，政治参与的传统就会随之被改变。纳税人的流动性更强调政治过程中用脚投票而不是政治发言权，由此将民主参与的一种形式置于另一种形式之上。[92] 相比于试图通过发

---

92 Albert O. Hirschman, *Exit, Voice and Loyalty* (1970).

表意见影响政治体系而只将用脚投票作为备选的方式,那些更易用脚投票的纳税人可能并不寻求在政治体系内通过政治发声来促成改变,而更倾向于用脚投票(或威胁用脚投票)。在某种层面上,用脚投票可能更具有破坏性,因为它已经不是人们对现有政策表达不满的一种途径,而是国家衰亡中的一种独立因素。社会中重要群体成员的用脚投票意味着,剩余成员所能获得的公共资金(以及公共服务)更少了。

强调用脚投票也意味着资本所有者、年轻的或具有才能的个人在国家决策过程中可能比其他纳税人拥有更大的影响力。政策制定者可能被迫将这类强流动性个人狭隘的自身利益融入政策中。事实上,如果这些强流动性的个人或者投资者因其偏好没有得到满足而选择用脚投票,则会对本地的生产要素产生实质性的不利影响(负外部性)。所以,为了防范对社会其他群体(那些没有用脚投票选择权的)的利益造成损害,强流动性个体的利益应当得到促进。进一步而言,由于存在着争取优质税收居民和投资者的竞争压力,非本国公民也可能对于本国税收、财政开支和财富分配政策具有重大的政治影响力。换言之,国家为吸引这些优质非居民而必须向其提供利益的这一假设会对国内政策产生重大影响。由此,这些外国投资者和潜在的税收居民,无需通过正式程序行使发言权却也能够在本地政治过程中发挥重要作用。事实上,并不是这些外国投资者或者潜在的税收居民本身实际影响了本地的政治过程,而是本国的政策制定者设想了这些外来者的偏好,并将之融入决策中。换言之,本国的决策者至多只是预测那些外国税收居民和投资者的偏好,而对于这些外来者,他们甚至是无需负有责任的。

纳税人无需实际离开该国领土便可摆脱一国征税体系的能力

进一步侵蚀了政治参与进程。国家对于平等参与政治的选民公平地实施强制性权力，是国家权力的必要组成部分，也是其合法性所在。[93] 正是这种性质使得国家对其居民行使权力和以选民名义行事具有了合法性。如果这种平等性屈从于政治社会中部分个体参与者的市场力量，就会削弱作为政治单位的国家应当平等关切和尊重其国民的合法性。

在竞争的条件下，决策者被迫在吸引新的成员与维护原选民之间作出选择，并被迫决定是否必须使用金钱激励手段来吸引新的成员，或者能无需如此行事。决策者不得不在一个开放的，但商品化的并且有些脆弱的共同体，与一个受没有其他替代的意识约束的社会之间作出抉择。决策者不得不关注外国人（他们对这些人并不负有责任）的偏好，并赋予这些外国人超国民待遇，旨在期待这些外国人将来能够带来具有正外部性的投资和居住，而这些正外部性将超过国家为吸引这些外国人所付出的代价。

在全球范围内，国家之间为争取税收居民和投资的竞争必然改变国内税收政策的基础。它也改变了人们实现所得税政策传统规范性目标的方式。这种新的视角导致了关于效率、再分配以及（个人和集体）身份概念等方面的新困境。在竞争条件下，税收逐渐不再是国家用以克服集体行动困境的强制性工具，而日益成为国家争取税收居民和资本的手段。

吸引流动性税收居民和投资的激励手段促使政策制定者限制税收的再分配职能。它导致比起现有的选民，国家更加偏爱更具吸引力的纳税人，以及那些更容易和更具有能力来分解国家公共产品和

93　更多内容参见第六章关于全球正义的讨论。

税收包的纳税人。同时，国家的政治进程较少地依赖于政治发言权的实践，而更多地依赖于用脚投票的实践，这样，流动性作为取得经济权利和利益的标准，获得了更大的权重。在这些情况下，税收政策不再只是用来确定税收水平和分配，也不再局限于决定国家提供服务的种类和水平。相反，税收政策日益决定哪些人是重要的，而哪些人是不重要的。通过不可避免地为部分纳税人提供更多优惠，而对其他纳税人提供较少的优惠，税收政策实际上参与到了"谁属于'我们'"的决定中。

本章聚焦于竞争的国内效应——对国内税收政策的影响——下面的章节将讨论这些政策与竞争国政策之间的互动。为了分析这个复杂的互动关系，以及出于纯粹方法论的考虑，笔者将在下面的章节中假定——与笔者在本章讨论的相反，并可能存在着争议——"国家利益"确实存在。第二章将探讨单边策略措施之间的互动；第三章将探讨双边互动；第四章和第五章将考虑多边互动。在这三个不同层面的互动分析之后，笔者将放松国家利益的假设，从而将内部和外部复杂性结合起来进行探讨。

第二章　全球规划者与策略主体

在考察了全球化和国内税收政策的复杂性之后,本章将考察国际层面的情况。我们将分析国际税收的结构(暂时不考虑国内层面的复杂性),对相互依存但去中心化的国际税收体制所产生的独特动态结构作出解释。本章以国际税收领域最为主要的一个问题——避免双重征税为例,分析国际税收政策制定历史上最为突出的两个事件。第一个是20世纪20年代国际联盟对于双重征税问题的商议,由此产生了关于国家之间对于跨境经济活动征税权分配的范本。第二个则是由佩吉·里查曼·马斯格雷夫(Peggy Richman Mustgrave)在20世纪60年代发起的占据学术领域主导地位的更为现代的讨论,倡导国家采取不扭曲跨境活动的国家政策(所谓的"中性")来提升福利。每个事件都为本书其他章节中关于国际税收政策的分析提供了重要的经验。此处依次研究这两个重要的事件,有助于理解进行国际税收体系分析和决策者制定建议所依据的占主导地位的全球规范性视角。

本章批判国际联盟的建议以及关于中性理论的探讨,提出设计国际税收政策的第三条道路,即追求本国利益并策略性征税。当然对全球规范性视角的批判并不意味着它应当被抛弃。事实上,这一视角是本书最后两章的中心。但是,如果希望充分理解应然带来的挑战,就应当首先适当了解实然的含义。国际税收的实然是——国际税收当前的,并在可预见的将来持续存在的现实——并非由一个能够评估和执行国际税收政策的全球中央集权政府所构建。相反这一领域是深度去中心化的,由若干有着各自利益和安排的,独立作出决定的主权国家组成,这些构成了国际税收的全景图。在分析国际税收领域时,应当如本章这样,借助策略性工具作为解释国家之间互动的基本方法。相应地,本章聚焦于作为关键博弈规则制定者的国家这个行为体,检视这些主体在塑造去中心化但相互依存的国际税收体系中的独特地位。

本章的评论本质上是正面的。既然现实中的国际税收体系是由主权国家所决定的,那么分析的基础就应当首先聚焦于主权国家的利益,这样才能完整了解国际税收政策。界定国际税收竞争的是各国利益的互动和国际税收市场的竞争性质。国家利益决定了主权者制定税收政策的目的,而全球税收竞争限制主权者追求这些利益。由此,国家层面的较优结果——在增进国家利益的意义上——应该是国际税收政策探讨的出发点,也是本章探讨的原点。下一步是探讨增进国家利益的最佳战略:选择合作性或者非合作性措施。本章考量可供选择的单边策略。在考虑不同国家的主导性政策考量后,本章将分析为防范双重征税的国际建议,以及关于在国内层面单边消除双重征税最优办法的争论。至于双边和多边合作性方案,将在第三、四、五章中进行探讨。

第一节 国际联盟的解决方法:分配征税权

双重征税——两个或者多个国家对同一所得进行征税[1]——数

---

[1] 各国对所得征税的基础往往是纳税人的属人联系(例如居民或者公民的全球所得)、属地标准(例如在该国领土内产生的所得),或者是两者的结合。因此,双重征税在很多情形下都可能发生。例如,两个国家可能均认为纳税人的(转下页)

十年来主导着税收研究和税收政策制定。这可能是在去中心化体制中各国税收政策不协调所产生的最突出问题。双重征税制约并扭曲了跨境的经济活动。所以，它是决策者在制定国际税收政策和确定消除该问题的最优策略时所面临的一个挑战。[2]

自20世纪20年代以来，应对双重征税成为国际税收领域公众争论的中心议题，而各国不断提高的所得税率更加剧了这一问题。为消除双重征税，国际联盟下属的临时经济和财政委员会成立了由四位税收学术专家组成的小组来研究这一问题。[3]在该小组于1923年所递交的最终报告中，[4]这些专家俨然承担起国际税收体系全球规划

（接上页）某项所得在其境内产生，所以两者都会对此征税。该情形通常发生在两个国家对所得的来源和/或相关来源地的地理定义存在冲突的时候。同理，当两个国家均认为某个纳税人是自己的税收居民并对其征属人税时，也会发生双重征税的情形。不过，文献和决策所普遍关注的典型双重征税情形是一个国家基于纳税人的居民身份对一项所得征税，而另一个国家基于该所得在其境内产生也对此征税。

2 该现象被称为"双重征税"，暗示其本身在某些方面是错误的，以及相关国家之中只有一个国家应当征税才是正确的。笔者倾向于将国际税收看作综合居民国征税和东道国征税水平的连续体（continuum）。在连续体的一端是两个国家无论如何都不征税，中间的过渡是东道国和居民国采取的各种消除双重征税的机制，而在另一端是两个国家均征税且不提供任何消除双重征税的救济。在这个连续体上，没有哪个点比其他点更"正确"或更"正常"。Tsilly Dagan, The Tax Treaties Myth（《税收协定的神话》）, 32 *NYU J. INT'L L. & POL.* 939, 975–92 (2000); Daniel Shaviro, The Two Faces of the Single Tax Principle（《单一税原则的双重面孔》）（*NYU School of Law Public Law Research Paper* No. 15–47, 2015）.

3 委员会成员包括：鹿特丹大学的布鲁因斯（Bruins）教授、都灵大学的塞纳特·伊诺第（Senator Einaudi）教授、哥伦比亚大学的塞利格曼（Seligman）教授以及伦敦大学的约西亚·斯坦普（Josiah Stamp）爵士。他们的最终报告权衡了几项在居民国、公民国和来源国（或者东道国）之间划分征税权的方案。G. W. J. Bruins et al., League of Nations Econ. & Fin. Comm., Report on Double Taxation: Submitted to the Financial Committee（《关于双重征税的报告：向财政委员会提交》）, League of Nations Doc. E. F. S.73. F.19 (1923).

4 同上。

者的（虚构）角色，这充分体现在该报告所阐释的理想的国际税收体系概念上：

> 最理想的解决方案是个人所有的禀赋（faculty）都应当被征税，但只应当被征一次税，且个人的纳税责任应当按照纳税人在各个税收管辖区的相对利害关系大小进行分配。个人纳税人在永久居所（permanent residence）或住所地（domicile），以及在其财产坐落地或者其所得的来源地，都具有经济利益关系。纳税人在一个地方挣取金钱后一般会在另外的地方花费它们。[5]

该报告将个人的全部禀赋应当由一个国家征税作为既定前提。为了避免同一所得被两个或者两个以上国家征税，专家们重点研究了对哪类所得应由哪个国家享有征税权，以及个人纳税人对于不同国家相应负有的纳税义务。在此方面，报告强调了政治忠诚（allegiance）因素的式微，以及以经济纽带为基础的新的（看上去是组合的）忠诚因素的勃兴。由于后一类忠诚因素可以在任何数量的税收管辖区内产生，报告寻求确定最应享有征税权的管辖区。在这方面，专家组再次扮演了拥有挑选"胜者"权力的全球决策者角色。他们权衡了各种忠诚因素的相对强度——政治联系、临时居所、永久居所、财富的坐落地[6]——得出了至今仍被广泛认可的结论：如果纳税人对一个国家具有一定的经济忠诚因素，即使他（或她）不居住在

---

5 《关于双重征税的报告：向财政委员会提交》，第20页。
6 同上，第18—19页。

该管辖区内,[7]该国对于该纳税人所得进行征税仍具有正当性。报告进而分析了关于各类财富和所得的经济忠诚因素的含义,旨在确定哪些构成足够有力的经济忠诚因素,从而使确立纳税义务和对所得来源的征税权具有正当性。[8]

专家报告所提出的这种方法承认了纳税人基于经济联系存在多重忠诚因素的可能性。表面上看,报告规定了按照相对经济利益关系在相互竞争的管辖区之间分配税收收入,[9]但事实上,报告建议通过国家相互放弃征税权来分割税收收入。报告总结认为,"对非居民

---

[7] 《关于双重征税的报告:向财政委员会提交》,第19页:

事实上……国籍仍起着次要作用,但除了国籍的问题,各国实际上是在住所地原则和所在地或来源原则之间进行选择。就整个税收领域而言,税务机关之所以在这两项原则之间摇摆不定,是因为每一项原则都可以被视为是更广泛的经济忠诚理论下经济利益原则的一部分,而非最初的政治忠诚理论。一个人向每个主管当局支付的税额应是在其按照支付能力缴纳的总税额中根据其在各主管当局的经济利益所确定的相应部分。

[8] 什么是经济忠诚? 报告(同上,第19页)认为:

是自然人真实经济利益所在的地方。只有通过对经济忠诚构成要素的分析,才能决定一个人应当在哪里被征税或者如何在各个征税的主权国家之间划分税款。

此外,参阅: Kim Brooks(金·布鲁克斯), Tax Treaty Treatment of Royalty Payments from Low-Income Countries: A Comparison of Canada and Australia's Policies(《低收入国家特许权使用费支付的税收协定待遇:对加拿大和澳大利亚政策的比较研究》), 5 *E-Journal Tax Res.* 168, 173 (2007)(注意该报告"总结认为,涉及土地和经营财产时,纳税人的固定场所所在国对纳税人的经济忠诚拥有最强的权利要求;相反,涉及有形动产和无形财产时,所有者的居住国对经济忠诚可拥有最主要的权利要求")。

[9] 参阅布鲁因斯等,同注3,第22—23页:

因此,假设自然人应当向主管当局缴纳的税款总额是以经济忠诚为依据的,那么我们不得不问,经济忠诚的真实含义是什么以及它可以通过什么方式被细分。一个人能够以何种方式以及在何种程度上接受两个以上政府的服务,以至于他要向这些政府承担义务? 为了探求经济忠诚的真实含义,显然有三个基本因素需要考虑:(1)财富的产生;(2)财富的持有;(3)财富的处置。我们必须明确,财富真正在哪里产生,即在哪里真正生成? 在哪里被持有? 最后在哪里被处置?

纳税人相互实行免税"是"消除双重征税弊端最理想的现实办法，国家只要有能力做到，就应当采用这一方法"。[10] 报告进一步建议，如果国家因为不愿意放弃来源原则而对相互免税的做法存在抵触，那么可以在国际协定中规定所得来源的分类和分配。[11] 由此，鲁文·阿维-约拿解释道："完全以居民为基础的征税或许在将来可能成为一种理想的模式，但现实中，以来源为基础的征税将长期存在，因此应当根据不同类型所得以及利益水平在来源国与居民国之间分配征税权。"[12]

然而，以经济忠诚权利为基础配置国家间征税权，至少存在两个问题。[13] 第一个涉及相当性（commensurability）问题。报告列举了专家们在直觉上认为与确立国家征税权有关的因素，并确认了最能够构成个人对国家负有纳税义务合法性基础的因素。这是建立在忠诚因素能够为国家共享以及能够被排序或者按比例分配这一假设

---

10 布鲁因斯等，同注3，第51页。
11 同上，第51页。该报告进一步作出如下表述：

可以预期……半发达（semi-developed）国家会越来越工业化……居住国采用的个人禀赋原则将得到更广泛的理解和重视，而且两项原则之间的差异也会变得没有那么明显，所以可以预期各国的观念发展到最后将是一致地采用方法二[免税法]，即使这在经济学上不是一个更合乎逻辑、理论上更站得住脚的所得税原则，它至少也是解决双重征税难题的最可行方案。

12 Reuven S. Avi-Yonah, All of a Piece Throughout: The Four Ages of U. S. International Taxation（《始终相符：美国国际税收的四个阶段》），25 *Va. Tax Rev.* 313, 323 (2005). 另参阅：Wei Cui（崔威），Minimalism about Residence and Source（《居民与来源的最小化》），38 *Mich. J. Int'l L.* (Forthcoming, 2016)。参阅：https://ssrn.com/abstract=2677429（就国际联盟专家所采纳的来源和居民的概念提供了一种最低功能主义的解读）。

13 这两条批判思路大致对应了迈克尔·桑德尔对市场提出的两种反对意见的一般表述：胁迫和腐败。参阅：Michael J. Sandel, *Justice: What's the Right Thing to Do?*（《正义：何为正确的事》）75-101 (2009)。

基础上的。然而，正如第一章所阐释的，政治和经济忠诚因素、住所以及居所的选择能否（以及事实上，应当）按同一标准加以衡量，尚不明确。同样不清楚的是，国家之间如何就忠诚因素进行谈判，从而在双边税收协定中确定对税基的分配。用同一个标准衡量忠诚因素可以确定相当性。但是，是否能实际分配个人的政治忠诚、与所居住的税收管辖区的联系，以及与经营活动坐落地的联系？能否将人们与国籍国的政治联系，与提供安全、医疗、教育等公共服务的居住国的联系进行比较？而且，能否将这些忠诚因素与提供良好经营环境的东道国之间的经济联系相比较？诚然，比较具有不同度量标准的估价，平衡不具有相当性的事物，是政策制定者经常需要解决的问题。但是该报告似乎回避了这一复杂的平衡行动，转而选择单一度量标准——经济忠诚标准。根据经济联系来界定忠诚因素，根据纳税人从一个税收管辖区所获得的（经济）利益来确定这些忠诚因素的相对强度，虽是一个更具实用性的做法，但却将忠诚因素商品化了。专家小组报告没有采纳评估标准多元化的做法，而是通过狭隘的工具性经济价值的棱镜来解释这些忠诚因素。

把政治忠诚、居所、所得的产生等视为可比的，并用经济价值对这些因素进行衡量，这种做法使个人以及社会的联系沦为纯粹的工具意义。如上文所解释的，这会改变个人关于政治参与的观念，也会改变国家关于其与选民之间互动以及对选民承诺的观念。此外，以经济标准衡量忠诚因素也会导致国家将给予能与本国建立联系的潜在选民以经济利益的政策置于优先地位。尽管这种提供经济利益与征收税款作为回报的等价交换方式适用于政府与纯粹经济主体（比如外国投资者）之间的交易，但在向选民征税上，这种方式可能是有问题的。如果国家有权依据个人与国家之间经济联系的紧密程度而进行征税，那么国家就有充分的激励来增强这些经济联系,而忽略人作为社会的一员与该社会存在的文化、政治和社会方面的联系。如果我们认真对待全球规划者的观点,则希望规划者能够为除市场评估标准之外的其他标准留下适用的空间,并支持国家选择适用这些其他标准。

这也引申出关于国际联盟报告中权利基础模式的第二点保留意见:在国家之间可能的分配结果。专家小组报告的建议十分依赖于国家对于国际分配征税权协议的相互同意。但这种同意并不如初看上去那样中性。本书第三、四、五章将表明,这种在双边和多边谈判中对于各方同意的依赖将产生重大的分配后果。该建议只是一个不具有任何官方权威的实体所作出的。但是国际联盟报告把国家之间的同意作为中心问题,在国际税收后续发展阶段中,这一中心又为其他国际组织所强化,而且可能是这些专家来自于具有重大国际影响力的国家,这些国家有能力将本国目标强加于其他国家的这一事实,对于国际税收体系的塑造,特别是对其分配后果,产生了十分重大的影响。[14]

然而,对本文目的而言,最大的问题还在于国际联盟专家当时所考虑的税收运作模式的有限性。尽管他们严肃对待双重征税对跨境经济活动造成的负面影响,他们似乎将"每个人都只应当纳一次税"的单一税理念公理化了。专家们彻底忽略了不征税、低税或者受益税对某些国家更有利的可能性。比如,一个国家从一项特定经济活动中获得的利益可能大于从该项活动中所征收税款的利益。根据专家小组报告提出的方式,东道国自愿放弃征税权的唯一目的是使居民国在对跨境活动完全征税的条件下互惠性地给予免税。如果东道国抵触对来源地所得免税而由居民国征税的模式——按照专家

---

14 第三章和第五章将对此作详细讨论。

组报告中的术语——这只是因为这些国家希望征收更多的税款。换言之,国际联盟的报告似乎认为,单一税必须对任何纳税人的任何所得征收,而税收收入的分配则是通过缔约方谈判来确定。单一税作为全球目标的可取性是国际税收中关于竞争与合作议题的核心,本书第四章还将对其规范性问题加以探讨。

第二节 国家层面的解决方案:尝试中性

与国际联盟类似,国家的政策制定者同样被双重征税问题所困扰,并思考运用单边措施来消除这个问题。政策制定者同样给予来源国对所得的优先征税权,[15] 将消除双重征税的责任留给了居民国。[16] 人们考虑了一系列旨在消除双重征税的重要机制,包括对来源于外国的所得完全免税、允许抵免在来源国已纳税款、允许对在外国已纳税款予以税前扣除。作为世界首创,美国的税收抵免体系深

---

15 参阅: Michael J. Graetz(迈克尔·J.格雷茨)& Michael M. O'Hear(迈克尔·M.欧海亚), The "Original Intent" of U. S. International Taxation(《美国国际税收的"初衷"》), 46 *Duke L. J.* 1021, 1037 (1997)。该文引用了外国税收抵免法的发明者托马斯·S.亚当斯(Thomas S. Adams)的话:"各国均坚持对获取境内来源[原文如此]所得的非居民外国人征税,这是正确的,至少是无可避免的。" Thomas S. Adams, International and Interstates Aspects of Double Taxation(《国际与州际的双重征税》), in 22 *Proceedings of the Annual Conference on Taxation under the Auspices of the National Tax Association* 193, 197 (1929).

16 参阅如: Reuven S. Avi-Yonah, The Structure of International Taxation: A Proposal for Simplification(《国际税收的结构:简化的一个建议》), 74 *Tex. L. Rev.* 1301, 1306 (1996); David H. Rosenbloom(戴维德·H.罗森布鲁姆), The David R. Tilinghast Lecture: International Tax Arbitrage and the "International Tax System"(《戴维德·R.蒂林哈斯特讲座:国际税收套利和"国际税收体系"》), 53 *Tax L. Rev.* 137, 140 (2000).

受各国的欢迎。[17]

作为尝试决定哪个政策更能促进经济效率的一部分,上述主导国际税收体系的以权利为基础的方法被佩吉·里查曼所提出的著名的不同类型"中性"理论所取代。[18]作为在国家层面解决双重征税问题的基础,国家政策制定者和学者们对不同类型中性的效率展开了争论：主要是资本输出中性（CEN）、资本输入中性（CIN）、国家中性（NN），以及晚近所提出的,竞争中性或者资本所有权中性（CON）。尽管只是针对国家的单边政策,关于中性的争论却是以全球视野展开的（除了国家中性）。中性理论的支持者默示假定,国际税收政策的目标——尽管这些政策是由个体国家所设计和制定的——在于促进全球福利;他们认为,这一政策目标应当成为国家政策制定者的指南,[19]而且即使是在去中心化的国际税收体制中,通过独立国家的单边行动也能够实现这一政策目标。

中性理论的支持者寻求一种能够最少扭曲全球资源分配从而使得（全球）福利最大化的解决方案。这种思想可以被视为是国内税收政策中效率标准探讨的自然延伸,因为按照效率标准,最优的国内税收政策应当对资源市场配置的扭曲最小化。同理,在国际税收领域,中性理论支持者认为,如果税收没有扭曲市场配置,全球的投资

17　格雷茨和欧海亚,同注15,第1022页。

18　Peggy B. Richmn, The Taxation of Foreign Investment Income: An Economic Analysis（《对外国投资所得的征税：一种经济分析》）(1963).阿维-约拿,同注12,第324页,"过去对福利和公平的强调一去不复返;此后,相关争论便以经济学上的效率概念为基础,这个概念在国际语境下便转化为中性（尤其是资本输出中性）"。

19　Daniel N. Shaviro, *Fixing U. S. International Taxation*（《整修美国国际税收》）121 (2014)：

　　[马斯格雷夫]选择识别并强调特定的全球福利规范并不奇怪,因为这有助于为该领域提供方向。奇怪的在于,此后数十年里为正确制定国际税收政策应当选择实施哪些全球福利规范方面的广泛假设。

就会流向能够最有效使用这些投资的地方,[20]全球福利得以增进,所有国家都能够享受到资源得到有效配置的好处。[21]国际税收的中性体系被认为能够保持全球资源的有效配置。如果征税是中性的,那税收不会影响投资者关于投资地点的决定,也不会影响资本需求者从哪些投资者或者从哪个(些)国家借入资金的决定。相反,如果不同的国家适用不同的征税率,对于不同类型的纳税人和不同来源的所得征收不同水平的税收,全球资源的最优配置就会被扭曲,这将减损全球的整体福利。

然而,把增进全球福利作为一个国内政策目标,并没有切中要害。基于文献中类似的立场,本节对于中性理论予以批判。[22]这是因为多数中性理论分析简单地假定(而不加解释)增进全球福利最符合国家利益。中性理论进一步假设国家之间合作,却忽视了可能会削弱国家间合作的不同国家的国家政策之间的互动。缺少国家之

---

20 参阅:Paul R. Krugman(保罗·R.克鲁格曼)& Maurice Obstfeld(莫里斯·奥布斯菲尔德), *International Economic Theory and Policy*(《国际经济理论与政策》)113 (1991)。另参阅:Joel Slemrod, Tax Principles in an International Economy, in *World Tax Reform: Case Studies of Developed and Developing Countries* 11, 13 (Michael J. Boskin & Charles E. McLure, Jr. eds., 1990)("如果税务机关对跨境流动的要素和货物的征税能力有限,那么开放就是一件喜忧参半的事情。在国际经济下讨论税收原则必须向现实世界妥协,某些税收制度也许在理论上是可取的,但要在现实中实施则是极度困难的")。

21 参阅:A. Lans Bovenberg et al.(A.兰斯·博芬贝格等), Tax Incentives and International Capital Flows: The Case of the United States and Japan(《税收优惠和国际资本流动:美国与日本的案例》), in *Taxation in the Global Economy*(《全球化经济中的税收》)283, 291-92 (Assaf Razin & Joel Slemrod eds., 1990)。

22 参阅:Tsilly Dagan, National Interests in the International Tax Game(《国际税收博弈中的国家利益》), 18 *Va. Tax Rev.* 363 (1998); Michael J. Graetz, Taxing International Income: Inadequate Principles, Outdated Concepts, and Unsatisfactory Policy(《对国际所得征税:不够充分的原则、过时的概念以及差强人意的政策》), 26 *Brook. J. Int'l L.* 1357, 1367 (2000);沙维罗,同注19,第108—141页(对各种中性概念进行了全面的论述和尖锐的批判,并将整个讨论称作"晦涩难懂的大杂烩")。

间的合作,中性便无法实现。因此,如本章进一步解释的那样,国际税收的去中心化结构使得全球中性事实上不可能实现。

如果存在能够促进和确保国家在制定各自国际税收规则时相互合作的国际机制或者国际机构,则可能寻求通过减少扭曲来提升全球福利。但这种国际合作的框架在全球层面上并不存在。中性理论支持者所面临的困境在于,在每个国家都能单边确定其国际税收政策的去中心化世界中,中性如何才能得以实现?

为解决这一问题,学者一般将争论局限在部分(partial)中性这一概念上,部分中性只针对具体类型的选项,决定这些概念中哪一个概念更好。换言之,人们关心的是部分中性中哪一个模型更能够促进全球福利。在此语境中,主导性的背景假定似乎同样是国家应该为实现(部分)全球中性而相互合作。如果所有的国家都能够为实现某种部分中性而采取相同政策,那么全球中性就能够出现并得以普遍实现。只是此处同样没有理由可以假定国家会真正采纳中性政策。本节的剩余部分将回顾和批判学术界所支持的不同的部分中性概念。这些探讨将表明,为何部分中性不能成为单个国家为消除双重征税而制定单边措施的政策建议。本节总结认为,与其在部分中性的各种概念中选择方案,单个国家更应当完全放弃中性假设,转而促进各自的国家利益。[23]

---

[23] 由于欧盟法院促进和执行共同利益,在欧盟层面进行中性分析相对而言更有可能促进欧盟福利的最大化。Michael Knoll(迈克尔·诺尔)& Ruth Mason(鲁思·梅森), What Is Tax Discrimination?(《何为税收歧视?》), 121 *Yale L. J.* 1014, 1098-1099 (2012),令人信服地解释道:

相比于成员国不受约束的情形,对非歧视采用竞争中性解释将提高福利……对税收非歧视采取的竞争中性解释,会抑制成员国实施使得就业环境不利于跨境劳动者的税法。劳动者拥有不同的技能,不统一的税法干扰了劳动者与工作之间的有效匹配。因此,我们相信,对税收非歧视采取竞争中性解释将带来福利收益。事实上,这种收益(即使只是直觉上的理解)可能是欧盟创立者希望通过禁止歧视来加以保障的。(转下页)

一、部分中性

关于消除双重征税最佳办法的讨论，在传统上聚焦于在东道国征税的前提下居民国能够采取的机制。有三种防范双重征税的单边机制可以作为重要的候选方法：免税法、抵免法和扣除法。免税法允许在境外投资的税收居民在计算其居民国应税所得时扣除境外所得。[24] 抵免法允许纳税人在计算境外所得的居民国应纳税额时减除该部分所得在境外已缴纳的税款。[25] 按照扣除法，税收居民能够在其居民国的应纳税所得额中扣除其已经在东道国缴纳的税款。[26] 每一种候选机制对于本国居民投资境外会产生不同程度的激励。如果其他条件都相同，总体税负（居民国和东道国的税负加总）越低，居民就越倾向于投资境外。因此一般而言，假设东道国的税率低于居

（接上页）

但重要的是，他们强调他们不主张：

  欧盟法院应当对非歧视采取竞争中性解释是因为竞争中性的税收制度可以最大程度地增进欧盟福利。相比于我们此处的提议，还有其他更具广泛性和侵入性的税收措施——例如在所有成员国实施相同的税基和税率结构——可能更好地促进欧盟福利。

  同上，第1098页。

24　为说明问题，我们假设A国的正常税率是40%，其居民投资者在B国获取100美元的所得。采用免税法意味着该投资者在B国产生的所得无需在A国纳税。假设B国对所得征收20美元的税款，该投资者将得到80美元的净所得。

25　采用同注24的例子加以说明，纳税人在A国的应纳税额暂为40美元，但是其在B国缴纳的20美元税款可用于抵免其在A国的纳税义务。因此，该纳税人只需在A国缴纳20美元的税款，此外，加上已经在B国缴纳的20美元税款，纳税人还剩下60美元的净所得。大多数国家提供的抵免额以境外所得对应本国应承担的税额为限。

26　采用同注24的例子加以说明，投资者在B国缴纳的20美元税款将可从其应纳税所得额100美元中扣除，因此，其在A国的应纳税所得额将只有80美元。结果是该投资者还需要在居民国额外缴纳32美元税款（80美元的40%）。这样，其纳税总额为52美元，净所得为48美元。

民国的税率,那么免税法最能激励居民进行境外投资,外国税收抵免法次之,扣除法的激励效果最差。[27]每一种方法也与早先界定的三类中性中的一类相关联:资本输出中性、资本输入中性和国家中性。[28]资本输出中性支持税收抵免法,资本输入中性(晚近结合了资本所有权中性)支持免税法,而国家中性则支持扣除法。

资本输出中性旨在防范因为考虑税收而扭曲投资者关于在何处投资的决定。[29]当居民国对于境外投资的征税加上东道国对该投资的税收总和,与在居民国内投资产生的税收相等时,资本输出中性就得以实现。这里所暗含的设想是,如果所有国家都采用以资本输出中性为基础的政策,就能增进全球福利,同时也将有利于提升每个国家的福利。[30]鉴于东道国只对外国人来源于东道国境内的所得征税,

---

27　本节的讨论回避了一个问题,即投资者关于通过外国实体迟延纳税的决定可能受到的影响。

28　参阅:Daniel J. Frisch(丹尼尔·J.弗里施),The Economics of International Tax Policy: Some Old and New Approaches(《国际税收政策的经济学:一些旧与新的方法》),47 *Tax Notes* 91 (Apr. 30, 1990)。

29　参阅:Hugh J. Ault(休·J.奥尔特)& David F. Bradford(大卫·F.布拉福德),Taxing International Income: An Analysis of the U. S. System and Its Economic Premises(《对国际所得征税:对美国税制及其经济基础的分析》),in *Taxation in the Global Economy*(《全球化经济中的税收》)27 (Assaf Razin & Joel Slemrod eds., 1990)["如果国际体系中所有税务机关均坚持出口税收中性,一个允分竞争的国际资本市场小会因为对(任何给定存量)未被利用的全球资本的再分配而产生任何收益"]。此外,参阅沙维罗,同注19,第123页:

资本输出中性的情况相对直观。它只涉及全球生产效率,尽管它是根据各国的居民分别确定的(我们很快就会看到,这是一个非常重要的条件)。同样,如果任何地方的税率都相同,想必你会寻求最高的税前回报,因为如果市场功能完善,带来最高税前回报的应当是"最佳"的投资。

30　参阅弗里施,同注28,第584页("简而言之,税收政策应当依据的原则之一是,带来全球经济效率的规则可以最好地服务于美国的自身利益");奥尔特和布拉福德,同注29,第36页("相比于假设不存在与别国互动前提下各国单独制定税收政策的情形,所有国家均采用资本输出中性政策可能为各国带来更好的结果")。

如果居民国实行（完全的）境外税收抵免，就可以确保实现资本输出中性。根据抵免法，纳税人整体上是按照居民国的税率就其所得纳税，而无论这些所得是来源于本国还是境外。由此，纳税人关于投资地点的决定不会受到税收因素的影响，因为无论他们在哪里投资，税收责任都是相同的。

资本输入中性聚焦于东道国的征税情况。此种中性旨在确保在某个国家的投资回报上的总税收是恒定的，而无需考虑投资者的居民国。[31] 如果在特定税收管辖区内的所有投资适用相同税率（支付的所有税金加总），[32] 那么资本输入中性就能够得以实现。采纳资本输入中性政策的居民国将对其居民的境外所得免税，从而使这些税收居民与投资东道国的其他投资者适用相同的税率。资本输入中性经常被一些跨国企业所援引，作为维护其"国际竞争力"的依据。因为如果不采取免税政策，那么跨国企业就可能比作为低税国税收居

---

[31] 参阅：Joint Comm. on Taxation（税收联合委员会），*Staff Description (JCS-15-91) of H. R. 2889, "American Jobs and Manufacturing Act of 1991," Relating to Current U. S. Taxation of Certain Operations of Controlled Foreign Corporations, and Related Issues*（《〈1991年美国就业与制造业法案〉关于美国现行对受控外国公司的征税及相关问题》）(scheduled for Oct. 3, 1991, House Ways & Means Comm hearing) (Oct. 2, 1991), reprinted in Daily Tax Reporter (BNA), at L-37 (Oct. 3, 1991)；另参阅：Michael J. Graetz, Taxing International Income: Inadequate Principles, Outdated Concepts, and Unsatisfactory Policy, 26 *Brook. J. Int'l L*. 1357, 1367 (2000)；沙维罗，同注19，第123页。

[32] Richard E. Caves（理查德·E.凯夫斯），*Multinational Enterprise and Economic Analysis*（《跨国企业与经济分析》）227 (1982). *Cf.* Peggy B. Musgrave, *Taxation of Foreign Investment Income*（《对外国投资所得征税》）109-14 (1969).在马斯格雷夫看来，资本输入中性的理由是对投资者所征税款被转嫁给了消费者。根据她的定义，当本地投资和外国投资均未承担超额税（这会降低投资者的净收益）时，就实现了国际税收中性。如果税收负担被转移给消费者，投资者的收益则不受影响，但其价格竞争优势会减小。因此，国际税收中性要求只能由东道国征税，否则投资者将无法进行有效投资，原因是税负迫使他们提高价格。

民的竞争者缴纳更多的税,从而损害前者的竞争力。[33]然而,尽管低税确实能够增加跨国企业的净收益,也许也能更加激励它们继续成为该国的税收居民,但依照资本输出中性而增加的税款并不会扭曲企业的投资决定,因为根据资本输出中性,跨国企业仍将根据税前利润率来作出决定。[34]由此,尽管资本输入中性所坚持的竞争力论据可能具有政治上的说服力,采纳这种中性的学术论据则是基于资本输出中性政策可能产生的对储蓄的消极作用。根据后一个论据,依据资本输出中性而增加征收的税款导致较低的净收益率,[35]会扭曲居民国内的储蓄决定。

国家中性是三种部分中性中唯一一种把国家而非全球福利作为目标的中性理论。这种中性理论的支持者认为,一国政府不可能对哪国政府可以就给定所得征税一事漠不关心,因为本国政府征收的税款可以增加本国的福利,而外国政府征收税款则不可能增加本国的福利。从这个意义上说,只有当境外投资可以给投资者以及投资者的居民国财政都带来利益时,这类境外投资才应该得到鼓励。相应地,国家中性理论支持者认为,可以通过把对税收居民境外投资的有效税率提升到一定的水平来实现国家福利最大化,而这一税率水平下的投资给投资者带来的净收益与居民国因此获得的税收收入的总和超过了

---

33 沙维罗,同注19,第123页。

34 在资本输出中性(相对于资本输入中性而言)下投资者增加的税负以及降低的净收益将抑制跨国企业的发展,因为企业用于投资的内部资源会减少。然而,沙维罗,同注19,第125—126页,令人信服地主张这个观点过于深奥难懂。

35 参阅如: Thomas Horst(托马斯·霍斯特), A Note on the Optimal Taxation of International Investment Income(《对国际投资所得最优征税的注评》), 94 *Q. J. Econ.* 793 (1980); 格雷茨,同注31,第1369页。

在居民国内相等投资的总回报数。[36] 允许投资者从国内应纳税所得额中扣除在外国已经缴纳的税款是实现这个目标的途径之一。[37]

最后,关于中性讨论的一个新发展是引入了竞争中性,或者资本所有权中性这一概念。提出这一概念的米希尔·德赛与詹姆斯·海因斯主张,资产的所有权必须是确定税收结果效率的焦点,而不是投资地点(如在资本输出中性下)或者税收影响的储蓄(如在资本输入中性下)。为实现资本所有权中性,税收体系不应当扭曲所有权模式;"当无法通过在投资者之间交易资本所有权的方式增加产出时",[38] 资本所有权中性就实现了。迈克尔·诺尔与鲁思·梅森将这种中性表述为"竞争中性",他们采用劳动力而不是资本来解释,"一种竞争中性的税收体系并不妨碍劳动力与工作之间的匹配,而违反这一中性的税收体系会使劳动力在选择工作时,不仅考虑比较优势,也考虑居所"。[39] 德赛和海因斯建议对境外来源所得免税,因为按照免税法,"所有投资者就境外投资所得的税收待遇是相同的,潜在买家之间的竞争

---

36 有些人批判这是一个"以邻为壑的政策"(参阅弗里施,同注28,第583页),因为这种非合作政策试图以牺牲他国为代价来使居民国获益,鉴于此,该政策注定失败。

37 参阅: Julie A. Roin(朱莉·A.罗因), The Grand Illusion: A Neutral System for the Taxation of International Transactions(《重大的错觉:对国际交易征税的中性体系》), 75 *Va. L. Rev.* 919, 926-27 (1989)。

38 Mihir A. Desai(米希尔·A.德赛)& James R. Hines Jr.(小詹姆斯·R.海因斯), Evaluating International Tax Reform(《评价国际税收改革》), 56 *Nat'l Tax J.* 487, 495 (2003). 另参阅: Michael P. Devereux(迈克尔·P.德弗罗), Taxation of Outbound Direct Investment: Economic Principles and Tax Policy Considerations(《对境外直接投资征税:经济原则与税收政策考量》), 24 *Oxford Rev. Econ. Pol'y* 698 (2008); David Weisbach(戴维·韦斯巴赫), The Use of Neutralities in International Tax Policy(《国际税收政策中中性的运用》), 68 *Nat'l Tax J.* 635 (2015)(解释道"德弗罗提出的市场中性是对该概念的概括……这要求如果两家公司在同一市场开展竞争,它们为其投资应承担相同的整体有效税率")。

39 诺尔和梅森,同注23,第1034页。

会将资产配置给最有生产效率的所有者"。[40]诺尔和梅森使用了竞争中性来解释非歧视原则背后的逻辑。他们特别认为,欧盟法院关于来源国和居民国都负有非歧视义务的判决符合竞争中性。[41]

二、中性的缺陷

通说认为,一个真正的中性税制能够同时实现资本输入中性、资本输出中性和资本所有权中性。只有这样的税制才能使投资者在何处投资、何处居住以及何处设立企业等投资决定问题上实现中性。为了实现这一全球中性体系,所有国家不仅应当统一执行相同的消

---

40 德赛和海因斯,同注38,第494页。正如丹尼尔·沙维罗,同注19,第131页,晚近所指出的,这忽略了更宽泛的所有权问题,因为在属地税制下,跨国企业比纯粹的国内企业在税收上更具优势,因为前者有机会利用其在低税地关联所有的经营活动,将申报的应税所得归属到低税地:

因此有人可能预测,对于能为所得转移到特殊协同作用的资产所有权,跨国企业的出价比纯粹的国内企业更高,即使这会降低全球产出。导致这种对产出不利后果的原因可能不仅在于跨国企业持有错误资产,还可能在于以来源为基础的税收协同效应所引发的过度跨国活动。

关于海因斯的资本所有权中性政策建议的讨论,参阅:Mitchell A. Kane(米歇尔·A.凯恩), Ownership Neutrality, Ownership Distortions, and International Tax Welfare Benchmarks(《所有权中性、所有权扭曲和国际税收福利基准》), 26 *Va. Tax Rev.* 53, 76-78 (2006); Mitchell A. Kane, Considering "Reconsidering the Taxation of Foreign Income"(《考虑"对外国所得征税的再考虑"》), 62 *Tax L. Rev.* 299 (2009)。

41 诺尔和梅森,同注23,第1054—1055页。他们进一步解释道:

当各国来源征税不统一或者居民国征税不统一时,就违反了竞争中性。来源征税的不统一是指,各国对其境内所有劳动者,包括居民和非居民,没有以相同的依据征税。居民国征税的不统一是指,各国没有对所有居民以相同的依据征税,无论其在哪里获取所得。

在没有对税率和税基进行跨境协调的情况下,竞争中性要求所有国家必须就两种避免双重征税的方法之一达成共识:无限制的外国税收抵免法以及诺尔和梅森所说的"理想扣除法"(包括属地征税)。此外,他们补充认为,所有税收均应当统一,即对相同来源的所有所得按相同方式征税,无论获取该所得的纳税人的居民身份如何;以及对一个居民的全部所得按相同方式征税,无论其来源为何。

除双重征税的办法,也要适用单一的全球税率。[42] 因为如果各国执行不同的税率,那么即使它们都采用属地税制,也无法实现资源在国际间的中性配置。类似地,即使所有国家都采用属人税制,那么不同的税率也会阻碍资本输入中性的实现。从现实角度出发,这种全球中性——其可取性将在下文中受到笔者的质疑——还远未实现。与此同时,三种部分中性理论的任何一种都无法标榜可以实现完全效率。[43] 因此,国际税收政策的传统争论都围绕着何种中性概念所产生的扭曲最小而展开。尽管资本输出中性理论看上去获得了最广泛的支持,文献中对哪种中性是最佳的税收政策仍莫衷一是。[44]

然而,无论支持何种中性政策,离开了国家间的合作,就无法实现。重要的是,如果没有为数众多的国家进行合作,部分中性的支持者所提出的效率论点将无法成立。以资本输出中性为例,只要一定数量的国家对其居民纳税人的境外来源所得采用免税政策,那么

---

[42] 参阅:霍斯特,同注35。

[43] 正如丹尼尔·沙维罗所说,这些规范只定义了"税收制度在表面上应当是中性的一个选择余地,如此纳税人便会根据税前盈利水平进行决策……没人声称可以解决全部问题……"沙维罗,同注19,第103页。也可参阅韦斯巴赫,同注38。

[44] 参阅:格雷茨,同注31,第1366页(总结道,资本输出中性是主导方法,但"并非所有人都支持资本输出中性"); Dep't of Treasury(财政部), *The Deferral of Income Earned Through U. S. Controlled Foreign Corporations*(《美国受控外国企业所得的税收递延》)42–54 (2000); Robert J. Peroni(罗伯特·J.佩罗尼), Back to the Future: A Path to Progressive Reform of the U. S. International Income Tax Rules(《回到将来:美国国际所得税收规则渐进改革的路径》), 51 *U. Miami L. Rev.* 975 (1997)。丹尼尔·沙维罗在近期对五十年的讨论作了如下总结:"关于各国在国际税收政策方面应当实现的合作目标,无论是在决策者之间还是在专家之间均未形成共识。事实上,即使专家对于支持资本输出中性已经达成了较高程度的共识,但在实践中各国没有普遍地全面采纳资本输出中性。"沙维罗,同注19,第133页。另参阅上注,第127页:"总而言之,传统的分析似乎指向了一个确定的方向,表明如果各国均遵循资本输出中性,就能实现全球福利最大化。"

不论是否存在任何特定的国家给予税收抵免，世界资本流动会受到扭曲而流向低税地。[45]因而，即使（正如经常所主张的）资本输出中性是部分中性中增进世界范围内福利的最佳选择，其成功与否还是取决于国家之间能否就单边采用抵免方法达成广泛合作。然而，即使中性是全球层面上的可行选择，或即使实现中性能够增进全球福利，[46]但对于单个国家而言，合作并不必然是最佳的单边策略。当国家追求各自的国家利益时，战略考量和协调问题可能阻碍它们实现全球中性。

归根结底，关于中性的争论受到了误导。在现行去中心化的国际税收体系中，完全的全球中性是难以实现的，而部分中性也是受高度质疑的。因此，与其追求难以捉摸的中性目标，国家应当致力于实施那些有利于其国家利益的政策。正如丹尼尔·沙维罗所简洁概括的：

> 整体而言，国际税收政策的文献过分关注了全球福利的考量，特别是诸如资本输出中性、资本输入中性和资本所有权中性等令人困惑的大杂烩，这其实是错误的。尽管当多边合作充分存在时，全球福利的考量可能是重要的，但是主要国家必须而且将是基本在单边环境下制定它们的国际税收政策。[47]

---

45 沙维罗，同注19，第135页，解释认为，即使像美国这样的大国，其单边采取资本输出中性政策的追求，也会因为追随者效应（clientele effect）、跨境持股和利用非美国公司在低税地投资的操作而被弱化。

46 参阅格雷茨，同注31，第1378页（解释了国际贸易和国际税收之间的差异，在前一个领域，自由贸易不仅提升了全球效率，还增进了参与国的利益，而在后一个领域则缺乏这种协调）。

47 参阅沙维罗，同注19，第141页。

采用我所提到的促进国家利益的立场,似乎是忽视其他国家和它们的政策,可能会被贴上保护主义或者孤立主义的标签。但是在缺少全球决策进程的条件下,单个国家除了根据自身的价值和目标,战略地思考并设计各自的国际税收政策之外,别无他法。其他国家的利益以及它们的预期反应肯定是应当考虑的。那么,国家政策的偏好最终取决于它们各自在争取投资和税收居民的市场中的竞争地位。这些利益和考量将在本章第三节中进行探讨。

相比于国际联盟的权利基础的概念,国际税收政策应当促进某种中性的观点,同样甚至更多地模糊了国际税收博弈的竞争性战略本质。因此,能够体现国际税收体系的去中心化但又相互依存本质的不同思路就十分必要。相应地,下一节中的博弈论的策略性分析可以作为分析国家单边政策之间复杂互动的有用方法论。该节将说明,在一个相互依存但又去中心化的市场中,每个国家应根据竞争者的可能反应,为实现从市场中所得利益的最大化而制定各自的国际税收政策。换言之,国家应当策略性地征税。第三章关于双边税收协定的探讨中所设定的两个行为主体互动场合也将再次运用这种博弈论的理论性分析。当然,任何策略性分析的第一步是体现行为主体的偏好。因此,本章余下部分将探讨确定与一国对外投资水平相关的国家利益的复杂性。

第三节　策略性征税

国际税收去中心化的结构和国家在国际税收舞台中的相对竞争地位,显著地影响着国家服务于自身目标的政策。在能够分配征税权并确定相对忠诚程度的全球组织缺位的情况下,国家需要自主行事来追求自己的目标。与此同时,与通常的中性讨论相反,国家不应当自动地将某种形式的中性作为自身追求的目标——因为资本输入中性、资本输出中性和资本所有权中性都过分简单地假设国家应当促进全球福利。相反,在设计政策和追求利益时,国家需要策略性地作为。更具体而言,国家应当根据竞争者的预期反应来设计税收政策,从而确保从对投资、居民纳税人和税收收入的国际竞争中获得最大化的国家利益。

方法论上,笔者认为应当按照博弈理论来理解国际税收世界。[48] 博弈理论分析把国家作为战略博弈中的理性行为者来看

---

48 戴根,同注22;戴根,同注2,第949—951页(2000)。有关博弈论在国际税收领域中应用的更多例子,参阅:Reuven S. Avi-Yonah, Globalization, Tax Competition, and the Fiscal Crisis of the Welfare State(《全球化、税收竞争以及福利国家的财政危机》), 113 *Harv. L. Rev.* 1573, 1583 (2000)[将最不发达国家之间的缺乏合作比作猎鹿博弈(Stag Hunt Game)]; Julie Roin, Competition and Evasion: Another Perspective on International Tax Competition(《税收竞争和偷逃税:对于国际税收竞争的另一个视角》), 89 *Geo. L. J.* 543, 568 (2001); Adam Rosenzweig(亚当·罗森兹威格), Thinking Outside the (Tax) Treaty(《跳出(税收)协定的思考》), 2012 *Wisc. L. Rev.* 717; Adam H. Rosenzweig, Harnessing the Costs of International Tax Arbitrage(《利用国际税收套利的成本》), 26 *Va. Tax Rev.* 555, 583–86 (2007); Eduardo A. Baistrocchi(爱德华多·A.拜斯特罗基), The Arm's Length Standard in the 21st Century: A Proposal for Both Developed and Developing Countries(《21世纪的独立交易原则:对发达和发展中国家共同的建议》), *Tax Notes Int'l* 241, 241–55 (2004); Diane M. Ring(黛安娜·M.林), International Tax Relations: Theory and Implications(《国际税收关系:理论与影响》), 60 *Tax L. Rev.* 83 (2007); Allison Christians(艾莉森·克里斯汀), Steven Dean(史蒂夫·迪恩), Diane Ring & Adam H. Rosenzweig, Taxation as a Global Socio-Legal Phenomenon(《作为全球社会法律现象的税收》), 14 *ILSA J. Int'l & Comp. L.* 303 (2008)。也有人通过类似的分析得出了相反的结论,参阅:C. M. Radaelli(C. M.拉德利), Game Theory and Institutional Entrepreneurship: Transfer Pricing and the Search for Coordination International Tax Policy(《博弈理论与制度企业家精神:(转下页)

待。[49]它概括出国家的偏好和可能的策略,分析与其他国家行为者在可能的策略层面上的互动。这种分析所描绘的复杂图景抓住了这种博弈中的真谛,正如在现实生活中那样,国际税收政策并不是在真空中被设计出来的。相反,一个国家的政策影响着其他国家政策的结果,反之亦然。因此,政策制定者需要意识到其他国家所采取的有可能会影响本国经济主体的行动,并按照更好地服务于本国利益的方式来制定政策。

在探讨防范双重征税机制时(首先是本章的单边措施,然后是第三章的双边措施),笔者将采用这一博弈论方法来探究一个给定的国家应当采取哪个机制。如上所述,运用该方法进行分析的第一步是在消除双重征税方面确定(国家)行为者的偏好。这些偏好是由所涉及的国家利益塑造的,这当然包括税收收入,但重要的是还包括由对外投资水平所影响的种种利益。因此,在下文中,笔者将在跨境投资水平方面界定国家利益。接下去,笔者将根据其他国家行为者可能的反应,探究国家为促进这些利益而采取的最佳策略。居民国在制定防范双重征税的政策时,传统上把东道国对外国投资征税作

(接上页)转移定价与对国际税收政策协调的探求》),26 *Pol'y Stud. J.* 603 (1998)(通过转移定价说明国际税收制度不能简化到只剩下博弈论和囚徒困境,而且有时各国使用共同标准的意愿会更强烈);Robert Green(罗伯特·格林),Anti Legalistic Approaches to Resolving Disputes Between Governments: A Comparison of the International Tax and Trade Regimes(《解决政府间争议的反法律路径:国际税收与贸易体制的比较》),23 *Yale J. Int'l L.* 79, 104-05, 122 (1998)(讨论了囚徒困境在税收制度中的相关性,并总结道,在税收领域使用报复策略虽不是闻所未闻,但也是极其少见的)。

49 参与国际税收博弈的主体有很多:来源国、居民国、区域组织、国际组织以及国内的利益团体。所有这些主体增加了政策性分析的复杂性。为明晰起见,我将在本章和下一章重点讨论两个主要主体:本章的居民国和下一章的东道国。

为一个既定的前提。尽管由后者所采取的实际政策是——或者至少应当是——居民国设计其本国税收政策时的一个主要考虑因素,但笔者将最初假定(类似于其他传统讨论)东道国对于外国居民来源于其本国境内的所得进行征税。本章分析国际税收政策的战略框架也是第三章居民国与东道国之间互动分析的基础。在第三章中,笔者将放松本项假定,更仔细地考察东道国的利益(以及偏好),从而更加现实地说明居民国和东道国之间在政策上的战略互动。

一、国家偏好

就居民国而言,双重征税以及消除双重征税的机制具有重要的作用,因为这些影响着本国的对外投资以及本国纳税人在境外的经济活动。应对双重征税的不同机制对本国纳税人境外投资施加不同水平的整体税负,因此对这类投资具有不同程度的激励效应。所以,这些机制影响具有相当国际经济活动的居民纳税人在某一特定国家保留经济活动或是向他国转移经济活动。本国纳税人在居民国和境外的整体税负水平越高,其在境外投资和产生所得的意愿就越低,具有这些重要国际经济活动的个人和企业继续成为该国居民纳税人的意愿也就越低。因此,在确定消除双重征税机制时,一国必须首先确定其所希望的对于境外投资的激励水平。

一国关于"适当"水平和种类的境外投资的决定涉及许多社会、政治和经济方面的考量。政策制定者有必要区分能产生不同利益水平和对不同激励措施产生反应的境外投资活动类型。举例而言,政策制定者可能希望区分证券组合投资与直接投资——即涉及直接控制海外经营的投资。这两类投资所带来的利益、政治支持以及弹性是不同的。不同的产业同样如此。例如,相比于其他产业,具有研发和知识产权的产业被认为更具有弹性（更受欢迎）。[50]除此之外，政策制定者可能区分个人与公司，因为个人关于居所的决定有时是非弹性的，而公司，特别是跨国企业，能够较为容易地重新选择居民国，或者设立海外子公司，也能更充分地利用诸如转移定价和收益剥离安排等税收筹划机制。政策制定者可以进而评估境外投资水平对于国内工资水平、失业情况和工作质量的可能影响。[51]其他的考虑可能包括境外投资对于贸易平衡、[52]国

---

[50] Michael J. Graetz &Rachael Doud, Technological Innovation, International Competition, and the Challenges of International Income Taxation, 113 *Colum. L. Rev.* 347 (2013).

[51] 考虑到劳动者是相对不流动的，并假设海外投资是以牺牲国内投资为代价的，传统理论认为海外投资降低了国内劳动力的生产率，从而降低了工资水平。参阅：马斯格雷夫，同注32，第14—15页。但近期有文献发现，在1982年至2004年间，制造业公司在扩张国外业务的同时也扩张了国内业务。受外国经济增长驱动的对外投资，与国内资本积累增多、就业补偿、研发和向关联方出口等具有相关性。参阅：Mihir A. Desai, C. Fritz Foley（C.弗瑞兹·弗理）& James R. Hines, Domestic Effects of the Foreign Activities of U. S. Multinationals（《美国跨国企业海外活动的国内效应》），1 *Am. Econ. J.: Econ. Pol'y* 181, 201 (2009)。其他经济学家通常相信，海外投资不会对整体失业水平产生重大影响，但资本对外输出可以影响就业的类型和质量（例如，美国公司通常是输出低质量的就业），还会导致工资水平降低。参阅：Jane G. Gravelle（简·G.格雷福勒），Foreign Tax Provisions of the American Jobs Act of 1996（《1996美国就业法中的外国税收条款》），72 *Tax Notes* 1165, 1166 (1996)。此外，参阅税收联合委员会，同注31，L-48-L-49：

不幸的是，少有经济学研究关注该问题。有一篇……论文检视了对外投资对国内就业的影响，发现有证据表明，美国跨国公司海外活动的增加减少了其在国内提供的就业机会。……作者主要将此归因于更多的劳动密集型活动被分配至海外，更多的技术和资本密集型活动分配在美国。因此，尽管跨国公司可能因为海外生产活动而削减国内的雇员，但也因此对每位国内雇员提供了更多的补偿。

[52] 经济学研究没有发现对外投资增长对美国跨国企业的出口产生任何消极影响。事实上，如果说有任何影响的话，也是外国分支机构的增产往往会导致美国母公司向其外国分支机构出口的增加。然而，这些结果未必可作为证明外国分支机构的存在改善了美国的整体贸易平衡的证据。外国分支机构的增产有可能挤出纯国内公司的出口。参阅：税收联合委员会，同注31，L-48。

际收支平衡、[53]原材料的可获得性、[54]先进技术的发展,[55]甚至是国家安全[56]的预期影响。自然地,这些考虑因时而变,而且包含多种考虑的组合也是可能的。

重要的是,关于境外投资理想水平和合适税收机制的决定也具有分配意义上的影响。这事关如何在一个国家的不同群体之间分配税收负担和经济资源,也可能对国家共同体内成员之间的团结产生影响。[57]举例而言,相关政策决定能够影响税收负担在国内资本和

---

53 限制对外投资可以在短期内改善收支平衡,但可能减少未来的外汇收入。参阅:马斯格雷夫,同注32,第5页;William W. Park(威廉·W. 帕克), Fiscal Jurisdiction and Accrual Basis Taxation: Lifting the Corporate Veil to Tax Foreign Company Profits(《财政管辖与基于权责发生制的征税:揭开公司面纱并对外国公司利润征税》), 78 *Colum. L. Rev.* 1609, 1622 (1978); Martin Feldstein(马丁·费尔德斯坦), The Effects of Outbound Foreign Direct Investment on the Domestic Capital Stock(《对外直接投资对国内资本储备的效应》), in *The Effects of Taxation on Multinational Corporations*(《对跨国公司征税的效果》) 43, 45-46, 49-55 (Martin Feldstein, James R. Hines Jr. & R. Glenn Hubbard eds., 1995)。

54 参阅如:Fred Bergsten et al.(弗雷德·博格斯坦等), *American Multinationals and American Interests*(《美国跨国企业与美国利益》) 160 63 (1978)。作者建议实施促进美国公司与拥有自然资源的国家签订服务合同的政策,而不是促进拥有外国自然资源所有权的政策(这会使投资者面临所持资产被外国征收的风险)。

55 许多国家都对建立研究中心充满兴趣,因为这是高收入工作岗位的来源,也是人力资源的孵化器,所培养出来的人才可能后续服务于国内其他公司。参阅:Gary C. Hufbauer(加里·霍夫鲍尔)& Ariel Assa(艾瑞尔·艾莎), *U. S. Taxation of Foreign Income*(《美国对外国所得的征税》) 14-15 (2007);格雷茨和杜德,同注50。

56 有时出于安全考虑,有必要将特定产业或技术保留在本国境内或置于友好控制(friendly control)之下。而在其他时候,正是两国市场的相互联结使得两国交战的可能性大大降低。

57 对选民征税水平的差异可能破坏他们的社会团结感。参阅如:Marii Paskov(玛丽·帕斯科夫)& Caroline Dewilde(卡洛琳·德维尔德), Income Inequality and Solidarity in Europe(《欧洲的收入不平等与团结》) 13-17 (GINI Discussion Paper No. 33, Mar. 2012)。

劳动力之间的分配,也可能影响税收负担在具有海外投资和产生所得能力的人(拥有流动性资本或知识产权所有权的纳税人,[58]或者拥有海外高需求的技术和资格的纳税人等)与不具有这种能力的纳税人之间的分配。[59]这可能导致国内不同群体之间的利益冲突,也可能导致国内群体与具有国内影响力的外国利害关系者之间的利益冲突。由于关于境外投资最优水平的最终决定是在政治层面上做出的,其不可避免地受到具有不同政治影响力的利益群体的影响。

税收收入是居民国政策制定者在选择税收机制时可能考虑的另一个因素。对于居民国乃至东道国来说,消除双重征税的各种机制具有不同的税收收入结果。根据所选择的税收机制,居民国所收取的税款与本国税收居民因在东道国交税而缴纳的税款总额之间会有差额。这说明居民国与东道国不仅为投资而竞争,也为了它们各自的税收收入份额而竞争。

二、国家策略

如上文所述,免税法、抵免法和扣除法是消除双重征税的三种

---

58 如果资本输出没有导致国内资本或经营活动的增加,则可能降低当地劳动力的生产率,从而降低工资水平。但与此同时,因为国内投入资本数量的减少,国内资本的地位得到改善。参阅:弗雷德·博格斯坦等,同注54,第177页;格雷福勒,同注51,第1166页;税收联合委员会,同注31;Staff of Joint Comm. on Taxation, 102D Cong., Factors Affecting the International Competitiveness of the United States(《影响美国国际竞争力的因素》)234, 236 (Comm. Print 1991);费尔德斯坦,同注53,第43—46页。

59 例如,对来源于境外的所得免税意味着,在海外投资的纳税人将比在国内投资(或其他创收方式)的纳税人承担更低的税负。值得注意的是,并非所有人均享有同样的海外投资能力和机会。因此,海外投资不仅仅是引发经济扭曲的纳税人的选择,更具导致分配差距的性质。

主要机制。这也大致构成了居民国可以选择的政策范围。然而,国际税收体系里也存在着一系列更具微妙差别的机制,每一项对于境外投资的水平、境外投资的实质以及作为结果的所涉利益,具有不同的影响。以境外税收抵免限额为例,该机制允许纳税人就境外已经缴纳税款的抵免是有限额的。如果没有任何限额,抵免机制将使居民纳税人境外投资获得的激励等同于所获得的税前回报率。但通常情况是,这种机制下的抵免额以纳税人在居民国的纳税责任为限。[60]这种限制仍然使纳税人投资的决定与税前回报相一致,但只存在于东道国税率低于居民国税率的情形。由此,抵免限额对向税率高于这一限额的税收管辖区的投资产生了负面激励的作用。[61]两种最常见的外国税收抵免限额——总额限制和分国限额——与篮子体系(baskets system)(对于每种类型所得所交纳的外国税收规定抵免限额)一起产生了更深的细微差别,因为这些机制为那些有能力对外国经营活动进行税收筹划的纳税人,带来了可能提升境外投资水平的税务筹划的机会(通过平均的手段)。这些抵免限制事实上构成了一种价格区分机制,使得国家能够区分那些境外投资所得税负过高的纳税人(从而计划去逃避税收)与那些能够忍受这一税负水平的纳税人。[62]

纳税递延(deferral)允许纳税人对于境外公司利润递延纳税直至利润分配,区分所谓成熟与不成熟的投资,并鼓励成熟的境外投

---

60 因此,对相同所得,如适用居民国税制所缴纳的税款超过实际在外国缴纳税款的部分,是无法得到抵免的。

61 关于对该理论的批判,参阅:戴根,同注22,第397页。

62 关于这些机制及其对对外投资潜在影响的更多详细论述,参阅:戴根,同注22。

资。[63]国家的受控外国公司（CFC）规则——即根据该规则，国家可以对本国纳税人所拥有的外国公司的利润征税——进一步例证了国内税收政策的细微差别对不同类型投资具有不同的影响。这些规则不仅区分外国公司制企业与非公司制企业，也区分（事实上是价格区分）为本国所有的外国公司的经营性境外所得和非经营性境外所得（因为这些规则一般仅适用于非经营性的境外所得），并且区分不同类型的所有权（根据这些规则，外国公司的外国所有权比重高低会产生不同的适用后果）。

所涉特定国家的利益构成了该国从这些（或者其他）可选策略中选择能实现其最偏好结果的策略之背景。进一步而言，在国际税收背景中不同国家政策会相互影响，为了能够达到所希冀的目标，每个国家都应当考虑其他国家可能采取的政策选择。这就意味着，国家的政策制定者应当把其他国家的可能反应作为给定条件，以最有利于本国利益为目标来设计其税收政策。换言之，国家应当策略性地征税。

外国税收抵免限额完美诠释了各国税收政策之间的相互依赖。当居民国给予其居民纳税人就其境外活动所缴纳外国税收抵免时，这种抵免可能激励其他国家增加征税，即使这些国家在居民国没有抵免机制时并不打算对来源于其境内所得的外国投资者征税。假定

---

63 参阅：David G. Hartman（戴维德·G.哈特曼）, Tax Policy and Foreign Direct Investment（《税收政策与外国直接投资》）, 26 *J. Pub. Econ.* 107, 116 (1985)。具体而言，这对不成熟的投资产生了中度激励（因为收益将被完全征税，但只在后续阶段），而对成熟的投资产生了类似免税法一样的高度激励。根据前述哈特曼的观点，同上，这是由于支付回母国的金钱回报总会被征税，无论是立即汇回还是仅在若干年后汇回。假设汇回的资金适用固定税率，投资者只需要关心国内净回报率与国外净回报率相比是多还是少。

居民国给予的是无限额抵免,那么不论境外东道国的税率高低,投资者将不会因为在境外投资而增加额外税收负担。东道国则可以在不阻碍外国投资者对其境内投资的情况下,获得相当可观的税收收入。原因在于,当外国投资者在东道国所缴纳的税收增加时,其居民国所给予的税收抵免额也必然增加。这实际上形成了一种从居民国向东道国的财富转移。许多国家所采用的抵免限额规定,避免了东道国超过居民国现有的抵免限额而任意增加税收。[64] 居民国也有可能采用税收饶让机制,居民纳税人可以据此就其本应在东道国交纳的税款获得税收抵免,尽管这些税款因为东道国鼓励投资的特别优惠政策而没有实际交纳。在这种情形下,东道国为了吸引外来投资,会限制对来自采用税收饶让机制居民国的纳税人征税。

东道国还可以通过更微妙的方式来利用居民国消除双重征税的机制。在现今全球化肇始的若干年前,查尔斯·金森[65]阐述了东道国可以通过事实上给予国内和外国纳税人不同的税收待遇,从而以居民国利益为代价使本国获益的若干方式。东道国可以不对非居民纳税人征收真实的税款或者征收非真实的税款,从而在事实上对来自实施抵免法居民国的纳税人免税。[66] 举例而言,当时在石油生产国中一种普遍的技巧是将商业付款(通常是矿产资源的特许权使用费)伪装成税收。如果这种付款被认定为税收,那么这些特许权使

---

64 参阅:罗因,同注37,第930页;格雷茨和欧海亚,同注15。对将此限制视为"防御性中性"(defensive neutrality)的批判,参阅:戴根,同注22,第395页。

65 Charles I. Kingson, The Coherence of International Taxation(《国际税收的一致性》), 81 *Colum. L. Rev.* 1151 (1981).

66 为降低外国贷款人收取的利率,巴西对贷款人一次性征收25%的预提税,并给予借款人85%的金额作为补贴。该措施最终失败了,因为美国国内收入署(IRS)规定,只有超出补贴的那部分税款才可以抵免。参阅:金森,同注65,第1263页。

83

用费支付就可以被用来抵免在居民国的应纳税款。这类操控性技巧严重影响了抵免税制的有效性。实施抵免税制的居民国不能忽视其他国家采用上述剥削性措施的可能性。因此，居民国会尽力完善本国税制来防范抵免规则被滥用，如果这种防范不可能，那就需要重新考虑是否给予抵免。[67] 根本问题在于，一国在制定本国的国际税收政策时，应当考虑其他国家的税收政策细节以及其他国家对于本国税收政策的可能反应。不同国家单边税收政策之间的这种互动塑造了国际税收全景图的基本轮廓。

三、合作是可行的策略吗？

既然单边政策无法取得最优的结果，那么合作，无论是正式的还是非正式的，通常会被建议值得国家采纳。[68] 有观点提出，非合作的策略互动对全球和国家福利都是有害的（正如囚徒困境那样），而合作性的措施可以改善全球和国家福利。尽管在很多情况下，合作被证明是一种可取的策略，但是否是一种更优的解决办法，则不得而知。[69] 进一步而言，与本讨论紧密相关的是，即使合作是一种更佳的全球策略，它并不必然符合采取该策略的单个国家的最佳利益。

首先，国际合作的适当目标绝不是不言自明的。关于国际征税如何实现最优化的问题，并没有标准的答案。正如本书第一章所阐释的，即使是在国内层面上，税率的确定也是取决于相当广泛的考

---

67 关于更详细的例子，参阅：戴根，同注22，第390页。
68 本章讨论了非正式合作，第三至第五章将讨论更多双边和多边层面的正式合作。
69 关于合作可取性的更多内容，参阅第四章和第五章。

虑因素,而这些考虑因素是基于该国独特而差异的特征和规范。因此,是否能协调各国政策从而在国际层面上实现一个理想的战略,远非清楚。即使是从上述关于中性争论(笔者所批判的)所提供的有限视角来看,协调各国政策从而建立实现中性或者较少扭曲的国际税收体系之可能性也是微乎其微的。上文解释了一种真正的中性税制可以通过协调各国税率和消除双重征税的机制,同时实现资本输入中性和资本输出中性。但鉴于各国目标和偏好的多样性,协调各国的税率可能是一项不可能完成的任务。而且,协调各国税率是否是一项可取的政策,本身也不无疑问,因为多样化的国家征税和支出体系似乎更有利于实现个体与国家的偏好、全球正义和政治参与。[70]

既然完全的全球中性并非是可行的选项,那么从全球的角度看,实现理想的国际税收政策的可选项是多样的。关于哪一种部分中性产生最少的扭曲这一点并不存在国际共识。鉴于关于全球目标的国际共识尚付阙如,不同的国家就有可能选择不同的机制,从而阻碍国家间合作的形成。换言之,无法期待国家会在单一的解决方案上实现趋同。

最后,即使国家之间能够就全球政策目标达成广泛一致,由于策略的原因,设定某种正税率的合作也可能是不可行的。如果一些国家为在境外投资的居民纳税人就其境外缴纳的税款提供抵免,那么其他国家就有可能为其居民纳税人提供免税待遇,因此也能吸引新的居民纳税人(比如,跨国企业更倾向于成为为本国居民境外投资提供免税待遇的国家的税收居民)。

---

[70] 关于协调和竞争的更多争论,参阅第四章和第六章的讨论。

那么国际税收博弈是无限博弈的现实能否改变对于合作或者背叛（defect）的激励？通常认为，国家在单一回合同步（single-round simultaneous）博弈（在这种博弈中，所有的国家都同时选择它们在博弈中的策略，而且这一博弈在单一回合后就告结束）中存在着背叛的激励，这与国家在无限重复博弈（这更符合国际税收博弈的现实）中背叛的激励因素是很不相同的。[71] 特别是无限重复博弈往往能促成合作。因此，存在这样的观点，即如果国家选择了一个长期合作策略，并包含惩罚背叛集体协议的主体的机制，那么全球合作将最终逐渐形成。[72]

然而，在这些情形中宽泛地支持合作的策略可能忽视一些重要的复杂问题。[73] 首要的，当应对策略性非合作行为（比如以邻为壑

---

[71] 无限重复博弈包含不同的考虑因素。无限重复博弈与单次博弈的根本差异在于，主体在决定任何特定阶段所采取的行动时，会考虑每个行动在后续博弈阶段会对其对手的行为产生什么影响。在无限重复博弈中，主体可以"惩罚"其他不合作的主体。如果惩罚带来的损失大于背叛带来的潜在利益，这种惩罚的可能性就可能激励其他主体进行合作。博弈论对于分析类似于上述情形的集体行动情形着墨颇多。根据这些分析，合作在无限重复博弈下是有利可图的。在无限重复的囚徒困境博弈中，关于该"惩罚"策略的一个著名例子是"以牙还牙"（tit for tat）策略，即每个主体都是以合作开始博弈，但当其他主体背叛时，他们也会转为背叛。新的一轮又是以合作重新展开。根据罗伯特·阿克塞尔罗德（Robert Axelrod）的实验，发现这种策略从长远来看是非常有效的。Robert Axelrod, *The Evolution of Cooperation*（《合作的演进》）27, 54 (1984).

[72] 事实上，"重复博弈理论背后的主要理念是，在重复进行的博弈中，如果每个主体都相信背叛会导致合作终止，并且给他带来的后续损失超过短期收益，那么对各主体互利的结果就是……稳定的"。Martin J. Osborne（马丁·J.奥斯本）& Ariel Rubinstein（阿里尔·鲁宾斯坦），*A Course in Game Theory*（《博弈论教程》）133 (1994). 然而，正如下文所述，尽管合作理念很吸引人，但我还是倾向于对实现全球合作的可能性持怀疑态度。

[73] 事实上，可能采用的策略（和可能的结果）不计其数。参阅同上，第134页（"重复博弈有很多种均衡结果，所以均衡的概念缺乏可预测力"）。因此，博弈理论不能帮助我们预测这种博弈的结果。

的策略)时,无限重复博弈可以产生合作的结果。然而,国际税收中非合作行为的理由——如上文所述——可能不是策略性的,而是缺乏关于最佳结果的共识。正如丹尼尔·沙维罗所阐明的,"这并不是一个'合作或背叛'的选择,而是一个'如何进行最佳合作'的选择"。[74] 但是,即使假设共识可以形成,所希冀的解决办法也能够逐渐被找到,以及达成这一解决办法是纯粹策略性的,但促成长期合作所必要的条件也并不必然能成就。这不仅需要完善的协调,也需要能够极其敏锐地发现行为者背叛的机制,[75] 同样,不论是否存在政治联盟或者其他"无关"的因素,也需要所有参与方有共同的意愿来遵从并执行对于背叛的惩罚机制。因此,任何给定国家的最佳策略将取决于它能从该策略中所获得的潜在收益,以及其他国家可能因它采取了该策略而对它施加的潜在损害。所以这里的关键问题在于,即使是在无限重复博弈中,合作也肯定不是国家所可采取的唯一的理性选项。

上述关于国家间合作难以形成的观点并不意味着国家在制定国际税收政策时不应当考虑竞争国的可能反应。相反,在决策过程中加入策略性的考量是十分重要的。把国际税收比作是竞争性和策略性的博弈,使国家本着追求自身利益来制定政策的行为被置于显著位置。当然,博弈论也要求国家必须策略性地行动,在预测其他国家反应的基础上采纳政策。合作行为——是多数以中性理论为基础的

---

74 沙维罗,同注19,第138页。
75 监控背叛需要对所有国家的税法进行在线审查,所以代价颇高。当然,税法的复杂性是显而易见的,很难加以监控,尤其是应纳税额减免可以在个别(非正式)基础上实现。所以笔者怀疑,即使在国际税收制度领域达成全球合作,也会因为监控问题而无法长久维持。

方法所要求的——当然是国家可以采取的策略之一。但正如上文所述,合作并不必然带来最优的后果,而且在竞争的环境中,合作是难以实现或者维持的。

下一章将检视替代单边消除双重征税措施的双边谈判。更深层次地审视单边政策之间的策略互动为双边税收协定的谈判和运作提供了背景条件。第四章将对更大规模的国际合作以及这种合作的局限性进行详细探讨。

第三章 税收协定的神话[1]

多年来，主流观点强调税收协定对于消除双重征税是一种不可或缺的机制。政策制定者简单地认为税收协定可以使各方均受益。通过减轻纳税人所面临的双重征税负担，税收协定被认为能促进资本、货物和服务的自由流动，有助于实现资源的有效配置。尽管国家根据税收协定的要求必须放弃潜在的税收收入，同时税收协定的谈签也往往费时费力，但由此缔结的税收协定被认为是十分值得的，因为税收协定一旦执行，就被认为可以为各方带来重大的利益。

由于毫无保留地接受了"各方均受益"的观点，多年来学者和政策制定者忽视了这样一个问题，[2] 即税收协定是否事实上为防范双重征税所需要。如果答案是否定的——即单边措施也能够有效和稳健地防范双重征税——那么税收协定是否可能被主要用来在国家间再分配税收收入？如果税收协定具有再分配的功能，那么谁是赢家，谁又是输者？

本章探讨表明，税收协定并不是消除双重征税唯一可行的解决方法。笔者认为，对投资境外的本国居民纳税人减轻双重征税负担所带来的利益足以促使国家采取单边措施。按照第二章引入的博弈

---

[1] 本章根据以下文章修订和更新而成：Tsilly Dagan（特斯利·戴根），The Tax Treaties Myth（《税收协定的神话》），32 *NYU J. Int'l L. & Pol.* 939 (2000)。

[2] 这一观点近期似乎有所改变。有关此改变的更多细节介绍，参见后注16—18所对应的正文以及第五章。

论方法,笔者分析了不同类型国家所采取的单边措施之间的互动,并阐明了这些互动能与双边措施在同样程度上减少征税。双边税收协定并不能提供更大程度的稳定性,而仅仅是简单地复制了单个国家为缓和双重征税而早已采取的一些单边措施。

然而,单边措施与协定机制之间存在一个实质性的差别。单边解决措施能让东道国通过征收税款获益,而税收协定通常将税收收入利益分配给居民国。[3]当税收协定缔约双方均为发达国家时,这两种机制在税收收入分配上的差别可能并不重要。但当税收协定缔约双方分别为发展中国家与发达国家时,前者往往是投资的东道国,而后者往往是居民国,在此情形下,税收收入的再配置就产生了累退性的(regressive)再分配后果——以牺牲发展中国家(东道国)的利益为代价换取发达国家(居民国)的利益。

本章对于税收协定是消除双重征税的必要机制这一神话提出了挑战。第一节介绍税收协定是必要的这个通行观点。第二节考虑在没有税收协定的情况下,跨境投资可能被征税的状况。针对东道国和居民国,分析它们各自的利益关切、单边政策,以及它们政策互动所达到的均衡状态。最后,第三节对税收协定机制与单边措施机制进行比较,并考虑税收协定机制所产生的收益和损失。

第一节 通行的观点

通行的观点强调了税收协定在防范双重征税中的重要作用。这

---

[3] 东道国为所得产生地;居民国为所得产生者的居住地。

种观点包含了"如果没有税收协定,双重征税就必然会发生"这一假设。因此通行的观点强调为防范双重征税的弊端,国家间进行相互合作是必不可少的。

如第二章所阐释的,长期以来双重征税被认为是国际税收中最突出的问题之一,是对自由经济发展的一个主要障碍。历史上,国家采取两种方式来消除双重征税:单边方式和双边方式。根据单边方式,国家可以从一系列政策选项中选择合适的措施来积极减少(或者彻底消除)居民纳税人因双重征税所承担的税负,无需顾及东道国的政策或者双边税收协定条款的规定。相反,根据双边方式,缔约国缔结和执行税收协定,旨在缓解缔约国一方居民纳税人在另一缔约国内进行投资所产生的双重征税问题。

长期以来,压倒性的观点认为,如果仅采取单边措施,那么双重征税就会产生。因此这种通行观点必然将税收协定视为防范双重征税之重要和有效(事实上是最有效)的手段。政府官员、国际组织、监管部门以及学者,[4]都广泛地表达了这一观点。比如美国法律协会

---

4 参阅如:Staff of S. Comm. on Foreign Relations, 105th Cong., Explanation of Proposed Protocol to the Income Tax Treaty Between the United States and Canada(《关于美国与加拿大所得税税收协定建议草案的解释》)4 (Comm. Print 1997)("美国税收协定的传统宗旨在于避免国际双重征税以及防止逃避税"); OECD Comm. on Fiscal Affairs(经合组织财政事务委员会), Model Tax Convention on Income and on Capital(《关于所得与资本的税收协定范本》), at 7 (2010)(声称经合组织税收协定范本的主要目的是消除双重征税的"有害影响")[以下简称《经合组织2010年税收协定范本》]; UN Dep't of Int'l Econ. & Soc. Affairs(美国国际经济与社会事务部), Manual for the Negotiation of Bilateral Tax Treaties Between Developed and Developing Countries(《关于发达国家与发展中国家双边税收协定的谈判手册》)12, UN Doc. ST/ESA/94, UN Sales No. E. 79. XVI.3 (1979)(强调税收协定范本在消除双重征税以及协调国际税收政策与实践方面的作用); UN Model Double Taxation Convention Between Developed and Developing Countries(《联合国发达国家与发展中国家之间避免双重(转下页)

（ALI）在其发布的《美国所得税协定报告》中开宗明义地声称："所得税协定的主要功能是通过消除——或者防范阻碍国际货物和服务自由交换以及资本和人员自由流动的税收障碍，从而促进国际贸易和投资。"[5] 类似地，《经合组织税收协定范本》也曾宣称："税收协定的主要目的是通过消除国际双重征税来促进货物和服务的交换，以

（接上页）征税协定范本》) 1 (1980) [以下简称《联合国税收协定范本》]; Rev. Proc. 91-23, 1991-1C. B. 534 ("避免对所得、财产和财产转让的双重征税"是税收协定的主要功能); Richard L. Doernberg（理查德·L.多恩伯格), Overriding Tax Treaties: The U. S. Perspective（《推翻税收协定：美国的视角》), 9 *Emory Int'l L. Rev.* 71, 71 (1995) ("所得税协定的主要目的是，通过将跨国货物与服务交易中的税收壁垒最小化，从而便利国际贸易……所得税协定通过放宽居民国和来源国的国内法以促进国际活动的方式实现了妥协"); H. David Rosenbloom（戴维德·H.罗森布鲁姆), Tax Treaty Abuse: Policies and Issues（《税收协定的滥用：政策与问题》), 15 *Law & Pol'y Int'l Bus.* 763, 768 (1983) ("税收协定的基本目标是消除在国际货物、服务、资本和人员流动中双重征税的消极影响……"); H. David Rosenbloom, Current Developments in Regard to Tax Treaties（《当前有关税收协定的发展》), 40th NYU Inst. on Fed. Tax'n, pt. 2, §31.03 (1), 24 (1982) ("至少，税收协定旨在'避免双重征税'"); Charles H. Gusrafson（查尔斯·H.格斯拉福森) & Richard Crawford Pugh（理查德·克劳福德·飘), *Taxation of International Transactions 1991-1993*（《对国际交易的征税1991—1993》), at 451 (1991); H. David Rosenbloom & Stanley I. Langbein（史丹利·I.朗宾), United States Treaty Policy: An Overview（《美国的协定政策：概览》), 19 *Colum. J. Transnat'l L.* 359, 365-66 (1981)。按照罗森布鲁姆与朗宾的观点，同上，第365—366页：

第一个问题——税收协定旨在实现什么——经济学家们在第一份报告中予以考量：双重征税是对既有投资的不公平负担，也是对国际资本、货物和人员自由流动的武断壁垒。因此，各国应当寻求消除——或者至少是减轻——双重征税带来的不良后果。第二个问题涉及为消除双重征税而选择双边方法……国际联盟的早期工作揭示了双边方法的正当性。当各国的法律或经济环境不同时，多边方法难以实施；另一方面，单边方法几乎必然是无效的……

[5] ALI, Federal Income Tax Project: International Aspects of United States Income Taxation II, Proposals on United States Income Tax Treaties（《联邦所得税项目：美国所得征税的国际方面Ⅱ，对美国所得税协定的建议》) 5 (1992).报告进一步指出："制定所得税协定旨在实施的最重要政策，或许是防止所得的双重征税，所得的双重征税发生在两个（或更多）国家试图对同一笔所得税基征收税款的情形。"

及资本和人员的流动。"[6]该范本进而声称：

> 法律性国际双重征税对于货物和服务的交换，资本、技术和人员流动的有害影响是如此地众所周知，以至于消除阻碍国际间经济发展的税收障碍之重要性已无需赘言。[7]

根据通常方式，缔约国同意放弃按照常规征税水平征收税款来缓解双重征税问题。居民国往往愿意为其居民纳税人在东道国交纳的税款提供抵免（尽管免税也是可行的），前提是东道国或者减少对来源于居民国投资的征税，[8]或者东道国也能给予互惠的抵免。[9]根据此传统观点，居民国和东道国因此减少的税收是为享受更高水平的跨境投资，以及这些投资所带来的更多出口、更高的工资水平和生活水平所付出的必要代价。[10]

6　《经合组织2010年税收协定范本》，同注4，第59页。但需要注意后注19的对应正文对《经合组织2014年税收协定范本》引言部分最新修改的描述。参阅：OECD, Model Tax Convention on Income and on Capital: Condensed Version 2-14 (2014), http://dx.doi.org/10.1787/mtc_cond-2014-en［以下简称《经合组织2014年税收协定范本》］。

7　同上，第7页。

8　这通常发生在消极所得的情形中。参阅如：《经合组织2014年税收协定范本》，同注7，第10条（对股息的征税）；同上，第11条（对利息的征税）；同上，第12条（对特许权使用费的征税）。

9　这通常发生在营业所得或个人劳务的情形中。参阅同上，第7、15条；《联合国税收协定范本》，同注4，第7、15条；US Dep't of Treasury（美国财政部），Treasury Department's Proposed New Model Income Tax Treaty of June 16, 1981（《财政部1981年6月16日建议的新所得税协定范本》），第7、15条，1 Tax Treaties (CCH) §§211.07, 211.15［以下简称《美国税收协定范本》］。

10　参阅如：美国法律协会，同注5，第2页：
随之而来的税收损失（或潜在损失）被认可为参与国确保纳税人的国际活动获得中性税务处理从而获得利益的对价，这有助于促进国际商事活动，实现世界资源的最优配置。

初一看,该通行观点颇有道理。缔约国双方从自由贸易中所获得的利益多于限制国际贸易而多征收税款所带来的利益,因此,为享受国际贸易所带来的利益而放弃一定的税收收入似乎是合理的。但问题在于,该观点是建立在"如果没有税收协定,双重征税就必然会发生"这一错误假设基础上的。但事实上,即使没有依据税收协定获得来自其他国家的合作,国家也有采取单边措施来减少双重征税的动力。因此,如果每个国家都采取单边措施,居民国和东道国这些措施的互动(如笔者下文表明的那样)最终可以形成一种缓解双重征税的稳定均衡。换言之,并不存在充分的理由来证明跨境投资的水平在没有税收协定情况下比存在税收协定情况下要低的结论。如果这种观点事实上成立,那么税收协定之所以存在,就必然存在其他的解释。

并不是所有评论者都赞同该通行观点。有些人对于税收协定消除双重征税的实际作用持怀疑态度。早在1963年,伊丽莎白·欧文斯(Elisabeth Owens)便认为:"美国的所得税协定对于消除双重征税的作用十分有限……[因为]美国政府为消除双重征税,早已通过《国内收入法典》之规定单边性地为其公民、公司和居民提供了外国税收抵免。"[11]她还认为,"对于多数纳税人而言,相比于美国国内税法单边提供的救济,税收协定所提供的消除双重征税救济是微不足道的。"[12]欧文斯的观点在学术界并没有获得太大的影响力,可能是因为其研究只限于美国的情况。但是,采用单边措施防范双重征税肯定不只是美国一国的实践。相反,大多数国家在实施税收协定

---

11 Elizabeth A. Owens, United States Income Tax Treaties: Their Role in Relieving Double Taxation(《美国所得税协定:在消除双重征税中的作用》), 17 *Rutgers L. Rev.* 428, 430 (1963).

12 同上,第446页。

的同时,也采取与美国国内税法规定类似的单边措施。因此,双重征税并不像通行观点认为的那样是一个严重的问题。

其他评论者也指出了税收协定在防范双重征税方面相对较小的作用。[13]然而,他们也跟欧文斯一样,没有为他们的观点提供理论解释。[14]有

---

13 参阅:Joseph Isenbergh(约瑟夫·伊森伯格), *International Taxation: U. S. Taxation of Foreign Persons and Foreign Income*(《国际税收:美国对外国个人与外国所得的征税》)55:2 (2d ed. 1996)("所得税协定在被初次审视时,总能被轻易地视为旨在对特定个人或企业给予税收减免。事实上,这几乎不是它的功能。税收协定主要涉及在缔约国财政之间的税收分配……");Paul R. McDaniel(保罗·R.麦克丹尼尔)& Hugh J. Ault(休·J.奥尔特), *Introduction to United States International Taxation*(《美国国际税收简介》)178 (1998)(指出许多国家通过单边措施来缓解双重征税,同时"针对协定所涉两个国家之间税收关系的具体情况",利用协定对这些措施进行"完善和调整");Julie A. Roin(朱莉·A.罗因), Rethinking Tax Treaties in a Strategic World with Disparate Tax Systems(《重思差异税制所构成战略世界中的税收协定》),81 *Va. L. Rev.* 1753, 1767 (1995)(指出采用单边措施防止双重征税"弱化了美国纳税人利用协定条款的动机")。罗因断言:

这些双边协议通常规定了缔约方互惠地减少对缔约另一方税收居民来源于本国境内所得的征税。尽管有些来源征税的减少旨在通过消除"过度征税"而使投资者获益,但许多来源征税的减少意图在来源国和居民国之间实现大致中性的税收收入交换。

同上,第1763页(省去脚注)。也可参阅:Pierre Gravelle(皮埃尔·格雷福勒), Tax Treaties: Concepts, Objectives and Types(《税收协定:概念、目标和类型》),42 *Bull. for Int'l Fiscal Documentation* 522, 523 (1988)("尽管消除双重征税是在协定标题中经常被提及的目标,但实际上,协定应更正确地被描述为完善和改进国内立法中旨在消除双重征税的现行规则的工具……");Alex A. Easson(阿莱士·A.伊森), Do We Still Need Tax Treaties?(《我们仍然需要税收协定吗?》),54 *Bull. for Int'l Fiscal Documentation* 619 (2000)。

14 提出这些问题的其中一名评论家是滨田宏一(Koichi Hamada):Koichi Hamada, Strategic Aspects of Taxation on Foreign Investment Income(《外国投资所得征税的策略方面》),80 *Q. J. Econ.* 361 (1966)。滨田提出一个模型,该模型的构建围绕两个均能影响世界资本价格的大国展开,同时假设缓解双重征税的唯一可行办法是扣除制。他指出,两国之间未经协调的单边措施将产生囚徒困境,而有约束力的协议将产出理想的结果。但笔者探讨一种不同的情形。假设国家无法影响世界资本价格(对大多数国家而言这个假设更为现实),就国家利益而言,采用单边措施缓解双重征税对国家有利,单边措施不仅有扣除制,还包括抵免制和免税制。这些条件影响了国家的偏好,因此产生了一种与滨田描述不同的均衡。

趣的是，政策制定者似乎没有太多地受到这些评论者所零星表达的对欧文斯立场暗示支持的影响。举例而言，美国法律协会坚称，对税收协定的必要性存在着普遍一致的观点："在具有不同政治和经济信念的国家政府之间存在着广泛和牢固的共识，那就是缔结所得税协定符合它们的国家利益。"[15] 但正如本章将阐明的，税收协定并不必然符合所有国家的最佳利益。尤其是发展中国家在签订税收协定前，应当仔细评估由此带来的成本和收益，因为这些国家主要是资本净输入国，相应地也主要是税收协定中的东道国。

自从构成本章基础的原文章发表以来，对税收协定作用的质疑日益普遍。甚至在国际组织内部，关于税收协定对于发展中国家价值的质疑与日俱增。国际货币基金组织（IMF）在2014年发表的一篇政策论文就告诫发展中国家在谈签税收协定时应三思而行。[16] 世界银行最近也表达了相同的观点。[17]《经合组织2014年税收协定范

---

15 美国法律协会，同注5，第12页。值得一提的是，美国法律协会评估了税收协定对实现防止双重征税目标的必要性程度，并指出"许多目标……可以通过立法程序获得完全或大部分实现，而不需要签订税收协定"。同上。但该机构得出的有趣结论是，"所得税协定仍将是美国法律的重要部分"。同上，第14页。评论家认为，这一结论最重要的原因是"一国只有在确信自己（及其纳税人）能从相关国家获得适当的互惠待遇后，才会修改其国内法规则"。同上，第13页。笔者在本章表明，税收协定并不能提供单边政策之间互动所无法提供的利益，当然，除了发达国家可以因此获得更为有利的税收分配这一利益。

16 IMF, Spillovers in International Corporate Taxation（《国际公司税的外溢性》）28–29 (2014), https://www.imf.org/external/np/pp/eng/2014/050914.pdf. "部分观点建议发展中国家不要签订双边税收协定。"

17 参阅：Mindy Herzfeld（明迪·赫茨菲尔德）, The Backlash Against Tax Treaties and Free Trade（《对税收协定与自由贸易的强烈反对》）, 84 *Tax Notes Int'l* 438 (Oct. 31, 2016). "国际货币基金组织关于发展中国家在签订税收协定前应当三思而行的观点并不新颖。在2014年，国际货币基金组织发布的一份报告中传达一个重要信息，择协避税（treaty shopping）'对许多发展中国家而言是一个重要问题，建议发展（转下页）

本》的引言有所调整，[18]已改为：

> 长期以来，经合组织成员国确认，所有国家有必要对相同类型的双重征税情形适用统一的解决方法，从而明晰、标定（standardize）和确认在其他国家进行商业、工业、金融和其他经济活动的纳税人的税收待遇。……这是经合组织税收协定范本的主要目的……*即为法律性国际双重征税中最常见的问题提供统一的处理方法*。如经合组织理事会所建议的，所有成员国在缔结或者修订双边协定时，应当与协定范本保持一致，遵循范本注释对于范本条款的解释，并注意范本所包含的成员国提出的保留。[19]

税基侵蚀与利润转移第六项行动计划最终报告甚至建议，经合组织税收协定范本引言的修改应包含"与是否缔结税收协定或者修订现有税收协定有关的税收政策考虑"，并明确指出：

> 考虑缔结税收协定的两国应当评估各自居民在跨境经济活动中实际面临双重征税风险的程度。有相当多的居民国——来源国法律

（接上页）中国家谨慎考虑签订税收协定'……但最近，世界银行会议表明，关于税收协定为发展中国家带来利益的怀疑正在增加。尽管不少人建议发展中国家应该对税收协定持怀疑态度，但很难找到持反对意见的人。"

18 甚至是经合组织范本的名称也有所改变："鉴于协定范本不仅旨在消除双重征税，还解决其他问题，例如防止逃税和确保非歧视，经合组织决定采用不包含这一内容的更短的标题。"《经合组织2014年税收协定范本》，同注7，第10页。

19 《经合组织2014年税收协定范本》，同注7，第7页。也可参阅：OECD, Preventing the Granting of Treaty Benefits in Inappropriate Circumstances（《防范税收协定利益不当授予》）(2014), http://dx.doi.org/10.1787/9789264219120-en（指出单边措施能够防范大多数的双重征税形式）。

性双重征税的事例可以通过适用消除双重征税的国内法条款（通常是免税制或者抵免制）来解决，而无需借助税收协定。[20]

这段文字暗示了税收协定的主旨从消除双重征税向形成一种协调国际税收具体组成部分（building blocks）[21]的机制之转变。但是从表象上看，税收协定网络仍然在不断扩展。甚至是明显作为税收协定中输者角色出现的发展中国家，它们缔结合作性税收协定的实践仍然如火如荼地进行。[22]尽管下文将详细阐明，发展中国家在税收协定中承担了不对称的过高成本，[23]这些国家仍然在谈签税收协定。

第二节 国家政策之间的互动

本部分虚构了一个没有税收协定的世界，用来了解税收协定的作用。在这个世界里，国家策略性地开展运作，它们单边选择的政策与其他国家选择的政策发生互动。博弈论可以帮助我们了解这样一个各国都按照自身政治、经济和社会利益，并仅依靠单边措施来应对双重征税问题的世界。我们能够想象一个每个国家为增进自身最大

20　OECD, *Preventing the Granting of Treaty Benefits in Inappropriate Circumstances, Action 6-2015 Final Report*（《第6项行动计划2015年最终报告：防范税收协定利益不当授予》），OECD/G20 Base Erosion and Profit Shifting Project 94-95 (2015), http://dx.doi.org/10.1787/9789264241695-en at 94-95.

21　关于税收协定合理性转变以及协定网络影响分析的更多细节，参阅第五章。关于组成部分概念的更多详细解释和支持观点，参阅第七章。

22　国际货币基金组织，同注16，第26—27页。

23　参阅下文注68—70对应的正文。

利益而选择国际税收政策的世界。每个国家的利益不仅取决于本国的政策,也受到其他国家政策的影响,因此在给定其他国家可能的政策反应前提下,我们应当可以得出每个国家的最优政策。在这个世界里,不同国家单边选择的政策之间的互动,产生了一个没有税收协定的国际税收全景图。这一全景的轮廓不仅取决于现行单边政策的影响,还取决于具有不同国家利益的国家政策之间的潜在互动。

本部分的分析聚焦于两类行为主体:居民国和东道国。按照第二章的博弈论分析,本部分将探究这两类行为主体的偏好,研究能促进它们各自最佳利益的单边策略,并对这些单边策略的互动进行博弈理论分析。与预测在没有税收协定条件下存在双重征税问题的通行观点相反,本部分的分析表明,这些单边措施之间策略性互动会产生一个稳定的均衡,这一均衡实际上防范了双重征税的发生。

为防范双重征税而采取单边措施并发生政策互动的国家所追求的目标因国而异。正如我们所预期的,居民国对于促进对外投资的追求程度是不同的,而居民国和东道国在鼓励跨境投资,[24] 以及希望从这些跨境投资活动中获取税收收入的程度也是不同的。[25] 在下文中,笔者将阐述和考虑关于国家偏好的不同前提。每一个前提都会产生一个不同的可能博弈。这种探讨主要是技术性的,对于急于进入第三节对存在税收协定的现实进行深入探讨的人来说,本部分博弈探讨所提供的简要结论可归纳为:在所有前提下,国家单边政策之间的互动能够产生一个防范双重征税的稳定均衡。换言之,单边消除双重征税,并不仅仅是国家的共同实践,也体现为一个稳定的条

---

[24] 东道国可能更喜欢通过免税方法获得最高水平的跨境投资,而居民国则可能偏向于较低水平的境外投资。

[25] 东道国为增加跨境投资可能愿意放弃更多的税收收入。

件,或者用博弈论术语来表述的话,是一个稳定的均衡。因此,单边政策可以成为防范双重征税的一个有效而稳定的方法。

有必要提醒注意的是在下面分析中关于这些前提的一项技术细节。缔约国在税收协定中,当然既可能是(境外投资者的)居民国,也可能是(投资或者经济活动发生的)东道国,这两类国家根据自身的地位和职能获得相应的权利和义务。但是,为了简化在国际税收政策互动背景中居民国和东道国的利益分析,本文假定税收协定是居民国作为一方,东道国作为另一方,由双方签订的一项协议。其中,东道国依照协定减少对来自居民国的境外投资者的征税,作为回报,居民国对居民纳税人提供某些缓解双重征税的措施。在本章的最后一节,笔者将放松这一假设,把税收协定视为是缔约国之间互惠权利和义务的聚合体。

另外,笔者还将假定每个国家的运行像一只"黑盒",通过实现所希望达到的跨境投资程度来促进其经济发展,提升社会福利水平。把国家视为具有单一利益的实体,是一个明显过于简单的假设。为了完全理解"国家利益"这一事物,有必要破解一国国内各个不同的行为主体和行为群体之间的利益和权力关系。正如埃雅尔·本韦尼斯蒂颇具说服力地阐释道,许多国家间普遍性的利益冲突实际上更多地具有内部而非外部性质,是起源于国家内部的异质成分(heterogeneity)。[26] 笔者将在本书的第三部分对国际税收政策的国内效应展开一定深度的研究。

26　Eyal Benvenisti, Exit and Voice in the Age of Globalization(《全球化时代中的用脚投票与政治发言权》), 98 *Mich. L. Rev.* 167 (1999).此外,本韦尼斯蒂认为,国内利益集团经常与外国利益集团进行跨境合作,从而将外部性施加在与各自竞争的国内集团上。因此,许多全球集体行动的失败必须归因于国内竞争集团之间的冲突,而不是国际竞争。

一、东道国的国家利益

减少税收楔子（tax wedge）符合东道国的真实利益，税收楔子是指因为征税而产生的效率损失。东道国减少对外国投资者的征税将吸引外来投资。因此，一个较小的东道国的最优政策，即使是单边政策，是取消施加在外国投资者之上的所有税收，外国投资者只需承担所消耗货物或者服务的成本。只有在取消所有税收不可行时，国家才应进行次优选择，即在税收总收入中获取最大的份额。

事实上，为了使外国投资利益最大化并且防范税收的福利减损效应，一个较小的开放经济体不应当对外国投资征税。[27]正如乔尔·斯莱姆罗德所解释的：

27　参阅：Joel Slemrod（乔尔·斯莱姆罗德），Tax Principles in an International Economy（《国际化经济体中的税收原则》），in *World Tax Reform: Case Studies of Developed and Developing Countries*（《世界税制改革：对发达国家和发展中国家的案例研究》）11, 13 (Michael J. Boskin & Charles E. McLure, Jr. eds., 1990)。关于小规模开放型经济体中的"税收楔子"和资本所得税的福利影响，参阅：A. Lans Bovenberg et al.,（A.兰斯·博芬贝格等），Tax Incentives and International Capital Flows: The Case of the United States and Japan（《税收优惠和国际资本流动：美国与日本的案例》），in *Taxation in the Global Economy*（《全球化经济中的税收》）283, 291–92 (Assaf Razin & Joel Slemrod eds., 1990)。在经济学术语中，所得税"挤出"（crowd out）外国投资，导致国内福利损失，这可以通过"税收楔子"来衡量。这种挤出效应的产生是因为税收使部分投资不再盈利。东道国的征税阻碍了在没有征税情况下会流入该国的外国投资。被挤出的投资数量根据新的税前要求收益率与世界资本市场的收益率（即旧的税前要求收益率）分别乘以因税收流出的投资数额之间的差额计算得出。同上，第290—292页。该数额被称为"税收楔子"，可以在人们熟悉的供需曲线图中用一个三角形来表现。另参阅：Yariv Brauner（亚瑞夫·布朗纳），The Future of Tax Incentives for Developing Countries（《发展中国家税收优惠措施的未来》），in *Tax and Development*（《税收与发展》）25, 38 (Yariv Brauner & Miranda Stewart eds., 2013)，以及可能导致东道国情况存在差异的当地政府权威因素。

只要资本对于国内经济的贡献、资本的边际产出超过对经济体的成本,资本输入就应当发生。小国需要与其他投资候选国竞争外国投资,就需要向外国投资者提供现行的(going)税后利润回报。如果进口国完全免除了对所输入资本的税收,那么这一水平的资本输入就能够实现。因为在这种情形下,外国投资者出于自身利益的考虑,会持续地对进口国投资直至资本的国内边际产出与其机会成本——资本的税后世界回报率相等。任何试图对输入资本征税的行为将会使国家失去那些对国民收入贡献程度大于其成本的国内投资。[28]

值得注意的是,税收楔子是东道国和居民国所征收全部税收总合的产物。[29] 减少税收楔子意味着减少两国加总的税收。相应地,东道国在确定旨在减少税收楔子的最优政策时,应当考虑居民国的税收政策。举例而言,如果居民国对其税收居民的境外投资所得免税,东道国的最优政策是对这些外来投资者不征税,因为任何的征税都会产生税收楔子。[30] 但如果居民国对于其居民的境外投资活动征税,那么东道国就难以依靠单边措施完全消除税收楔子。但是如果居民国对其税收居民境外已纳税款提供抵免,那么东道国可以在不增加税收楔子的情况下,获得对外国投资的征税收入。事实上,居

---

28 斯莱姆罗德,同注27,第13页。
29 参阅:博芬贝格等,同注27,第288—294页。
30 补贴也不是理想的,因为它本身也会产生税收楔子。参阅:Mark Gersovitz(马克·格索维兹), The Effect of Domestic Taxes on Foreign Private Investment(《对外国私人投资国内税收的效应》), in *The Theory of Taxation for Developing Countries*(《发展中国家征税的理论》)615, 619-622 (David Newbery & Nicholas Stem eds., 1987)。

民国是在向居民纳税人补偿后者在境外已缴纳的税款。东道国如果能够按照居民国所愿意提供抵免的最高额来征税，那么就可以从税收最大化中获得最大利益。[31] 当居民国实行有限额的抵免机制——对外国已纳税额的抵免以居民国本国的税率为限——东道国就应当按照与居民国税率相匹配的方式来设定对外国投资者的税率。最后，如果居民国允许对外国已纳税款进行扣除，那么最优的策略是对外国投资者不征税，因为扣除不能完全抵消外国投资者所缴纳的税收，[32] 东道国所征收的任何税款都会增加税收楔子，减损其政策目标。[33]

概括而言，如果东道国的首要政策目标是消除税收楔子，它就必须牺牲税收收入来增加外国投资。但是如果因为居民国没有为其居民纳税人境外来源所得提供免税待遇，东道国无法完全消除税收楔子，那么东道国的策略是应当获得尽可能多的税收。

基于上述分析，可以总结出东道国政策偏好的优先顺序，排列如下：

1. 最优的是任何国家都不征税（即居民国采用免税制，东道

31　东道国对外国投资者征收的税款如果在投资者本国能够得到抵免，那么既能增加东道国的税收收入，也不会赶走外国投资。事实上，在这些情况下，东道国的最优政策是在对外国投资征税的同时，给予外国投资者以补贴，以补偿他们所缴纳的税款。这样，在居民国法律允许的情况下，即使居民国对其居民的外国来源所得征税，东道国仍能够有效地消除税收楔子。参阅：格索维兹，同注30，第619—623页。

32　抵免减少居民国本应获得的在数量上与纳税人已向东道国支付税额相同金额的税款，而扣除则只能在应纳税所得额中减少相应的数额。

33　与免税的情况不同，东道国税收的增加只会部分影响税收楔子，这是因为东道国的税收是可扣除的。但税收楔子仍然会有所增长，因此，东道国如果不增加税收，其境遇会更好。

国也不征税），这将完全防范税收楔子的产生，并使跨境投资最大化。

2. 次优的是适中水平的跨境投资，并从这些投资中征收税款。在这种情况下，居民国采用抵免制，而东道国则按照居民国相同的税率对外国投资征税。

3. 稍差的是适中水平的跨境投资，但不对这些投资征税。这种情况发生在居民国采取抵免制或者扣除制，而东道国约束自己不对外国投资征税。

4. 最差的是低水平的跨境投资，在此情形中，居民国采取扣除制，而东道国对外国投资征税。

二、居民国的国家利益

确定居民国的最优政策要比确定东道国的更为复杂。尽管在居民国应当消除其居民纳税人的双重征税问题上存在广泛一致，但正如第二章所阐述的，对于三种消除双重征税的单边措施——免税制、抵免制或者扣除制——哪种类型最符合居民国利益，却难以达成共识。[34]

在东道国对外国投资征税的情况下，居民国可以选择的三种单边措施对于境外投资的促进程度是不同的。一般而言，如果东道国税率与居民国的税率相等或者更低，那么免税制对境外投资激励作用最强，抵免制的刺激作用中等，而扣除制的激励作用最弱。除此之外，不同方法会导致居民国与东道国之间不同的税收收入分享

---

34 关于每种机制的争论细节以及支持每种机制的各种考量，参阅第二章。

第三章 税收协定的神话

格局。[35]

在后面的讨论中,笔者将探讨三类原型(prototype)居民国的利益:第一类是居民国追求高水平的对外投资,即使牺牲一定的税收收入也在所不惜(笔者称之为"免税制国家");第二类居民国偏好适中水平的对外投资,此类国家愿意放弃一定的税收收入来换取更多的投资,但不愿意为本国居民将对内投资转为对外投资提供激励措施(称为"抵免制国家");第三类国家倾向于较低水平的对外投资,即这类国家注重对外投资和税收收入共同带来的利益(称为"扣除制国家")。出于简便行文的考虑,笔者采用"免税制国家""扣除制国家"和"抵免制国家"等用语分别来称呼这三类国家,当然这并不意味着每个国家最终必然会选择对应的方法。

(一)扣除制

假设居民国的优选政策是为对外投资提供较小的激励,并对每单位的对外投资征收更多的税款,那么乍一看,缔结税收协定具有强有力的理由。因为可以合理地认为,东道国和居民国通过相互协议

---

[35] 本注释的表格展示了东道国和居民国之间可能存在的若干种互动关系。

居民国	东道国	跨境投资的激励水平	谁来征税?
免税	不征税	高	均不征税
抵免	不征税	中等	居民国
扣除	不征税	中等	居民国
免税	征税	中等	东道国
抵免	征税	中等	东道国
扣除	征税	低	均征税(减少)
没有措施	征税	最低	均征税

例如,第一行表明为实现对跨境投资最大程度的激励,仅有东道国对外国投资者免税是不够的,投资者的居民国也必须予以免税。但如果投资者的居民国不免税,而是提供抵免(如第二行)或扣除(如第三行),那么即便东道国免税,也只能实现对跨境投资中等程度的激励。

减少两国对跨境投资的征税,从而实现更高水平的跨境投资,两国均可以从这一合作中受益。尽管由其中单个国家来承担全部减少的税收损失可能代价过高,但由两个国家来分担则是合理的。但进一步研究表明,两个国家单边措施的互动同样可以达到一个不存在双重征税的稳定均衡,这就导致税收协定失去了用武之地。

ⅰ 为何扣除政策可能更受偏爱? 如果居民国在确定其最优的税收政策时,仅考虑税收收入和投资者所得两个因素,那么一个小的开放型经济体会选择促进对外投资,只要这些投资的回报(扣除向外国政府缴纳的税款)超过对内投资的回报(包含向居民国政府缴纳的任何税款)。[36] 在这些情况下,居民国可以通过采纳属人征税体系(对居民/公民全球所得征税)并允许纳税人从其应税所得中扣除所缴纳的外国税款来鼓励对外投资。只要居民国和其居民纳税人从对外投资中的收入总和,超过两者从国内投资中所获得的收入,这种扣除方法就能成为居民国鼓励对外投资的单边措施。

第二章涉及的文献对于这一经常被称为"国家中性"政策的批判,认为这种政策对于不同国家所采取政策之间的互动是短视的。这种批判暗含了一个前提条件,即合作性行为——东道国和居民国为降低对跨境投资征税所作出的共同努力——可以使两者都受益。这种合作的一个典型案例便是签订双边税收协定。在扣除法下,如果没有税收协定,东道国和居民国对于跨境投资具有较高的征税水平(这意味着两国间的跨境投资水平较低),那么税收协定确实可以起到减少两国对跨境投资的总税收,并在东道国和居民国之间分配税收收入的作用。

---

36 参阅:斯莱姆罗德,同注27,第13页。

然而,这种局面中存在一个内在错误,即这种观点理所当然地认为东道国对对外投资征税。通常的观点倾向于认为,由于假定东道国会对外国投资征税,扣除制会限制跨境投资,因而是一种非合作性的措施。如果东道国确实对外国投资征税,而居民国只允许对在外国已缴税款采用扣除制,那无疑会导致较高水平的税收(和对跨境投资的较低激励)。但是,如果东道国不对外国投资征税,那么投资者在两国承担的总税负是适中的(对跨境投资的激励也是适中的),而不论居民国采用的是扣除制还是抵免制。因为无论采取这两种方法中的何种方法,所有税收的加总与居民国的征税相等。

为何这种情形很可能发生?为何可以假定——与通常的观点不同——当居民国采用扣除制,东道国不会对外国投资者征税?

ⅱ 在扣除制假设下居民国与东道国之间的互动。对于居民国与东道国利益的深入研究揭示了这些国家单边政策的结果并不是双重征税,而是单层征税。分析这两个国家政策的互动,必须首先确定每个国家的偏好顺序。

居民国选择扣除制而不是抵免制,这表明该居民国更看重税收收入,即使扣除制可能导致对外投资的减少。其理由在于税收收入也是国民福利的组成部分。当然,如果居民国能够维持其税收收入水平,它肯定也不愿意放弃对外投资。这具有理论上的可能性,比如东道国对于外国投资者的所得不征税。在这种情况下,只有居民国将对其居民纳税人在东道国的投资征税。这样,两国之间的跨境投资只会受到一重征税(居民国征税),因此投资会有所增加。而且,居民国的税收收入不会下降,因为更多的对外投资意味着作为投资者的居民纳税人获得更多的所得,这意味着更多的税收收入。

居民国选择扣除制而非免税制,意味着无论东道国是否对外来投资者征税,居民国在任何情况下都不愿意免除其居民纳税人的纳税义务。否则,居民国完全可以给予其居民纳税人以免税待遇。[37]

由此,我们可以得出采用扣除制的居民国的偏好顺序。

1. 居民国最偏好适中水平的对外投资,但前提是由其(而不是东道国)对其境外投资的居民纳税人征税。该项政策可以通过扣除制或者抵免制来实现,但只有当东道国对外国投资不征税才可行。[38] 需要注意的是,当东道国对外来投资不征税时,扣除制与抵免制所产生的结果是相同的。

2. 居民国的次优偏好是在国家福利(即对外投资的居民纳税人的投资利润加上居民国获得的税收收入)最大化的前提下,接受较低水平的对外投资。在东道国对外国投资征税,同时居民国采取扣除制时,可以产生这样的结果。

3. 居民国最不欢迎的偏好是适中的对外投资水平,但东道国获得全部税收。当居民国采取抵免制时,就会产生这样的结果。

值得注意的是,居民国的这一偏好顺序与上述东道国的偏好顺序迥然不同。

---

37 例如,一国试图在资本所有者和不具有流动性的生产要素,例如劳动力及土地之间平等地分配所得税税负,这种假设可能是合理的。此外,当国家的官僚体系对于维持高水平税收收入方面拥有独立利益,或者当特定利益集团有足够的政治影响力增进其利益,尽管损害了国家福利,这种假设也可能是合理的。

38 当居民国采用扣除制或抵免制,同时东道国不对外国投资征税时,投资者只需要缴纳居民国的税额。在抵免制下,投资者缴纳居民国税额,并且没有获得任何抵免,因为他们没有支付任何外国税款。在扣除制下,投资者没有缴纳东道国税额,而就其外国所得全额缴纳居民国税额。

iii 博弈。 表1概括了居民国偏好与东道国偏好之间的互动。[39]

表1

行动	东道国征税	东道国不征税
居民国采取扣除制	2；4	1；3*
居民国采用抵免制	3；2	1；3

在这个程式化的博弈中，东道国可以选择对外国投资者不征税，或者按照与居民国相同的税率征税。而居民国可以对其居民纳税人的全球所得征税，并对居民纳税人所缴纳的境外税款给予扣除或者抵免。

如果东道国不对外国投资者征税（即如右列所示），其结果必然是投资者被（且只被）居民国全额征税，而不论居民国采用扣除制还是抵免制。这会产生适中水平的征税，也会产生对跨境投资适中程度的激励。在此情形中，只有居民国征税。这是居民国的最优选择，

---

39 表格中的数字代表各选项的优先次序，其中1代表各国最偏好的首选项，4代表最不受欢迎的选项。在每一组数字中，左边的数字代表居民国的偏好，右边的数字代表东道国的偏好。带星号的数字代表均衡点，即两国中没有任何国家想要背叛。

这种博弈实际上应当包含另一种情形：即居民国提供免税。但由于这一情形将导致居民国面临最差的结果（要么是不征税，导致对境外投资产生强大激励；要么只由东道国征税，这对于东道国而言是第三顺序优选项），并且是否免税完全取决于居民国，因此笔者假设居民国最优考虑的政策是扣除而非免税。

行动	东道国征税	东道国不征税
居民国予以扣除	2；4	1；3
居民国予以抵免	3；2	1；3
居民国予以免税	3；2	4；1

如果居民国在所有这些选择中都偏向于完全不征税，它将选择免税政策［参见下文第二节二（三）部分中笔者的分析］。但是，将扣除制作为居民国偏好选项的假设，暗示了居民国有从其居民的境外投资中收取部分税额的需要。

也是东道国的第三偏好顺位选择。居民国可以就跨境投资获得全部税款,而东道国不征税,在东道国的外国投资处于适中水平。

如果东道国对外国投资征税,那么博弈的结果取决于居民国的政策。如果居民国给予其居民纳税人境外所纳税款扣除的待遇,则只会对跨境投资产生较低水平的激励,因为两个国家都对跨境投资征税了。在表一中,我们不难看出这是居民国的次优选择,而对东道国则是最差选择。但是当居民国采用了抵免制,那么东道国可以获得全部税收,并拥有适中水平的跨境投资。这对居民国而言是最差的选项。东道国获得了全部的税款,但来自于居民国的跨境投资只有中等水平,因此这对东道国而言是次优选项。

iv 均衡。表一表明在这些假设情况下,居民国的主导策略是采用扣除制。不论东道国采取何种政策,扣除制总是居民国最好(或者至少不是最差)的政策选择。比如在东道国对外国投资征税的情况下,居民国应当采用扣除制而不是抵免制,因为相比于适中水平的跨境投资但没有税收的境遇,居民国更偏好于低水平的跨境投资,加上获得部分税收的状态。而当东道国对外国投资不征税时,居民国采用扣除制还是抵免制在结果上没有差别,因此,居民国整体上的最优策略(考虑了上述两种情形)是扣除制。

表1表明,东道国可能获得的最佳结果出现在,其对外国投资征税而居民国采用对居民纳税人已纳外国税款提供抵免的情况下。但如果居民国采用扣除制为既定的条件,那么东道国的较好策略是对外国投资不征税。由于东道国会对居民国的政策偏好作出反应,东道国将意识到居民国的主导策略是对居民纳税人已纳外国税款给予扣除。那么,事实上东道国只有一种选择即在居民国偏好扣除制的前提下,东道国对外国投资者不征税,因为尽管损失相关的税收,东

道国能从增加的外国投资中获得更大的利益。

这一结果——也就是居民国采用扣除制,而东道国对外国投资不征税——将产生稳定的均衡,因为只要其中一个国家不背叛,那么另一个国家也没有动力背叛这个均衡。

在这方面有两点值得一提。一是两国单边措施的互动能防范双重征税,从而税收协定无用武之地。二是这一均衡所形成的结果与居民国在实践中偏爱的政策选择不一致,因为实践中,居民国更多地选择抵免制、免税制或者两者的组合(如在递延纳税的情形[40])而不是扣除制。[41]居民国政策选择的现实与上述理论分析之间的差异表明,居民国倾向于认为扣除制不符合其国家利益。接下去笔者将探讨居民国可能认为的抵免制是促进其国家利益最优机制的场景。

(二)抵免制

在如上文解释的抵免制下,投资者可以用在东道国所缴纳的税

---

40 递延发生在居民国对其居民持有的外国实体免税的情况。这种免税允许居民所有者递延其所得的实现。只有当外国实体分配利润,或者居民所有者处置其投资时,所得才会被征税。

41 各国之间的最新趋势是趋向于属地制[即对来源于外国联属企业(affiliates)的股息所得免税]。1992年,希腊、冰岛、意大利、日本、新西兰、西班牙、土耳其、英国和美国都为外国营业所得提供抵免。到2010年,奥地利、比利时、加拿大、中国、法国、芬兰、德国、印度、意大利、日本、卢森堡、荷兰、俄罗斯、西班牙、瑞士和英国通过对至少95%的来源于外国联属企业的股息提供免税待遇,从而单边地实现对外国营业所得予以免税。A Comparison of Key Aspects of the International Tax Systems of Major OECD and Developing Countries(《对主要经合组织国家和发展中国家国际税制重要方面的比较》)(May 10, 2010), http://businessroundtable.org/sites/default/files/BRT_14_country_international_tax_comparison_20100510.pdf.甚至早在1992年,在独立专家委员会调查的国家中,只有爱尔兰、葡萄牙和瑞士允许对非营业所得予以扣除。有关属地制的强势走向,参阅:Report of the Committee of Independent Experts on Company Taxation(《独立专家委员会关于公司税收的报告》)267 (1992)。

收来冲减其在居民国的纳税。[42] 由于抵免额往往受到居民国税率的限制,因此投资者所缴纳的税款按照东道国或者居民国两者中较高税率者而定。当东道国对外国投资者征税而居民国采用抵免制,那么东道国就可征收全部税款(假设两国税率相同),而居民国则无税可征。因此,抵免制对于境外投资的激励程度是适中的。

ⅰ 为何抵免机制可以成为(部分)居民国的最优选择。如第二章所解释的,居民国采用抵免制具有相当广泛的论据支持。有观点认为抵免制能促进全球投资的有效配置,这个观点笔者已经予以了驳斥。[43] 有些人坚称抵免制促进横向公平,而其他观点主张抵免制对于国家的、社会的、政治的和经济的因素,比如储蓄、就业、贸易和创新所带来的有益影响。[44] 据此,抵免政策对于寻求适度对外投资的国家来说是十分有益的,即使被认为需要牺牲部分税收收入,也是值得的,因为这些对外投资所产生的收益超过了税收收入的损失。

ⅱ 在抵免制假设下居民国与东道国之间的互动。让我们在博弈表格中再次探讨东道国与居民国单边政策的互动,这次以居民国的偏好顺序为先,并假设在偏好顺序上居民国更倾向于抵免制而非扣除制。[45]

1. 居民国的最优偏好是为跨境投资提供适中水平的激励(抵免制能产生),并由其(而非东道国)从这些跨境投资中获得全部的税收收入。但是在抵免制下,居民国为了适中水平的跨境投资愿意单

---

42 关于抵免制适用的阐释,参阅第二章脚注25。
43 参阅第二章脚注34的对应正文。
44 参阅第二章脚注54—60的对应正文。
45 这些偏好以高度概括的方式进行描述。当然,可能存在不同的偏好组合。例如,有可能(落入前述选项1和选项2之间)是纳税人支付的总税额与居民国对其所得征收的税额相同,但两国分享税收收入。

方面放弃税收收入，所以这里能够合理地推断，居民国更倾向于在不损失税收收入的前提下，实现相同的适中水平的对外投资。

2. 居民国第二顺位的偏好是在东道国获得全部跨境投资税收的情况下，实现对适中水平的对外投资激励。这种选择明显劣于上一个选项，但优于低水平的对外投资（下一个选项）。实际上，如果居民国偏好较低水平的境外投资，它完全可以选择扣除制而非抵免制。

3. 排在居民国偏好顺序末尾的是下列两项：对投资境外的居民纳税人不征税（此时为跨境投资提供了高度的激励）或者对境外投资保持较低水平的激励（对境外投资征收高额税收）。[46] 对跨境投资不征税能够产生高水平的对外投资，而这种高水平可能超过了居民国所认为的最优水平。而另一方面，正如上文解释的，高额税收将减少对外投资的激励，这劣于第二顺位的选项，因为它意味着居民国不愿意为提供对对外投资的最优激励而牺牲税收收入。[47]

居民国可以单边避免双重征税或者对境外投资不征税，从而防范出现第三顺位偏好的情况（从居民国来看，这是最差的情形）。为了确保总是能对其居民纳税人征税，居民国只要采取对其居民纳税人的全球所得征税，同时采取单边措施来防范双重征税即可。

那么剩下的问题就在于，居民国到底应当采取抵免制还是扣除制来防范双重征税。[48] 这个问题可能令人困惑，因为笔者最初的假

---

[46] 笔者之前的假设是，居民国宁愿放弃自己的税收收入，也不愿使其居民纳税人受到双重征税。这是因为通过促进更多境外投资所获得的国家收益大于其对境外投资进行征税可能获得的收入。

[47] 如果不是这种情况，则需要讨论偏好扣除制的国家的情形，详见第二节二（一）部分。

[48] 在这些假设下，免税制不符合居民国的利益，因为东道国的最优策略是对外国投资免税，这就会导致对跨国投资的双重不征税。

设是抵免制能够产生最优水平的对外投资。但在这种情况下，国家采用抵免制只是构成其对适中水平对外投资偏好的规则，即使是以更少的税收收入为代价。因此尽管存在这种偏好，国家仍然能够作出从抵免制改为扣除制的策略性选择。这种可能性是存在的，比如当居民国认为如果单边采取的扣除政策，与东道国单边措施的互动可以产生更好的结果。

表2描述了两个国家同时博弈时政策之间的互动情况：

表2

行动	东道国征税	东道国不征税
居民国予以扣除	3；4	1；3*
居民国予以抵免	2；2*	1；3

如果居民国采用扣除制而东道国对外国投资征税，就会产生对境外投资的负面激励。根据现有假设，这种情况对于两个国家来说都是最差的局面。对于表二中的其他选项，适中水平的对外投资是受到鼓励的，因为纳税人所缴纳的税款与居民国所征收的税款相等。唯一的差异在于是谁来获得这些税收收入：东道国还是居民国。如果东道国不对外国投资征税，那么居民国不论采用抵免制还是扣除制，都会获得这些境外投资的全部税收。相反，如果东道国对外国投资征税，而居民国采用抵免制，那么东道国将获得全部的税收收入。[49]

---

49 如果东道国征税，居民国提供抵免（假设两国适用相同的税率），则投资者将对东道国交税而无需对居民国交税。例如，如果两个国家均征收40%的税，在东道国，100美元的所得需要缴纳40美元的税。在居民国，税额也是40美元，但其允许投资者抵免其在东道国已经缴纳的40美元税款。因此，投资者不需要向居民国纳税，其净所得为60美元。如果东道国不对外国投资征税，则不论是在扣除制还是免税制下，投资者均只需要向居民国纳税。此时，投资者向东道国缴纳的税额为0。（转下页）

iii 均衡。假定表2中居民国的主导策略是抵免制。无论东道国采取何种措施,居民国对其居民纳税人提供抵免的结果要优于(或者至少不差于)允许扣除的结果。如果东道国对外国投资不征税,那么居民国采用抵免制或扣除制产生的结果相同:适中水平的税收收入,并由居民国获得全部的税收收入。如果东道国对外国投资征税,居民国采用抵免制的结果要好于采用扣除法。在后一种抵免制的情形,居民国可以获得更高水平的对外投资,但损失税收收入。[50]

既然东道国意识到居民国的主导策略是抵免制,因此东道国会选择对外国投资者进行征税。这是因为东道国的最优策略是获取居民国实施抵免制所带来的好处,并从对居民国居民纳税人的投资征税中获得收入。因此,抵免制/征税的方案产生了一种稳定的均衡,因为在其中一国的政策确定的情况下,另一国没有动力转而采取其他政策。

iv 另一种均衡。有趣的是,这一博弈产生了另一种均衡,即东道国对外国投资不征税,而居民国采用扣除制。这个均衡也是稳定的,因为任何一国都没有动力偏离所选择的策略。如果居民国采用扣除制,那么东道国的优选策略是对外国投资不征税;而如果东道国

(接上页)在扣除制下,投资者的应税所得仍然是100美元(100美元减0美元),同时他/她需要向居民国缴纳40美元的税,因此其净所得为60美元。在抵免制下,分析过程有所不同但结果是相同的:在东道国产生的100美元所得将在居民国暂定纳税(暂定税收义务为40美元)。投资者在东道国缴纳的税款将获得抵免,但由于投资者在东道国没有缴纳任何税收,因此,其只需要缴纳居民国税款40美元。此时投资者的净所得也是60美元。

50 值得注意的是,我们现在聚焦的国家是偏好这一选项,而不是偏好采用扣除制从而获得更高税收收入但较低水平跨境投资。

对外国投资不征税,那么居民国只会选择扣除制。

但是,在本博弈分析中,抵免制是居民国的主导策略,据此在现有实践中,抵免制是优势策略,居民国没有理由转而选择扣除制。[51]居民国与东道国都要与其他同类国家来争取居民纳税人和投资。居民国之间的竞争使它们中的任何一国都无法率先单边采取扣除政策。如果其中一个居民国单独改变政策,转而只采用扣除制,它就会在与其他居民国竞争中遭受严重损失。东道国不会对来源于该居民国的投资免税,而是更偏好于来自实行抵免制的居民国的投资。

因此,与扣除制假设下的情况相类似,抵免制下的单边措施也能产生均衡。在这一均衡中,居民国提供抵免,东道国得以对外国投资征税。替代的均衡(即居民国采取扣除制而东道国对外国投资不征税)则不可能出现,原因在于居民国之间存在的竞争。相应地,在抵免制条件下单边措施也能够有效地防范双重征税。

(三)免税制

居民国为消除双重征税的第三种单边机制是对居民纳税人来源于国外的所得予以免税。在这种机制下,投资境外的纳税人只在东道国缴纳税款,而就其境外所得在居民国不纳税。

居民国采用免税制,表明该国认为从较高水平对外投资中的获益大于从对外投资所征税款中的获益,或者也大于抵免制或者扣除制激励下国内投资所带来的收益。正如第二章所探讨的,在境外有

---

51 如果是连续的而不是同时的博弈,居民国率先采取行动,那么居民国将偏好扣除制。这将促使东道国不对外国投资者所获得的所得征税。鉴于此,笔者怀疑如果不是居民国之间的竞争,或者说如果其中一个居民国足够强大到在这个问题上起带头作用,则均衡状态可能朝着扣除/不征税转变。

投资且获益较多的居民纳税人经常游说政府采用这一免税政策,部分国家也将此作为对境外来源所得免税的充分理由。[52]

如果居民国不惜以牺牲税收收入和国内投资为代价,愿意通过免税制获得较高水平的对外投资,此时居民国与东道国并不存在真正的利益冲突。如果东道国不对外国投资征税,而居民国对境外投资所得也不征税,那么居民国从对外投资中获得的国家福利将达到最大化。所有境外来源的所得之上均没有税负,税收楔子被消除,东道国的资本消费者和居民国的资本供给者从跨境投资中实现各自利益的最大化。

表 3

行动	东道国征税	东道国不征税
居民国予以免税	3;2	1;1*
居民国予以抵免	3;2	2;3
居民国予以扣除	4;4	2;3

假定居民国更偏好通过免税制产生较高水平的对外投资,那么居民国和东道国的偏好顺序如下:

1. 两国的最优偏好是对跨境投资均不征税,跨境投资活动可以使两国的利益最大化。

---

[52] 虽然居民国可能会因为更少的征税而损失部分本可以在国外进行的国内投资,但总体而言,居民国的经济(包括就业)是受益还是受损于这种投资的流出,是存在相当争议的。不过就本章讨论的目的而言,没必要在这一争论中确定一个立场,正如我们所假设的,居民国的利益能够通过消除税收楔子而得到保全。如果不是这样,则居民国可以通过降低对外投资的激励而获利,那么我们可以转向第二节二(二)部分,那里的讨论是基于抵免制是增加居民国利益的最好方法这一前提的。

2. 两国的次优选择是只有其中一国对跨境投资适度征税，但两国都希望本国是那个征税的国家。

3. 两国的第三顺位偏好是只由对方国家对跨境投资征收较少的税收。

4. 两国最不喜欢的局面是较低水平的对外投资，两国都从中获取部分税款。

表3展示了这些结果。它表明当两国均不对跨境投资征税时，均衡就产生了，因为均不征税符合两国的共同利益。如果东道国选择对外国投资征税，居民国既不能防止为对外投资提供中等或较低水平的激励，很明显也不能获得跨境投资的全部税收。居民国的可选项只能是促进适中水平的对外投资，但对此不征税，或者允许低水平的对外投资并获得一部分的税收。但如果东道国不对外国投资征税，居民国可以选择对投资征税（从而限制对外投资）或者对对外投资不征税（实现对外投资最大化）。笔者在本部分已经假定居民国更偏好后一种选择，因此其主导策略是免税制。由此，其对外投资实现最大化。

在了解居民国主导策略（即偏好免税制）的条件下，东道国将选择对外国投资不征税从而获得最优结果，防范最差结果。因为东道国的最佳利益是消除税收楔子，它能从不受阻碍的外国投资中获得的利益要大于从中征税带来的利益。

最终，居民国和东道国都会选择对来源于东道国的投资所得不征税，两者因此都实现最优结果。就如在扣除制和抵免制情形中，这是一种稳定的均衡，因为东道国不可能有更优的选择。总之，假设居民国偏好免税制，我们也发现居民国和东道国各自利益的互动会产生一种均衡，双重征税在这种均衡中同样得到了防范。

第三节 税收协定的现实

现行的国际税收实践支持了笔者的理论预测,即在上述任何政策偏好的假定下,东道国和居民国单边政策的互动都会产生一种稳定的均衡,在此均衡中,双重征税会被防范,如果跨境投资被征税,则东道国将获得全部税收。无论对居民国的最优政策作出何种假定,这种均衡都是必然的结果。

居民国所实际采用的国际税收规则表明,上述预测并非只是理论虚构。事实上,与通常观点相反,税收协定并不是消除跨境投资双重征税所必需的。多数国家是在适用税收协定的同时,采用了单边措施来消除双重征税。多数主要发达国家(通常是投资者的居民国)通过为其居民纳税人提供抵免的方式来缓解双重征税问题,[53] 并且

---

[53] 下列国家对获得海外所得的个人纳税人提供抵免:意大利、日本、西班牙、芬兰、卢森堡、葡萄牙、瑞典、巴西、印度、南非、中国、新西兰、比利时、以色列、爱尔兰、加拿大、奥地利、英国、美国、瑞士、希腊和冰岛。其中部分国家还允许纳税人在抵免和扣除之间进行选择,而美国、英国、奥地利和瑞士则允许特定情形下的免税。参阅:http://taxsummaries.pwc.com/uk/taxsummaries/wwts.nsf/ID/tax-summaries-home; http://www.ey.com/gl/en/services/tax/worldwide-personal-tax-and-immigration-guide-country-list。

近些年,对于本国股东从其境外联属企业获得的股息,很多国家已经从全球征税制转为免税制度。七国集团(G7)中有三个国家仍对公司的外国股息征收汇回税(repatriation tax),但其中两个国家,即日本和英国,在2009年转为股息免税政策(属地制)。参阅:Thornton Matheson(桑顿·马西森),Victoria Perry(维多利亚·佩里)& Chandara Veung(钱德勒·文), Territorial vs. Worldwide Corporate Taxation: Implications for Developing Countries(《公司税的属地征税与全球征税:对发展中国家的影响》)(IMF Working Paper 13/205, 2013)。美国是为数不多的坚持对其居民跨国公司的全球所得征税的国家之一。参阅:Rosanne Alshuler(罗珊·阿特舒勒),(转下页)

益倾向于对境外产生的所有（多数为经营）所得完全免税。[54]只有少数国家对居民纳税人采用扣除制。[55]而且,绝大多数国家在其缔结的税收协定中加入了与其已经单边采取的相同（或者基本相同）的机制。[56]因此,即使没有税收协定,双重征税也不是经常被认为的那种"恐怖之兽"。通行的国际税收体制因而支持理论分析确定不能得出的结论:多数发达国家偏好抵免制或免税制,而非扣除制。

尽管如此,税收协定的安排似乎确实是为防范双重征税而量身设计的。税收协定就不同的所得来源赋予缔约国双方以税收管辖权。赋予缔约国双方征税权的协定条款详细规定了税收收入如何在两个国家之间分配。此外,表面上看税收协定不仅执行而且是公正

（接上页）Stephen Shay（史蒂芬·谢伊）& Eric Toder（埃里克·托德）, *Lessons the United States Can Learn from Other Countries' Territorial Systems for Taxing Income of Multinational Corporations*（《值得美国借鉴的其他国家对跨国公司所得属地征税的经验》）(2015). 另参阅: Price Waterhouse Coopers（普华永道）, *A Comparison of Key Aspects of the International Tax Systems of Major OECD and Developing Countries*（《主要经合组织国家和发展中国家国际税制重要方面的比较》）(May 10, 2010), http://businessroundtable.org/sites/default/files/BRT_14_country_international_tax_comparison_20100510.pdf.

54　下列国家单方面对外国营业所得免税:澳大利亚、奥地利、比利时、加拿大、捷克共和国、丹麦、爱沙尼亚、芬兰、法国、德国、匈牙利、冰岛、意大利、日本、卢森堡、荷兰、新西兰、挪威、葡萄牙、斯洛伐克共和国、斯洛文尼亚、西班牙、瑞典、瑞士、土耳其和英国。参阅:马西森等,同注53。

55　如今,只有土耳其和瑞士允许其对外投资的居民扣除外国税款。

56　在所考察的国家中,只有土耳其和瑞士允许居民纳税人扣除在未与之签订税收协定国家交纳的税额,同时允许居民纳税人抵免在已与之签订税收协定国家交纳的税额。参阅: Fabian Barthel et al.（法比安·巴塞尔等）, *The Relationship Between Double Taxation Treaties and Foreign Direct Investments*（《避免双重征税协定与外国直接投资的关系》）, in *Tax Treaties: Views from the Bridge–Building Bridges Between Law and Economics*（《税收协定:联系的视角——构建法律与经济之间的桥梁》）3, 6 (Michael Lang et al. eds., 2010)("除了一些值得注意的例外,如今的税收协定整体上只不过重申了大多数国家为了防止双重征税而已经单边采纳的抵免制或免税制")。

无偏地执行了这一必要的功能。因为税收管辖权和税收收入表面上看是在国家之间被对称分配的。缔约双方适用相同的规则,而且双方都可能同时成为东道国(对来自第三国的外国投资者而言)和居民国(对前往第三国投资的本国居民而言)。大体上两个国家放弃或者获得相当的征税管辖权和税收收入。因此,尽管通过单边措施消除双重征税存在普遍性,但税收协定的结构似乎与传统观点相吻合,即缔约国相互限制各自征税来增加跨国投资。

在下文中,笔者将阐明税收协定事实上不利于主要为东道国的国家,而且税收协定也并没有实际鼓励跨境投资。原因可以概括为,相比于上文论述的单边措施之间互动所产生的税收后果,税收协定在体系上给居民国带来了超过上述单边措施互动所产生的更多的税收收入,同时亦维持了相同的整体税收水平(以及对跨境投资相同的激励水平)。税收协定无疑还提供了其他益处,下文也将详述并阐明协定存在的理由。但笔者以为,这些益处与防范双重征税(这一本身有价值)的目标几乎毫无关系。因此,笔者质疑税收协定的可取性,特别是对于主要作为东道国的发展中国家而言的可取性。

一、通过税收协定防范双重征税

在一个典型的税收协定中,缔约国双方就对不同类型所得征税权的分配达成一致。东道国可以无限度地对境外所得征税,或者按照最高额征税,或者根本不征税。[57] 举例而言,东道国对于营业活动所得拥有无限的征收权,前提是该所得可归属于"常设机构"的活

---

57 参阅: Philip Baker(菲利普·贝克), *Double Taxation Conventions and International Tax Law*(《双重征税协定与国际税法》)18 (1994)。

动。[58]但是，如果不存在这类常设机构，东道国往往将征税权让渡给居民国。[59]类似地，东道国对外国居民个人劳务所得通常也享有无限的征税权，[60]除非税收协定中明确规定了排除的事项，比如学生、学徒[61]或者外交人员[62]的所得。消极所得，常见的如利息或者股息所得，通常是在支付来源地，也就是来源国征税，但征税率一般受税收协定的限制。[63]

当税收协定赋予缔约国双方对某种所得的征税权（无论是否存在对来源国征税率的限制）时，协定经常包含消除双重征税的机制。举例而言，联合国和经合组织税收协定范本均建议居民国对纳税人在东道国缴纳的税收提供抵免（该机制通常更受缔约国欢迎），或者对纳税人在东道国已纳税的所得给予免税。[64]当税收协定规定了免税制作为消除双重征税的办法，则往往是以东道国对该免税所得进

---

58 参阅如：《经合组织2014年税收协定范本》，同注7，第7条；《联合国税收协定范本》，同注4，第7条，《美国税收协定范本》，同注9，第7条。

59 参阅如：《经合组织2014年税收协定范本》，同注7，第5条（对"常设机构"进行定义）。关于不同协定下常设机构定义的对比，参阅：Michael Lang（迈克尔·朗）& Jeffrey Owens（杰弗里·欧文斯），*The Role of Tax Treaties in Facilitating Development and Protecting the Tax Base*（《税收协定在促进发展与保护税基中的作用》）4 (WU Int'l Taxation Research Paper Series No. 2014-03, 2014), http://ssrn.com/abstract=2398438。

60 参阅：《经合组织2014年税收协定范本》，同注7，第15条。

61 参阅如：《经合组织2014年税收协定范本》，同注7，第20条；《联合国税收协定范本》，同注4，第20条；《美国税收协定范本》，同注9，第20条。

62 参阅如：《经合组织2014年税收协定范本》，同注7，第19条；《联合国税收协定范本》，同注4，第19条；《美国税收协定范本》，同注9，第19条。

63 典型的预提税率在0%到15%之间。U. S. Tax Treaties（《美国税收协定》）95 (Richard L. Dorenberg & Kees Van Raad eds., 1991).

64 参阅如：《经合组织2014年税收协定范本》，同注7，第23A和23B条；《联合国税收协定范本》，同注4，第23A和23B条。

行征税为前提的。[65]

一些协定为某些东道国（特别是为发展中国家）设定了税收饶让机制。[66]根据这一机制，居民国将忽略东道国（旨在吸引外国投资者）的税收优惠，仍然为其居民纳税人在没有特定税收优惠条件下应在东道国交纳的税款提供抵免。这种饶让制度能够降低适用税收协定的外国投资之上的总税收。税收饶让机制因此有利于促进跨境投资，增加这类投资活动给东道国带来的利益。值得一提的是，在税收饶让机制下，居民国不仅放弃了未提供抵免情况下原本应当征收的税款，而且导致流向东道国的对外投资水平超过了居民国通常偏好的程度。基于此原因，经合组织国家越来越不愿意在税收协定中加入税收饶让机制。[67]

---

65 税收协定被假定是在单一税理念的基础上运作的。因此，它们试图防止跨境所得在两个税收管辖区的双重不征税问题。这是近期《税基侵蚀与利润转移报告》中强调的核心目标之一：

> 税收协定的大部分条款旨在通过在两个缔约国之间分配征税权以缓解双重征税，同时协定也假设，缔约国一方接受限制该国对所得因素征税权的协定条款通常是基于这样的理解，即这些所得因素会在缔约国对方被征税。当一国不征税或者征很少的税时，其他国家应考虑是否存在本身能够证明协定合理性的双重征税风险。

OECD, *Preventing the Granting of Treaty Benefits in Inappropriate Circumstances, Action6 –2015 Final Report*, OECD/G20 Base Erosion and Profit Shifting Project 95 (2015), http://dx.doi.org/10.1787/9789264241695-en.

66 关于这方面的评论，参阅：朗和欧文斯，同注59，第28页：

> 在金砖国家中，中国和印度已经在各自约半数的税收协定中加入这类条款，尽管在有些协定中这些条款已经失效。中等收入和高收入的发展中国家（哥伦比亚除外）在将税收饶让条款纳入其协定方面也表现得十分积极。在资源丰富的国家中，尼日利亚和赞比亚将这类条款纳入其大多数的协定中。在最不发达国家样本中，孟加拉国、肯尼亚和莫桑比克已经在各自的许多协定中谈判加入了税收饶让条款。

67 参阅：同上，第29—30页。

二、税收协定带来的分配后果

在税收协定所实现的均衡与上文描述的国家单边措施互动所达到的替代均衡之间存在重要的相似性——至少没有重大的差异。单边措施能够像税收协定那样防范双重征税,并能实现相同程度的税收总水平。但是,税收协定所实现的均衡与单边措施互动实现的抵免/征税或免税/不征税均衡之间的差异,主要体现在税收收入的分配后果上。

税收协定传统上保护居民国的税基,以经合组织税收协定范本为基础所缔结的协定更是如此。[68] 这些协定以单一征税假设为基础,

---

68 例如,李·谢泼德(Lee Sheppard)提到:

国际体系是由发达的资本输出国以牺牲其他所有国家利益为代价,为了维护居民国为基础的征税而建立起来的。在发达国家强加给其他国家的经合组织税收协定范本下,只要存在双重征税的冲突或可能,来源国都被要求让渡其主要征税权。

Lee Sheppard, Revenge of the Source Countries, Part IV:Who Gets the Bill?(《来源国的报复,第四部分:谁来买单》), 40 *Tax Notes Int'l* 411, 416 (2005). Victor Thuronyi(维克多·瑟仁伊), Tax Treaties and Developing Countries(《税收协定与发展中国家》), in *Tax Treaties: Building Bridges between Law and Economics*(《税收协定:构建起法律与经济之间的桥梁》)441, 445 (Michael Lang et al. eds., 2010).该文强调协定谈判的成本,并总结认为大多数发展中国家可能决定反对税收协定谈判:"我并不是在暗示协定是完全多余的,但考虑到可以通过单边措施实现这些目标,所以在很多情况下,协定所提供法律保护的额外价值并不值为谈判所付出的费用。"另参阅:Reuven Avi-Yonah, Bridging the North/South Divide: International Redistribution and Tax Competition(《弥合南北分歧:国际分配与税收竞争》), 26 *Mich. J. Int'l L.* 371 (2004); Kim Brooks(金·布鲁克斯), Tax Treaty Treatment of Royalty Payments from Low-Income Countries: A Comparison of Canada and Australia's Policies(《低收入国家特许权使用费支付的税收协定待遇:对加拿大和澳大利亚政策的比较研究》), 5 *E-Journal Tax Res.* 169 (2007); Robert Hellawell(罗伯特·海拉威尔), United States Income Taxation and Less Developed Countries: A Critical Appraisal(《美国所得征税与欠发达国家:严格的判读》), 66 *Colum. L. Rev.* 1393, 1419 (1966); Karen B. Brown(凯伦·B.布朗), Missing Africa: Should U. S. International Tax Rules Accommodate Investment in Developing Countries?(《错过非洲:美国国际税收规则应当与(转下页)

赋予了居民国比在单边机制下更多的税收份额。鉴于存在着对东道国税率的限制以及将某些所得的征税权排他地授予居民国,东道国所获得的税收份额就更小了。如上文所解释的,东道国对消极所得的征税率往往受到协定的限制。除了允许税收饶让的协定外,按照抵免制,东道国对外国投资征税的减少并不会转换为更大数量的外国投资,而实际上仅是将税收收入从东道国转移给了居民国。因此,抵免制的后果是由居民国收取了东道国所放弃的税收。[69]

(接上页)对发展中国家的投资相适应吗?》),23 *U. Penn. J. Int'l Econ. & L.* 45 (2002); H. L. Goldberg(H. L. 戈德伯格), Conventions for the Elimination of International Double Taxation: Toward a Developing Country Model(《消除国际双重征税协定:倾向于发展中国家的模式》), 15 *Law & Pol'y Int'l Bus.* 833, 855 (1983) ("经合组织范本具有维护居民国税基的偏向,这种偏向在所得流向不平衡的情况下是无法被长期作为来源地的国家所认可的。因此在发展中国家和发达国家的谈判中,出现经合组织范本被证实无法令发展中国家满意的情况是毫不意外的。"); Stanley S. Surrey(史丹利·S.萨里), United Nations Group of Experts and the Guidelines for Tax Treaties Between Developed and Developing Countries(《联合国专家组与发达国家与发展中国家之间税收协定指南》), 19 *Harv. Int'l L. J.* 1 (1978); Eduardo Baistrocchi, The Use and Interpretation of Tax Treaties in the Emerging World: Theory and Implications(《新兴国家中税收协定的使用与解释:理论与影响》), 4 *Brit. Tax Rev.* 352, 353 (2008); Mindy Herzfeld, The Purpose of Treaties: Not Always About Double Taxation(《税收协定的目的:并不总是与消除双重征税有关》), 81 *Tax Notes Int'l* 627, 630 (Feb. 22, 2016), http://pdfs.taxnotes.com/tnipdf/2016/81ti0627.pdf。另参阅:Martin Hearson(马丁·赫森), Measuring Tax Treaty Negotiation Outcomes: The Action Aid Tax Treaties Dataset(《测度税收协定谈判结果:税收协定行动援助数据集》)36 (ICTD Working Paper No. 47, Feb. 2016), http://www.ictd.ac/publication/2-working-papers/99-measuring-tax-treaty-negotiation-outcomes-theactionaid:tax-treaties-dataset, at 20。赫森认为:"尽管与非经合组织国家所缔结的税收协定具有更偏向于来源国的条款,而与经合组织国家签订的协定则随着时间的推移越来越偏向于居民国。"

69 参阅:罗因,同注13,第1766页(省略脚注):"相反,当居民国,例如美国,采用税收抵免制度来缓解双重征税时,将税率降至低于'合理'水平在整体上更有利于外国纳税人的居民国,而不是该纳税人。"当然,当东道国作为居民国时,可能出现税收收入相互对换的变化。参考第三节第三部分的讨论。

税收协定与单边措施在分配后果上的另一个差异发生在税收协定限制东道国对于某些所得的征税权,比如在还未成立常设机构时的营业所得,以及个人劳务的某些所得。在这些情形中,税收协定禁止东道国对于这些所得的任何征税。其结果是居民国获得了全部的税收收入。

因此,尽管税收协定与单边措施在消除双重征税方面能够取得基本相同的效果,但是在东道国与居民国税收收入分配方面却存在差异。通过限制东道国的征税权,税收协定实质上给予了居民国更大的税收份额。诚然如近期学术研究表明的,东道国以及其与居民国协定谈判的情况并非完全相同,它们所缔结协定的具体方面也有所不同。[70]但当与非协定的均衡相比较时,这些税收协定对于东道国来说无一例外是劣后安排,因为它们使东道国获得了较少的税收收入,也没有为东道国带来外国投资增加的益处。

---

70 因此,例如朗和欧文斯,同注59,第38页,着重强调了通常作为东道国的发展中国家,在政策偏好方面也各有不同。这种异质性说明了各国谈判能力和技巧方面可能存在差异:

有证据表明,发展中国家之间存在着大量不相同的协定政策……缔约国之间相对的经济实力、[发展中国家与新兴经济体]缔约方的经济发展水平,以及谈判者的经验,都是决定税收协定最终条款的影响因素。

赫森,同注68,最近对500多个协定的因素进行了细致的研究,得出如下结论:

人们以前认为协定越来越限制发展中国家的征税权,因为它们缔结协定所约定的预提税税率越来越低。该研究表明,如果有更为全面的评估,并且能够根据不同国家群体分解数据,这一结论就得不到支持。整体而言,预提税税率确实在下降,但协定的其他内容,尤其是关于常设机构定义的部分因素,正在变得更偏向于来源国。此外,尽管发展中国家和经合组织成员国之间的协定比以前更加限制来源国的征税权,但随着发展中国家和非经合组织成员国签订条约数量的增加,这一趋势得到逆转,因为这些协定保留了更多的来源国征税权。这表明了经合组织内和世界其他地区关于税收协定谈判方法的差异正在变大。

三、税收协定的其他后果

除了分配效应外,税收协定还能为缔约国带来其他一些利益。这些利益包括:根据请求可以获得居民纳税人海外活动的更多税收信息(即缔约国能够请求缔约国对方的税务当局提供特定纳税人的信息[71]);税务执行协助;向投资者发出正面的信号。税收协定还可以进一步促进两国税收规则的协调。[72] 通过解决缔约国之间具体的税法冲突,税收协定可以改进现行单边措施具有的消除双重征税的功能。[73] 2014年税基侵蚀与利润转移关于税收协定的报告注意到了这一优点:

> 居民国-来源国之间大量的法律性双重征税问题可以通过消除双重征税的国内规则(通常是免税制或者抵免制)得以解决。尽管这些国内规则可能解决大多数形式的双重征税问题,但无法解决所有的双重征税问题,特别是当两个缔约国的所得来源规则存在重大差异,或者这些国家的国内法没有关于经济性双重征税的单边救济措施规定时(如在缔约国另一方进行转让定价调整的情况下)。[74]

---

71 关于税收协定中信息交换的内容,以及其他机制中信息交换的内容,参见第五章。

72 参阅如:美国法律协会,同注5,第6页(识别两国税收规则之间的三种协调问题:居民国与居民国冲突、居民国与来源国冲突,以及来源国与来源国冲突)。

73 参阅:欧文斯,同注11,第436页。另参阅:Rebecca Kyser(丽贝卡·凯泽), Interpreting Tax Treaties(《解释税收协定》), 101 *Iowa L. Rev.* 1387, 1418-21 (2016)(表明税收协定仍然是不完善的法律文件,仍需要由国内法院进行广泛的解释,并且建议采用统一的解释方法,以缓解对协定执行和双重征税的担忧)。

74 经合组织,同注19,第103页。

需要说明的是,税收协定可能会为缔约国双方提供一套统一的所得来源规则,[75]或者规定关于税收居民认定的统一的测试规则。它也可能制定关于实体的税法地位的规则,编纂确定缔约国双方认为可抵免税种的协议。上述事项都是单边措施特别难以解决的。

此外,税收协定能够提升缔约国的征税能力。就向外国居民征税而言,这一点特别重要,因为这些外国居民与来源国的联系只是前者在后者境内取得了所得。税收协定使得东道国能用难以征收的税收(比如外国投资者的应纳税款)来换取容易征收的税收(如本国居民在境外活动产生的应纳税款)。[76]这种平衡(trade-off)也使居民国更容易基于本国居民全球所得实施真正累进的税制。[77]

---

75 参阅:罗森布鲁姆,《当前有关税收协定的发展》,同注4,第28—30页(认为所得来源认定规则之间的差异是税收协定应当解决的最重要的问题之一);Pamela B. Gann(帕梅拉·B.盖恩),The Concept of an Independent Treaty Foreign Tax Credit(《税收协定中外国税收抵免的一个独立概念》),38 *Tax L. Rev.* 1, 20—22 (1982)(描述了美国缔结的税收协定通常是如何包含特定的来源认定规则的);Stanley Surrey, International Tax Conventions. How They Operate and What They Accomplish(《国际税收协定:如何运作以及它们的成就》),23 *J. Taxation* 364, 364 (1965)("税收协定通过就所得来源和所得分配达成缔约国双方共同认可的规则来解决这些问题")。然而,欧文斯,同注11,第438—441页,认为在大多数情形中,协定的来源规则与单边的来源认定规则非常相似。

76 参阅:Paul D. Reese(保罗·D.瑞斯),United States Tax Treaty Policy Toward Developing Countries: The China Example(《美国对于发展中国家的税收协定政策:以中国为例》),35 *UCLA L. Rev.* 369, 373 (1987):
尽管来源国通常被赋予首要的征税权,但包括美国在内的大多数工业化国家相对强调更多的居民国管辖权,并努力限制来源国对所得的征税。理论上,这一机制的合理性在于征管便利:纳税人的居民国辩称,由于其更容易(且负担更少地)获得关于纳税人全球费用和全球所得的数据,因此其能够基于累进征税制度进行更精准的征税。

77 参阅:罗因,同注13,第1761页("居民国征税更受偏好,因为它能实现纳税人之间的公平")。

第三章 税收协定的神话

税收协定也能够为建立和谐国际关系提供框架。[78]在其他国家眼中,缔结协定是缔约国诚信善意的证明,也是一国向缔约对方发出的表示一定程度尊重的信号。举例而言,美国有时会将与另一国缔结税收协定作为与后者建立更广泛外交关系的第一步。[79]

最后,税收协定能够促进个人投资者简化评估其境外活动的税收负担,并提高纳税确定性。[80]协定为纳税人确定其税收责任提供了熟悉的文字语言和结构,[81]并为东道国的合法性发出明确的信号;[82]税

---

78 更一般性地可参阅罗森布鲁姆,《当前有关税收协定的发展》,同注4,第31—52页以及相关例证。另参阅:Yariv Brauner, Treaties in the Aftermath of BEPS(《BEPS之后的税收协定》), 41 *Brook. J. Int'l L.* 973, 988 (2016)("税收协定还使税务主管当局在双边和多边层面实现沟通渠道制度化,并在某些情况下通过财政渠道而非外交渠道使这些交流合法化")。

79 参阅如:瑞斯,同注76,第380页,考虑了中国与美国签订的税收协定,但将其归因于中国地缘政治的重要性。同上,第391页。

80 参阅:朗和欧文斯,同注59,第30页:
税收协定可能有助于创造一种促进外国直接投资的稳定投资环境。一项税收协定可以包含很多有助于创造这种稳定环境、提升外国投资者信心、提高税收待遇确定性的条款。例如,除了消除双重征税条款以外,协定还包含非歧视、信息交换和税收争端相互协商程序等方面的条款。

81 John F. Avery Jones(约翰·F.艾弗里·琼斯), The David R. Tillinghast Lecture: Are Tax Treaties Necessary?(《戴维德·R.蒂林哈斯特讲座:税收协定是必要的吗?》), 53 *Tax L. Rev.* 1, 2 (1999)."人们可以选择任一现代税收协定,并立刻找到确定税收责任的方法,甚至可以确定具体的条款。"

82 国际货币基金组织,同注16,第28—29页(断言发出信号是税收协定对于发展中国家而言的唯一好处)。另参阅:巴塞尔等,同注56,第5页("从来源国的角度看,税收协定最重要的功能可能是其作为信号发送工具的作用,协定向潜在投资者表明,来源国遵守通行的国际投资规则,并且是全球经济'俱乐部'的一员"); Allison Christians(艾利森·克利斯蒂安斯), Tax Treaties for Investment and Aid to Sub-Saharan Africa: A Case Study(《税收协定对于向撒哈拉以南非洲的投资与援助的作用:案例研究》), 71 *Brook. L. Rev.* 639, 706-11 (2005); Miranda Stewart(米兰达·斯图尔特), Global Trajectories of Tax Reform: The Discourse of Tax Reform in Developing and Transition Countries(《税改革的全球进程:发展中国家与转型经济体中税收改革的探讨》), 44 *Harv. Int'l L. J.* 139, 148 (2003)(特别指明"签订税收协定通常意味着是缔约国参与国际资本主义的一个重要标志")。

收协定也能够澄清现行税收规则,并降低(尽管不是消除)未来改变现行税法的风险。[83]纳税人在了解国外税收体制时,还可能通过税收协定获得本国税务当局的帮助。多数税收协定中还包含有税收争议解决机制,[84]确保纳税人可以向其政府代表申诉,请求后者就争议的合理解决启动与缔约国对方税务当局的谈判。[85]

税收协定机制所具有的上述重大益处无疑为各国缔结协定提供了强大激励。然而,这些利益都不如防范双重征税这一目标那么值得称道。

四、实证检验:税收协定是否实际增加了外国直接投资?

回顾一下笔者在前面章节论述得出的理论结论,即相比于单边策略产生的均衡,税收协定并没有减少跨境投资的税收负担。相反,它们只起到了在缔约国之间分配税收收入的作用。《税收协定的神话》[86]一文最早提出了这一理论观点,自该文发表以来所累积的一些有趣的经验证据为这一结论的实证检验提供了机会。

如果税收协定能够在实际上防范双重征税,那么可以预计一旦国家缔结了税收协定,国家间外国直接投资(FDI)就会增长。但是如果税收协定的作用仅仅是在缔约国之间分配税收收入,则并无理由预计会有外国直接投资的增长。税收协定的另一个优点也可以通

83　参阅:朗和欧文斯,同注59,第33页("税收协定能够平均具有10—15年的有效期,并且通常在效力上优先于更为频繁变化的国内税法,因此税收协定为外国投资者提供了稳定且可预期的税收环境")。

84　参阅:罗森布鲁姆,《当前有关税收协定的发展》,同注4,第31—43页。

85　参阅:萨里,同注75,第366页;巴塞尔等,同注56,第6页。

86　戴根,同注1。

过经验证据加以衡量：即使税收协定不能减少双重征税，但能够提升缔约国的国际经济认可度，随着缔约国税收协定网络的扩展，其获益（以及因此所刺激的投资）应会增加。[87]

但是关于税收协定与外国直接投资增长之间关系的经验证据并不具有确定性。在过去若干年里，相当多的研究聚焦于这两者的关系，两波不同的研究产生了看上去截然相反的结论。早先一波的研究[88]在逐个税收管辖区的基础上考察双边协定地位变动情况以及外国直接投资数量变化情况，得出了协定对外国直接投资无正向积极

---

87 巴塞尔等，同注56，第7页。
88 Ronald B. Davies（罗纳尔多·B.戴维斯），Tax Treaties and Foreign Direct Investment: Potential versus Performance（《税收协定与外国直接投资：潜能与绩效》），11 *Int'l Tax & Pub. Fin.* 775 (2004)（未发现美国签订的税收协定对外国直接投资有任何影响）；Bruce A. Blonigen（布鲁斯·A.布隆尼根）& Ronald B. Davies, The Effects of Bilateral Tax Treaties on U. S. FDI Activity（《双边税收协定对于美国外国直接投资活动的效应》），11 *Int'l Tax & Pub. Fin.* 601 (2004)（未发现税收协定对美国外国直接投资流动有任何积极影响）；Bruce A. Blonigen & Ronald B. Davies, Do Bilateral Tax Treaties Promote Foreign Direct Investment?（《双边税收协定促进外国直接投资吗？》），in 2 *Handbook of International Trade*（《国际贸易手册》）526 (E. Kwan Choi & James C. Hartigan eds., 2005)（发现旧协定对外国直接投资流动有积极影响，但新协定对外国直接投资流动有轻微的消极影响）；Paul L. Baker（保罗·L.贝克），An Analysis of Double Taxation Treaties and their Effect on Foreign Direct Investment（《避免双重征税协定以及其对外国直接投资效应的分析》），21 *Int'l J. Econ. Bus.* 341 (2014)（"除了加入避免双重征税协定的意图和缔结协定的巨大成本，协定对外国直接投资流动没有任何影响。一项有关协定与相关国内税收立法结合的研究说明了这一现象的原因。发达国家单方面提供对于双重征税的救济并防止逃税，而不考虑东道国的协定地位。这消除了税收协定原本影响跨国企业关于外国直接投资所在地决定的关键经济利益和风险。"）。另参阅：Peter Egger et al.（彼得·伊格等），The Impact of Endogenous Tax Treaties on Foreign Direct Investment: Theory and Evidence（《内生税收协定对于外国直接投资的影响：理论与证据》），39 *Can. J. Econ.* 901 (2006)（发现税收协定对外国直接投资流动具有消极影响）。

作用的结论。[89]而新一代的研究探讨了来源国签订更多的协定数量是否与更高的外国直接投资水平相关的问题,并发现两者存在正相关的关系。[90]更为晚近的研究在某种程度上是上述前期研究的混合,类似地也发现了税收协定数量与外国直接投资增长之间存在正相关性。但研究者强调,这并不等同于因果关系,因为"存在大量潜在的内生因素可以被用来解释税收协定数量与外国直接投资水平的共同提高,以及协定数量增长看上去发生在外来直接投资小幅增长之前等现象"。[91]有趣的是,最近另一项研究证实了上述两个结论,即东道国与美国所签订税收协定的数量与美国对外直接投资流出之间存在正相关性,以及美国新缔结和原有税收协定数量与流向东道国的投资之间存在负相关性。[92]

---

89 这些研究的外部有效性受到了质疑,因为相关样本数量少且不具有代表性。巴塞尔等,同注56,第7—10页。关于实证研究文献的广泛论述以及不存在共识的结论,参阅:朗和欧文斯,同注59,第7页("很多实证研究试图明确税收协定对外国直接投资流入发展中新兴经济体的影响。尽管如此,目前似乎尚未达成共识……所有研究都承认很难将协定的影响与其他变量,例如经济和政治环境相分离。商业调查表明,跨国企业在决定投资地点时,会考虑当地是否存在税收协定以及其条款内容。在其他条件相同的情况下,跨国企业更倾向于选择有良好协定网络的国家。")。

90 Julian di Giovanni(朱利亚·蒂·吉奥瓦尼), What Drives Capital Flows? The Case of Cross Border M&A Activity and Financial Deepening(《什么驱动资本流动?跨境并购活动与金融深化的案例》), 65 *J. Int'l Econ.* 127 (2005)(发现税收协定与跨境收购之间存在正相关性); Eric Neumayer(埃里克·诺伊迈耶), Do Double Taxation Treaties Increase Foreign Direct Investment to Developing Countries?(《避免双重征税协定增加了对发展中国家的外国直接投资吗?》), 43 *J. Dev. Stud.* 1501 (2007)(发现税收协定至少与中等收入发展中国家的外国直接投资之间存在正相关性)。

91 关于有益的文献回顾,参阅:巴塞尔等,同注56,第16页。

92 Joseph P. Daniels(约瑟夫·P.丹尼尔斯), Patrick O'Brien(帕特里克·奥布赖恩) & Marc V. von der Ruhr(马克·V.冯德鲁尔), Bilateral Tax Treaties and US Foreign Direct Investment Financing Modes(《双边税收协定与美国直接投资融资模式》), 22 *Int'l Tax & Pub. Fin.* 999 (2015).研究人员提供了以下的解释:
结果通常表明,美国新缔结的和既有的双边税收协定与从美国流出至(转下页)

第三章 税收协定的神话

国际货币基金组织最近的一份报告对此概括如下：

> 关于税收协定对投资效应的经验证据是混杂的……识别两者之间的因果关系是具有内在问题的，理由在于协定早于投资并不是因为协定促进了投资，而可能是因为预期会有这类投资才会要求缔结协定（这可能是一国协定政策的有意安排，正如美国传统上那样）。采用宏观层面数据的研究确实发现了广泛的效果，尽管某些迹象表明协定对于外国直接投资的积极效应更多地发生在中等收入国家。企业层面的数据研究表明，协定对于企业进入某个特定国家具有重大影响，尽管对于它们进入该国后的投资水平并无明显效应。[93]

第四节 赢家和输家

相比于单边措施，税收协定在分配税收时更加偏向居民国，所

（接上页）东道国较低水平的外国直接投资有关，与之对比，东道国协定的总数与美国流出至东道国的更大数量的外国直接投资有关……我们的解释是，一方面，对于拥有大量双边税收协定的东道国而言，这些协定便利了跨国企业基于税收最小化的目的而进行的所得转移，这种掩盖避税的效果与按照协定总数未衡量的积极多边影响是相符的。另一方面，美国新的双边税收协定和现存重新谈判的双边税收协定强化了税收合作、信息共享以及减少避税的规则，这些超过了协定上述的积极影响，从而同时减少了权益融资型外国直接投资和再投资收益……因此，我们的结论与戴维斯的结论是一致的，即在税收协定框架和其实际适用之间存在"错配"。

93　国际货币基金组织，同注16，第26页。关于文献综述，参阅：赫森，同注68，第12页。有意思的是，赫森主张对税收协定术语采用更细微的解读，他提出：

[预提税]税率，尽管作为数据集合是很容易获得的，而且毫无疑问是投资者决策的重要因素，但其可能无法作为特定协定对投资决策作用的精准指南。其他重要条款的例子包括税收饶让、资本利得税，以及特定活动——不论是投资企业的还是合同相对方的——可能突破常设机构认定标准的风险。

以这些国家更倾向于采用税收协定就不难理解了。限制东道国的征税就能够在不改变对外投资总体税负的前提下，增加居民国的税收份额。所以，增加税收份额，再加上协定所具有的提高确定性、增加行政便利性、增强征管执行力等附带优势，很能激发居民国缔结税收协定的积极性。

但是为何东道国也对缔结税收协定有兴趣？因为跨境投资的总税负保持不变，税收协定在减少东道国税收份额的同时，并没有降低居民国投资流入东道国的税收壁垒。这样的安排对于东道国有何益处？答案取决于税收协定的具体类型。对称的协定对于缔约国双方可能都是有益的，但非对称的协定对于主要为东道国的国家可能是不利的，而发展中国家往往就是这类东道国。这些东道国损失了税收收入，但也没有因此为促进跨境投资提供税收激励。

一、对称的税收协定

互惠是在东道国与居民国征税之间的一种交换机制，它使得税收协定对两国都有利。在对称的税收协定中，A国投资者对B国的投资与B国投资者对A国的投资基本相当，每个缔约国同时并且在同等程度上成为外来投资的东道国以及投资者的居民国。从这个意义上说，A国或B国都不需要过多担心单笔交易的税收后果。它们（作为东道国）降低对外来投资的征税所损失的税收，可以通过（以居民国身份）对其本国居民对外投资征税而获得的税收来补偿。[94] 如果两国之间的跨境投资实际是对称的，每个国家因为税收协定而减税

---

94 原因在于东道国的较低税率能够确保居民国通过适用抵免制获得更多的税收。

的后果只不过是征税者身份的互换。[95]这对税收征管与执行都有益处。居民国向投资于境外的税收居民征税更加便利,因为国家对生活中心在本国境内的纳税人的税收征管更为容易。

二、不对称的税收协定

税收协定框架中的互惠只存在于缔约国双方存在相互投资(或者存在这种相互投资的可能性)的情形中。但是,对称的投资流动往往不能是想当然的,特别是当缔约国一方是发展中国家,而另一方是发达国家时更是如此。[96]

当发展中国家与发达国家缔结税收协定,协定的对称性就会因两方各自的角色而瓦解。发展中国家往往是资本输入国。这些国家的对外投资相比于所获得的外国投资往往是微不足道的。因此在实践中,当一个发展中国家与一个发达国家缔结税收协定时,前者往往扮演东道国的角色,而后者则是居民国的角色。当税收协定减少东道国能征的税款,就必然非均衡地减少了该发展中国家的税收。[97]可

---

95 参阅:罗因,同注13,第1767页("尽管使来源国税收减少到合理水平以下的协定将改变各国纳税人的身份,但理论上不需要,也不应当改变每个纳税人支付的总税额,或者每个国家征收的总税额")。

96 参阅:罗因,同注13,第1767页。参阅:罗森布鲁姆和朗宾,同注4,第392—393页,他指出:
经合组织范本和美国范本主要是为所得流动大致对等的国家之间缔结税收协定而设计的。这些范本对来源国征税的限制构成了对该国的税收成本。但当两国投资流动大致对等时,税收收入牺牲也能大致抵消。在发达国家和发展中国家之间,所得流动在很大程度上只是单向的:所得从发展中国家流入发达国家。因此,形式上互惠的协定范本实际上将给发展中国家带来实质的税收收入损失。

97 对于资本输入的发达国家而言,情况也是如此。因此,例如当美国成为主要资本输入国时,就有改变美国的协定政策的呼吁。参阅如:H. David Rosenbloom, Toward a New Tax Treaty Policy for a New Decade(《面向新十年的新税收协定政策》), 9 *Am. J. Tax Pol.* 77, 83 (1991)。"我们再也无法负担从不平衡地位来评估(转下页)

能与预期相反，[98] 发展中国家税收收入的减少也并不必然能够带来外来投资的增长，[99] 发展中国家也不能从对其本国税收居民境外所得的征税中获得补偿——因为其境外投资的税收居民数量极可能是微不足道的。因此，发展中国家由单边措施向税收协定转变的几乎确定的后果是，损失其本可以获得的税收收入——而且根据不具有完全说服力的实证研究——这种税收收入的减少并不必然能够吸引更多的投资（除非缔约国对方愿意提供税收饶让）。[100]

（接上页）税收协定政策带来的高昂成本——并很确信地认为美国的海外投资者显著多于在美国的外国投资者，以至于任何来源地税收的互惠性减少都必然反弹有利于美国财政、美国纳税人或二者。"

98 参阅如：瑞斯，同注76，第379页（"人们认为，发展中国家可能愿意忽略税收收入目标，同时接受对来源地征税的实质性限制，只要这些限制可以鼓励投资"）。

99 艾利森·克利斯蒂安斯，同注82，第644页，通过对美国与加纳之间虚构的税收协定的研究，指出："在如今的全球税收环境中，典型的税收协定无法对现有或潜在投资者提供显著的税收利益。因此，这些投资者几乎没有动力去促使美国政府与更多的最不发达国家缔结税收协定。"

100 关于税收饶让，参阅：C. Azémar（C.阿兹玛尔）、R. Desbrodes（R.德兹布朗德斯）& Jean-Louis Mucchielli（吉恩-路易斯·穆奇埃里）, Do Tax Sparing Agreements Contribute to the Attraction of FDI in Developing Countries?（《税收饶让协议能提升发展中国家对外国直接投资的吸引力吗？》）, 14 $Int'l\ Tax\ \&\ Pub.\ Fin.$ 543, 557–58 (2007)。该文提出了有关税收饶让效果的经验证据："我们确认[税收饶让]条款与外国直接投资之间存在联系……我们的研究结果表明，日本对具有税收饶让制度国家的外国直接投资规模几乎是在没有税收饶让制度国家规模的三倍。"最近的研究，参阅：Céline Azémar（塞琳娜·阿兹玛尔）& Dhammika Dharmapala（达米卡·达玛帕拉）, Tax Sparing, FDI, and Foreign Aid: Evidence from Territorial Tax Reforms（《税收饶让、外国直接投资以及外国援助：来自属地征税改革的证据》）1 (Univ. of Chicago Coase-Sandor Institute for Law & Economics Research Paper No. 758, 2016), https://ssrn.com/abstract=2767184。该文发现"税收饶让协议与外国直接投资30%至123%的增加具有相关性。这一预估效应集中在税收饶让开始生效的当年和后续年度中，但对以前年度没有影响，因此符合因果关系的解释"。

在跨境投资数量不对称的情况下，即使是似乎与一国是资本净输入国或输出国无关的利益，也不能为缔约国所平等分享。举例而言，相比于东道国，完善税法执行或者信息收集对于需要对海外投资的居民纳税人进行征税的居民国来说更为重要。由于东道国寻求降低外来投资者的税负，因此有动力协助这些投资者避免缴纳居民国税收。

这并不意味着税收协定对于发展中国家一无是处。事实上，相比于发达国家，税收协定能为发展中国家带来一系列更为重大的利益，包括提升征管便利、提高确定性以及国际经济认可度。发展中国家从税收协定中得到的最主要收益是其能为外国投资者提供一个更加友好和更加熟悉的税收安排，使得外国投资者可以依赖协定相一致的、标准的税收机制和熟悉的规则语言，而不会迷失在陌生的外国税收体系中。而且，"税收协定俱乐部"[101]一员的身份如同提升该国在国际舞台中合法性的认证章。[102]然而，与税收损失能够得到对称补偿的发达国家之间税收协定的情形不同，发展中国家与发达国家之间不对称的税收协定需要前者牺牲税收收入才能获取这些利益。

三、发展中国家的对策

税收协定一般是由拥有共同利益并具有相同意识形态的发达国家所制定并为它们利益服务的。举例而言，经合组织协定范本主要

---

101 在第五章，笔者将详细介绍标准税收协定体制所具有的网络效应。
102 参阅：布朗纳，同注78，第988页（"税收协定的存在本身似乎传递了投资环境正常且相对安全的信号"）。

旨在为发达国家利益服务。[103]经合组织一直标榜自己是成员国利益的代表，[104]因此其"未被授权考虑其他国家的利益，至少与其成员国利益发生冲突时是如此"。[105]由此，经合组织协定范本忽略非成员国利益就不足为奇了。从某种意义上说，发展中国家进入了一个早已存在的博弈中，该游戏的一个内在特征是税收协定被假定对各方普遍有益，但在实际上税收收入分配则有利于居民国。

为了解决发达国家与发展中国家之间税收协定具有的这些不公平税收分配问题，联合国指定了一个临时专家组来检视相关问题，就发达国家与发展中国家之间缔结公平公正的税收协定制定指南，并形成一个协定范本。[106]然而，联合国的指南和协定范本与经合组织的范本并没有太大差别，[107]因此也没有解决税收分配问题。发展中

---

103 Tsilly Dagan, BRICS–Theoretical Framework: The Potential of Cooperation（《金砖国家组织——理论性框架：合作的潜力》）, in *The BRICS and the Emergence of International Tax Coordination*（《金砖国家组织与国际税收合作》）15 (Yariv Brauner & Pasquale Pistone eds., 2015); Pasquale Pistone（帕斯奎拉·皮斯通）, Tax Treaties with Developing Countries（《税收协定与发展中国家》）, in *Tax Treaties: Building Bridges between Law and Economics*（《税收协定．构建起法律与经济之间的桥梁》）122 (Michael Lang et al. eds., 2010)（认为以经合组织范本为模板的税收协定实际上有害于发展中国家的利益）；斯图特特，同注82，第162页（"作为历史的结果，经合组织范本是以发达国家的税收制度为基础的，因此被认为是偏向于发达国家的"）。

104 Yariv Brauner, What the BEPS?（《何为税基侵蚀与利润转移？》）, 16 *Fla. Tax Rev.* 55, 63 (2014).

105 同上，第62页。

106 同注58。

107 参阅：Sol Picciotto（叟·皮西奥托）, *International Business Taxation: A Study in the Internationalization of Business Regulation*（《国际经营征税：对于经营监管国际化的研究》）56 (1992) 56：

联合国指南对于税收协定方式没有任何新的偏离。指南以1963年经合组织草案为出发点，并且仅提到专家的不同观点……不论是指南、手册还是协定范本都不能称得上是对经合组织范本基本原则的挑战。尽管联合国专家的报告强调来源地税收的首要性，但这一观点并未反映在任何一般原则中……

（转下页）

国家认为联合国范本维护本国利益的效果不尽如人意,而"一些工业化国家认为,联合国范本不够精确,而且过于慷慨"。[108] 而发达国家为了应对发展中国家抵制税收协定的问题,向后者提供扩张来源地征税权为基础的税收安排。发达国家宣称这类税收安排承认发展中国家"保有税收收入的……需要"。[109] 但最近的数据表明,发展中国家,尤其是非洲国家,经常无法通过谈判争取到有利于来源国的协定条款。[110]

无论如何,正如我们所见,低水平的税收收入并不是发展中国家最重要的关切,这些国家更关心的是能否吸引更多的外来投资。在无法为外国投资所得降低整体税率时,争取更多的财税收入才是一种次优选择。既然单边的抵免机制已经能够帮助发展中国家获得更多的税收收入,那么无法提供更多益处的税收协定对发展中国家而言并无太大的意义。

(接上页)

参阅如: A. H. Figueroa(菲格罗亚), Comprehensive Tax Treaties(《综合性税收协定》), in 15 *Double Taxation Treaties Between Industrialized and Developing Countries: OECD and UN Models, A Comparison*(《工业化国家与发展中国家之间的双重征税协定:经济组织与联合国范本的比较》)9, 12 (1992)。"在12年之后的1979年,临时专家小组批准了被认为是联合国范本(黄皮书)的协定范本。尽管其封面颜色与经合组织范本的有所不同,但仍显示出与经合组织范本之间明确且清晰的相似之处。"

108　菲格罗亚,同注107,第12页。
109　罗森布鲁姆和朗宾,同注4,第393页。
110　朗和欧文斯,同注70;赫森,同注70。赫森,同上,第19—20页,也提到:
亚洲国家缔结的协定相比非洲国家所缔结的协定而言,包含有更多的对来源地友好的征税条款,并且这一差异随着时间的推移越发扩大:自20世纪90年代中期以来,没有非洲国家签订过来源地指标大于0.7的协定,与之相比,有大量亚洲国家签订了这类协定……尽管与非经合组织成员国签订的协定具有包含更多对来源地友好条款的趋势,与之相比,与经合组织成员国签订的协定随着时间的推移变得越来越以居民国为主。

发展中国家试图通过要求发达国家为在发展中国家（东道国）投资的居民纳税人提供免税待遇，或者为居民纳税人就本应在东道国缴纳的税款提供税收饶让待遇等手段，鼓励外国投资。部分发达国家同意在与发展中国家的协定中加入税收饶让安排。[111] 其他国家——特别是美国——始终拒绝给予税收饶让。这些国家将协定中的免税条款或者饶让条款视为是侵略性的（aggressive），或者是要求居民国对在发展中国家境内的投资给予补贴，[112] 以及对这些国家给予超过其他国家的待遇。[113] 发达国家有时会要求发展中国家提供明

---

111 参阅如：皮西奥托，同注107，第57页（"同时，部分发达国家开始愿意作出让步……因此，税收饶让抵免开始为除美国之外的许多经合组织成员国所接受"）；瑞斯，同注76，第379页。关于税收饶让机制使用的详细描述，参阅：Kim Brook, Tax Sparing: A Needed Incentive for Foreign Investment in Low Income Countries or an Unnecessary Revenue Sacrifice?（《税收饶让：低收入国家鼓励外国投资的必要激励还是不必要的税收收入的牺牲？》），34 *Queen's L. J.* 505、539-40 (2009)。布鲁克斯辩称，税收饶让条款可能基于良好的目的，但最终产生不良的结果，其中最严重的后果之一是其对低收入国家政府亟需的税收收入的侵蚀。

税收饶让的效果显然存在争议。参阅如：William B. Barker（威廉·B. 贝克），An International Tax System for Emerging Economies, Tax Sparing, and Development: It Is All about Source（《为新兴经济体的国际税收体系、税收饶让和发展》），29 *J. Int'l L.* 349、362-63 (2007)。"的确，税收饶让的复杂性给跨国企业关于税收饶让的价值带来了不确定性。不过，最重要的考虑因素是越来越多证据表明，税收饶让的基本前提，即新兴经济体能够通过税收饶让获益，是错误的。相反，新兴经济体因为税收优惠激励效果不佳而受到损害。有充分证据表明，税收饶让在未明显增加投资的情况下，产生了激励汇回收益、税收竞争以及税收大量流失的后果。"

112 参阅：萨里，同注75，第366页：
我们认为，[免税制和税收饶让]是不可取的。因此对所得免税……将被视为是极其不公平的条款……其与外国税收抵免的原则存在根本的背离……税收饶让抵免的适用是难以捉摸的，其可以为在名义税率最高国家的投资者带来最大的税收利益，并且与该国基本经济需求没有任何必然联系。

113 参阅：罗森布鲁姆和朗宾，同注4，第380页：
当美国第一份包含此条款的协定——与巴基斯坦的协定——被提交参议院批准时，外交关系委员会对"税收饶让"理念怀有敌意……包含税收饶让条款的其他三份协定……从来没有被委员会对外发布过。

（转下页）

确的优惠（concessions）作为对前者给予税收饶让的回报,但这就使税收饶让安排对发展中国家的吸引力大为降低。[114]但是,如果把税收饶让与单边措施结合考虑,发展中国家对更多外来投资的要求可以被视为它们同意降低税收的补偿（quid pro quo）,而税收饶让机制可以被视为鼓励这些国家所追求的外国直接投资的一种可行方法。[115]

有些发展中国家意识到与发达国家之间的税收协定对它们具有内生的不利性,[116]因此不愿意签订税收协定。[117]有些发展中国家甚

（接上页）

参阅:同上,第392页("我们认为,通过税收协定给予外国投资优于本国投资的待遇是不合适的。而且,鉴于这一问题的历史,我们相信与此观点不同的协定不大可能获得批准。")。

114 朗和欧文斯,同注59,第38页,预测了税收饶让机制的消亡:

许多发展中国家原本偏爱税收饶让,并通常试图在与发达国家的税收协定中加入税收饶让条款;但当与在协定中为了获得税收饶让而必须作出的让步相比,如今税收饶让的价值变得低了。

115 参阅:阿兹玛尔等,同注100;阿兹玛尔和达玛帕拉,同注100。

116 参阅如:菲格罗亚,同注107,第9页:

尽管在工业化国家的倡议下签署了许多协议,发展中国家很快意识到在谈判中强加给它们的条款,与发达国家相互之间协定所采用的条款相同,这些条款并没有充分考虑到发展中国家的合法财政利益。

另参阅:同注68的引注。尚不完全清楚税收协定的偏向仅仅是历史产物,还是因为发达国家试图在谈判过程中最大化其自身利益而导致的。参阅:罗森布鲁姆和朗宾,同注4,第364页。

117 参阅如:萨里,同注75,第366页("在这些情况下,尽管规则非常合理且公平,但最不发达国家不愿意缔结这类标准类型的税收协定,因为这些规则将导致税收损失,并且无法得到足够的抵消");皮西奥托,同注107,第55页(1992)("尽管发达国家试图将税收协定网络扩张至欠发达国家或最不发达国家……但这些努力收效甚微……对于最不发达国家而言,税收协定体制所具有的整体不合理性……在这些国家所谈判协定的数量很少这一点上得到了反映");罗因,同注13,第1767页("美国发现即使不是不可能,也很难与因为投资和收入流动差异过大而无法实现明显互惠的国家签订协定。例如,最不发达国家……反对放弃来源地税收管辖权,因为它们几乎不能享受到抵消居民国税收增加所应带来的利益。")。

至撤销协定或者就协定重开谈判。[118]但如国际货币基金组织最近所指出的:"在过去二十年里,受发展中国家参加的双边税收协定数量增加的影响,双边税收协定激增……最初,几乎所有的双边税收协定都是在发达经济体之间缔结的。但是自1990年代以来,税收协定数量翻了三番,几乎反映出至少一方为非经合组织国家缔约方所签订的税收协定数量的增长,而这些非经合组织国家中的多数当然没有太多的资本输出。"[119]

笔者认为,发展中国家不愿与发达国家缔结税收协定是具有合理性的。发展中国家并没有受不合作思想所引导,也不会对共赢的方案持敌对态度。相反,这些国家拒绝的是减少它们税收收入的同时又不能增加外来投资流入的安排。这些国家确实愿意为争取到更多的外来投资而牺牲一些税收收入。但是如果放弃税收收入并没有换来对外国投资增长的激励,而东道国所放弃的这些税收收入又被居民国所获得,那么这种安排就不具有合理性。

在过去的十五年里,对于税收协定益处的质疑与日俱增。[120]甚

118　参阅:赫森,同注70,第7页:
相当数量的发展中国家近期开始重新考虑其对待税收协定的方式。自2012年以来,南非、卢旺达、阿根廷、蒙古国和赞比亚都已废止或重新谈判协定,其他国家,例如乌干达,也正在对此进行审查。荷兰和爱尔兰还对其与发展中国家的税收协定网络的影响进行审查,并因此与其部分协定伙伴重开谈判。

119　国际货币基金组织,同注16,第25页。另参阅:Yariv Brauner, An International Tax Regime in Crystallization—Realities, Experiences and Opportunities(《具体化的国际税收体制——现实、经验与机遇》), 56 *Tax L. Rev.* 259 (2003)(认为发展中国家乐意加入税收协定体制);皮西奥托,同注107,第57页(指出在20世纪90年代早期,部分发展中国家确实缔结了税收协定,主要是与其殖民宗主国)。

120　参阅如:克利斯蒂安斯,同注82,第712页["税收协定对最不发达国家而言意味着巨大的机会成本,它将这些国家的注意力和资源从探索更加直接增加跨境投资的途径上转移了。因此,应当谨慎处理与最不发达国家(转下页)

第三章　税收协定的神话

至连国际货币基金组织最近也认为：

> 投资输入国所面临的一个重要决定在于，通过缔结税收协定能否比单纯依靠本国国内法获得更多的利益……然而税收协定为这类国家提供的互惠利益可能没有太大的实际价值……因此，有些人建议发展中国家不要签订双边税收协定……尽管签订税收协定常常被视为是一种政治姿态，但可以肯定的是国家不应当轻率为之——而应当密切关注和审慎分析缔约可能产生的风险。[121]

由此可以说，发展中国家有充分的理由对缔结税收协定犹豫再三，或者至少对此高度警惕。但是这些国家仍然签订税收协定。正如下文第五章所解释的，尽管放弃税收协定体系，这些国家的境遇会更好，而且这些国家也没有被强迫缔结协定，但战略考虑驱使发展中国家同意签订税收协定从而加入"税收协定俱乐部"。

（接上页）可能的税收协定关系"]；巴塞尔等，同注56，第4页（"当代税收协定的主要作用是分配征税权，这一作用主要通过将征税权从资本输入国转移至资本输出国来实现"）；布鲁克斯，同注68，第171页；皮斯通，同注103，第424页（认为协定应当用于支持发展中国家）；瑟仁伊，同注68；谢泼德，同注68。另参阅：明迪·赫茨菲尔德，同注17，引用哈佛大学法学院的斯蒂芬·E.谢伊（Stephen E. Shay）的如下观点：

谢伊……世界银行活动的主要发言人，认为虽然协定的最初目的是减轻双重征税，但其现在主要被跨国纳税人用于逃税和寻租。他敦促发展中国家对协定持怀疑态度，直到能够证实签订税收协定的成本——包括放弃的税收收入和增加的征管成本——大于收益（原文如此。应当是成本小于收益——译者）。同时他提到，如果国家认为所签订的协定有害，其最好终止该协定或通过国内法推翻该协定。尽管这些方法可能违反国际法，但谢伊认为，偶尔违反国际法可能是无害的。

121　国际货币基金组织，同上，第27—28页。

第五节 结论

税收协定作为一种重要机制具有许多优点，它能够协调缔约国各方的税收规则，能够为跨国投资者提供相当程度的确定性，而且对外表明缔约国家致力于支持跨境投资。税收协定缓解了官僚部门之间的纷争，（某种程度上）促进了信息搜集和共享，增进了缔约方之间的外交关系。但确实显现的是，税收协定对防范双重征税肯定不是最重要的，单边措施能够同等有效地实现这一点。居民国和东道国都有很强的意愿单边消除双重征税。正如我们分析的，单边措施之间的互动产生了防范双重征税的稳定均衡。尽管这一战略能与税收协定机制相同程度地有效消除双重征税，但这两种解决方法在互动国或者缔约国之间分配税收收入方面是不同的。

因此可以得出结论，税收协定对于防范双重征税的作用被明显夸大了。尽管缔约国确实享受到了税收协定所带来的行政、经济、政治和社会方面的利益，但发达国家和发展中国家为此利益付出的代价是不等的。发达国家无需为享受上述税收协定利益而付出超过其采取单边措施消除双重征税所需负担的成本。相反，发展中国家却需要为成为税收协定俱乐部的成员付出更多的代价。本章的实证分析暗示了，如果国家所缔结的税收协定数量不断增加，有可能产生正面的网络效应。本书之后的章节将详细讨论这种网络的产生、发展、运作以及结果，并评估它的效果。这些章节也将进一步说明，尽管如果不缔结税收协定，发展中国家的境遇可能更好，但这些发展中国家却仍然会缔结这些税收协定的原因。

第四章　多边合作的成本

在考察了个体国家所制定的单边政策,以及与其他国家单边政策如何进行双边互动之后,本章将对多边层面进行探讨。在多边层面上,税收竞争也仍是政策制定者所必须处理的关键事项之一。如上文所述,税收竞争是由国际税收体制的去中心化而产生的,这种竞争促使主权国家制定能够同时吸引未来税收居民和外国投资的税收规则。前面的章节强调了税收竞争对于国家层面的政策制定以及东道国和居民国之间策略互动的影响。本章对于同类国家间税收竞争作进一步的分析:东道国之间为了资本的竞争,以及居民国之间为了税收居民的竞争。

如前所述,吸引投资或者吸引居民纳税人的税收竞争——或者更精确地说财政竞争,经常被指责为促使国家进行逐底竞争。东道国为了吸引外国投资而争相降低对于外国居民纳税人的税率;而居民国则尝试通过推出有吸引力的税收和支出的交易来吸引外国居民(个人以及跨国企业)。其结果是居民国和东道国均稳步地降低各自税率,从而削弱了它们进行财富再分配的能力。尽管经验证据并不充分,[1]但是税收竞争的这一预设得到了广泛的支持;而且这一预设引发了支持国际税收政策统一(harmonization)的政策建议,这些政

1　参阅第一章注77的讨论。

策建议旨在帮助主权国家在全球化时代重新获得财富再分配的能力并提高征税效率。

为逐底税收竞争所困扰的政策制定者和学者倾向于支持一项通用税收标准的合作性多边解决方案。本章将对这类合作的概念加以批判性分析,指出这种合作在实现效率和分配方面都存在问题。尽管对于是否存在逐底税收竞争还缺乏决定性的实证证据,本章中,笔者将假设这种情况的存在,从而能够为反对税收竞争提供最强有力的证据。笔者还将提出,(即使)存在反对税收竞争的有力证据,但这种竞争及其潜在危害并不必然要求税收协调。

为了说明这一切,本章将分析一种高度程式化的(stylized)(不可否认也是虚构的)合作场景:[2] 全球的协调税率、构成所得税税基的基本概念及其计税依据的确定标准,以及消除双重征税的统一机制。本章的分析对这种虚构的机制与完全竞争的情况进行比较。尽管在此争论中的合作和竞争两方面都确实是虚构的,因为完全竞争和完全协调的机制在现实中并不存在,在将来也是遥不可及,但对它们的理论思考使我们能够在抽象层面上对它们的可取性进行检视。本书的第三部分将讨论一种更为现实的合作模式(笔者认为这种模式也更为可取)。

本章的第一节将回顾反对税收竞争的一些论据,澄清关于协调能够帮助国家征收足够的税款以维持(或者恢复)福利国家,并且同时能够促进平等和效率的观点。第二节将在两个层面上对协调进行批判。一个层面是关于完全协调体制的不可行性,因为集体行动存在的严重问题将可能阻碍完全协调机制的建立和维持。另一个层面

---

[2] 在第五章,笔者将讨论国际税务界在税收合作与协调方面所作出的实际努力。

是质疑协调机制在规范意义上的吸引力：即使这种完全协调机制是可行的，但多边合作并不必然可取，因为它可能是无效率的，并在国家之间和国家内部具有潜在的累退效应。因此，尽管协调机制可能确实能够改善国家征收税款从而资助公共产品的能力，但税收竞争在规范意义上更可取。

第一节 税收竞争的成本

国际税收的去中心化结构影响着国家财富再分配的能力。正如第一章所阐释的，税收已经日益成为公司或者个人作出投资或者选择住所决定时所考量的一个因素，[3]所以税收成为国家在国际舞台上进行博弈的一个竞争工具。[4]主权国家减少征税的压力来源于其同类国家争相通过减税来吸引投资者或者激励外国居民前来投资，转变居民身份，或者将所得转移至该国。[5]这种竞争性的格局被指责为限制了主权国家追求分配正义的能力。正如鲁文·阿维－约拿所提出的，它"威胁削弱了对个人以及公司所得税的征管……并导致了

3　参阅第一章注35—44的对应正文。

4　有关税收竞争研究的全面概述，参阅：John D. Wilson（约翰·D.威尔森），Theories of Tax Competition（《税收竞争理论》）, 52 *Nat'l Tax J.* 269, 270 (1999); John D. Wilson & David E. Wildasin（戴维德·E.韦尔德森），Capital Tax Competition: Bane or Boon?（《资本税收竞争：好事还是坏事？》）, 88 *J. Public Econ.* 1065 (2004); Michael Keen（迈克尔·基恩）&Kai A. Konrad（凯·A.康纳德），The Theory of International Tax Competition and Coordination（《国际税收竞争与协调的理论》）(Max Planck Inst. for Tax Law & Pub. Fin. Working Paper 2012, July 6, 2012).

5　但是，参阅基恩和康纳德，同注4，他们指出，国家之间的战略博弈是否必然会促使它们降低税率，这一点还不确定。

希望能够继续为其居民提供社会保险的国家的财政危机"。[6]

在税收竞争的条件下,国家为吸引(或者挽留)投资者和税收居民,争相为他们提供各种利益,包括有吸引力的税收和公共支出的一揽子交易。[7]这意味着,一方面国家要对那些最具有流动性的要素适用具有竞争力的税率;而另一方面,又要为这些要素提供具有吸引力的公共产品和服务。举例而言,投资者往往寻求获得那些由国家而不是自由市场更能有效提供的产品和服务(包括基础设施、个人安全、法治以及所有典型的公共产品)。但是他们很可能对于那些旨在帮助社会弱势群体的国家服务(包括福利、公共健康,以及可能是教育)缺乏兴趣。因此,税收竞争迫使国家对于资本降低税收,同时又限制国家对非投资者的服务。[8]

类似地,税收居民也具有某种程度的流动性。[9]因此,他们同样会受到国家税收和福利政策的影响。假设在吸引居民时存在一定的弹性,国家就能通过争相提供有吸引力的税收和公共利益一揽子交易来吸引具有流动性的居民。根据蒂博特模型(除其他内容外,该

---

[6] Reuven S. Avi-Yonah, Globalization, Tax Competition, and the Fiscal Crisis of the Welfare State(《全球化、税收竞争和福利国家的财政危机》), 113 *Harv. L. Rev.* 1573, 1575-1603 (2000).

[7] 这是查尔斯·M.蒂博特(Charles M. Tiebout)在地方政府语境中所提出的著名洞见。Charles M. Tiebout, A Pure Theory of Local Expenditures(《关于地方开支的一个纯粹理论》), 64 *J. Pol. Econ.* 5 (1956).

[8] 其他因素可能会产生相反的效果,这也是为什么一些人断言,税率实际上不会降至最低。参阅:Thomas Plümper(托马斯·普拉默), Vera E. Troeger(维拉·E.川格) & Hannes Winner(汉尼斯·维纳), Why Is There No Race to the Bottom in Capital Taxation?(《为何在资本征税上不存在逐底竞争?》), 53 *Int'l Stud. Q.* 761 (2009)(认为虽然税收竞争确实会导致税率下降,但其他因素,如预算刚性和公平规范会产生相反作用)。

[9] 参见笔者在第一章注39—44的讨论。关于(更有限的)个人流动性,参阅第一章注36—38。

模型假设存在完全流动性这一显然不符合现实的条件），[10]国家试图通过提供公共服务和价格（此价格是为获得这些公共服务所应支付的税款）的一揽子交易来吸引居民，而这些居民通过用脚投票的方式向那些能够提供最佳"价格"和最优惠一揽子交易的国家流动。与投资者不同，居民可能更偏爱良好的教育和健康服务、强有力的环境保护，以及对于艺术和文化更多的公共投入。但是与争取投资的竞争情形相似，对税收居民的竞争同样会产生再分配的问题，因为相比于那些对福利国家所提供利益没有需求或者较低需求的居民，那些受益于福利国家的居民对于福利国家所提供的利益具有更为强烈的偏好。举例而言，富有的纳税人作为再分配的贡献者，可能倾向于较少而不是较多的再分配。事实上，即使这一富裕纳税人群体中最为利他主义者也可能希望只资助自己选择的慈善基金，而不是支持政府的再分配项目。可以设想，处于再分配接受者地位的纳税人倾向于更多的再分配。但是，更多数量的再分配可能吸引过多的寻求福利的新居民，[11]需

---

10 蒂博特，同注7。对蒂博特模型在国际所得征税适用性方面的批判，参阅：Ian Roxan（伊恩·若克森），Limits to Globalisation: Some Implications for Taxation, Tax Policy, and the Developing World（《全球化的限度：对征税、税收政策以及发展中国家的一些影响》）(LSE Working Paper, 2012), http://eprints.lse.ac.uk/46768/1/Limits%20to%20globalisation%20%28lsero%29.pdf。他有说服力地指出，当只有所得流动时，所需的假设并不适用。

11 美国联邦体系在州一级层面福利方面面临一些有趣的问题。居民在州与州之间不受限制的流动造成了一种将拥有广泛福利制度的州变成"福利磁石"（welfare magnets）的风险，这会严重削弱这些州维持其福利体系的能力。关于这种趋势是否真实存在的探讨，参阅：William D. Berry（威廉·D.贝瑞），Richard C. Fording（理查德·C.弗丁）& Russell L. Hanson（拉塞尔·L.汉森），Reassessing the "Race to the Bottom" in State Welfare Policy（《再论州福利政策的"逐底竞争"》），65 *J. Pol.* 327 (2003)。另参阅：Roderick M. Hills Jr.（罗德里克·M.希尔斯），Poverty, Residency, and Federalism: States' Duty of Impartiality toward Newcomers（《贫困、居民身份和联邦主义：州对于新移民的公正责任》），1999 *Sup. Ct. Rev.* 277。

要开征更多的税来资助这些福利计划,这可能赶跑那些富裕的居民。

　　因此,尽管吸引未来税收居民的那些特征(比如环境保护和公园),与吸引未来投资者的那些特征(比如更低的环境标准)之间存在着一定的差异,但是国家所希望吸引的这两类纳税人都可能对再分配存在一定程度的反感。如果这种假设成立,而且竞争激烈,那么作为竞争者的国家就不得不权衡本书第一章所提出的两种选择:一种选择是保持较高的税收(和再分配)从而承担失去富有者的风险;另一种选择是为留住富有者而减少税收(和再分配)。两种选择情形中都假定富裕的纳税人具有流动性,而且更偏好少的税收,那么在任何一种情形中,再分配都将受到限制。如果富裕的纳税人真的选择了离开,那么实际效果是这些税负将被转嫁给中等收入的纳税人。尽管富人离开的后果使得该国的贫富差距变得更小(因为富人已经不在这个国家了),但这也意味着国家整体的福利减少了。因此,税收竞争及其所引发的逐底竞争经常被指责为损害了公平正义。[12] 极端而言,这种税收竞争迫使主权国家降低对具有流动性的居民和生产要素的税率,将税收负担转移给具有较少流动性的生产要素(特别是那些低技能的劳动力),由此导致了国家税收收入的减少,并且动摇了福利国家,特别是再分配制度的根基。[13] 即使不是如此的极端,税收竞争不可辩驳地对主权国家产生了压力,迫使它们降低税率,限制再分配,否则国家将支付(政治上或者整

　　12　参阅:阿维-约拿,同注6。

　　13　阿维-约拿,同注6,第1624页,关注于资本流动,认为"税收负担从资本向劳动力的转移,往往会使税收体系更具累退性。这样的税收体系也不太可能把资源从富人重新分配给穷人"。

体福利上的）代价。[14]

重要的是,这种逐底竞争并不只是体现为纳税人实际转移经济活动或者变更居民身份等,而且也体现为纳税人通过税收筹划在形式上转移（paper-shift）税基的能力。[15]纳税人的税收筹划可以是在外国成立公司或者重新成立公司开展经济活动,通过转让定价、协定滥用、股息剥离机制来转移所得,通过外国信托来隐匿金融资产,以及有时候甚至是直接进行偷逃税。[16]如第一章所探讨的,税收筹划能使居民和投资者在不转移实际经营场所或者变更税收居民身份的情况下,在外国税收管辖区享受更低的税率。尽管形式上转移并不会让那些吸引这些"形式"所得的国家获益颇多[除了可能以代理收费（toll charge）为形式的税收收入以及白领工作岗位需求的增加],但确实会在整体上对国家的征税能力产生冲击,由此产生的额外压力迫使国家参与税收竞争。从这个意义上说,不仅是投资、资本和纳税人的流动性,而且是纳税人通过税收筹划降低实际税率的能力,促成了逐底税

---

14 普拉默,同注8,第771页,解释如下:

保持其他因素不变,受公平考量限制最小的政府对流动性资本实行最低税率,并成为资本进口国。这一结果在相反的情况下仍然有效:受公平规范限制最多的政府对流动性资本实施最高税率,并成为资本出口国。相应地,公平规范是有代价的;当公平原则在其他国家较弱时,一个拥有平等选民的国家所要付出的代价最高。

15 国际货币基金组织在最近进行的一项研究中提出了"一种评估溢出税基（spillover base）效应的实证方法,将1980年至2013年期间103个国家的公司税税基（指标）与这些国家各自法定公司所得税税率和其他国家的税率联系起来"。研究的结论是:

通过真实活动产生的溢出税基效应是重大的……其他所有国家的法定公司所得税税率每降低一个百分点,标本（typical）国家的公司所得税税基就会降低3.7%。在过去10年里,公司税率平均下降了5个百分点左右,这意味着相当大的影响……通过利润转移产生的溢出税基效应也很大——同样重要。

IMF, Spillovers in International Corporate Taxation（《国际公司征税的溢出效应》）, Policy Paper 19 (2014), http://www.imf.org/external/pp/longres.aspx?id=4873.

16 关于税务筹划工具的更详细介绍,见第一章。

收竞争。后者迫使国家对于生产要素中额外的流动性因素和税收筹划倾向的特质（比如专利盒和金融工具）提供税收利益，从而能够在即使是较低税率的情况下，从税收筹划者那里征收到更多的税款。[17]

税收竞争不仅影响再分配，同时也被指责损害了效率。首先，有观点认为税收竞争迫使税率降低到最优水平之下，国家不得不因此减少公共产品的提供。[18]这一观点设想了一种场景，即国家对于税率的选择（相应地，公共产品的提供水平）受到了对流动性资本的税收竞争的影响。提高税率导致资本的逃离（同时损害了非流动性生产要素），但是可以增强国家提供公共产品的能力。相反，降低税率虽然能够吸引外国资本（并导致对本地生产要素需求的增加），但可能减损国家提供公共服务的能力。[19]一般而言，公共服务的提

---

17 参阅：Omri Marian（奥姆利·玛丽安）, The State Administration of International Tax Avoidance（《对国际避税的国家管理》）, 7 *Harv. Bus. L. Rev.* (forthcoming 2016) Available at SSRN: https://ssrn.com/abstract=2685642［描述了避税天堂国家在促进税收筹划机会方面的流氓行为，并以被泄露的卢森堡与跨国纳税人签订的预先税收协议（ATAs）作为例证］。另可参阅：Peter Dietsch（彼得·迪奇）, *Catching Capital*（《追逐资本》）(2016), 区分国家"吸引"（luring）投资和外国管辖区的非法"偷挖"（poaching）投资。

18 Wallace E. Oates（华莱士·E.欧兹）, Fiscal Federalism（《财政联邦主义》）143 (1972), 转引自John D. Wilson, Theories of Tax Competition, 52 *Nat'l Tax J.* 269, 270 (1999)：

税收竞争的结果很可能会导致本地服务产出低于有效率的水平。为了保持低税收以吸引企业投资，地方官员可能会将支出控制在边际收益等于边际成本的水平以下，特别是那些对本地企业没有直接好处的项目更是如此。

19 根据经典的兹卓欧和米耶斯考斯基（Zodrow & Mieszkowski）模型，在考虑是否要采用高于其竞争对手国家的税率时，一个国家必须在资本外流对国内非流动性生产要素造成的损失与潜在的更多税收收入带来的好处之间进行权衡。直觉而言，对其他国家低税率的最佳反应似乎是降低税率。但事实未必如此，因为提高税率带来的税收收入可能大于资本外逃带来的损失。参阅：George R. Zodrow（乔治·R.兹卓欧）& Peter Mieszkowski（彼得·米耶斯考斯基）, Pigou, Tiebout, Property Taxation, and the Underprovision of Local Public Goods（《庇古、蒂博特、财产税以及本地公共产品供给不足》）, 19 *J. Urban Econ.* 356 (1986)。

供在公共服务的边际收益与公共服务的边际成本相等时达到最优水平,但是资本的流动性改变了这一效率评判规则,并使得对于公共产品的投资失去了吸引力。[20] 从这个意义上说,即使是在税收竞争下各国单边措施的互动产生了一种有效率的均衡(即生产资源得到有效配置),主权国家仍可能通过集体提高税率而获得利益。[21] 正如迈克尔·基恩和凯·康纳德指出的:

相对于社会最优,这里存在的是一种公共产品供给不足与税率过低的纳什均衡。对称的纳什均衡确实具有生产的效率性:所有国家按照相同的税率征税,因此资本的配置实现最优。但是去中心化的税收环境意味着国家无法正确利用从集体视角看是完全非弹性的税基,从而无法实现最优。[22]

当一国的税收政策选择对他国的福利具有外部效应时,也会产生公共产品供给方面的无效率。举例而言,当一国提供公共产品的利益(比如对研发活动的支持)外溢到另一税收管辖区,那么前一国可能倾向于减少这种公共产品的提供。[23]

此外,还有两项可以说明税收竞争无效率性的论据,这些论据

---

20 在竞争条件下,为了提供更多公共服务而增加征税会增加流动资本的外流,由此造成非流动性生产要素承担额外成本(在生产公共产品成本之上的)。流动性资本外流给本地生产要素(例如劳动力)增加的成本,可能使它们从额外单位公共产品上的获益低于生产成本。

21 这些简洁和清晰的结果使得对称分析——假设相互竞争的国家是相同的——成为文献中普遍存在的假设。然而,它的前提——关于所涉国家的相同性质和公共资金的最佳使用——是非常不现实的。这些前提将在下文进一步讨论。

22 基恩和康纳德,同注4,第12页。

23 同上,第1页。

都与国家政策决定者无法正确评估国家提供公共产品的边际成本有关。[24]第一项论据是所谓的"赢者的魔咒",它是指最高的出价者往往为之付出过多的价格(或者就本文而言,所收的税过少),而事后往往令该出价者后悔。这种后果的原因在于竞价往往包含一定程度的猜测,而赢者作为门外汉,其猜测往往是错误的。[25]从这个角度上看,税收竞争可能会使税率——和公共服务——降低到最优水平之下。第二项论据认为税收竞争可能产生代理成本,政策制定者在制定税率时,会出于自身利益(可能是为赢得公共选举或者个人收益)的考虑而作出偏向于未被代表的少数者利益而牺牲公共多数利益的决定。[26]

关于税收竞争可能产生无效率后果的另一个原因,是纳税人税收筹划的避税行为而产生的外部效应,以及随之而来的部分个人或者公司在不支付税款的情况下"搭便车"享受税收管辖区所提供公共产品的能力。在不存在税收竞争的情况下,国家被认为可以通过征收税款来为供给公共产品提供集体性资助,从而有能力克服集体

---

24 Julie Roin(朱莉·罗因), Competition and Evasion: Another Perspective on International Tax Competition(《竞争与逃税:国际税收竞争的另一个视角》),89 *Geo. L. J.* 543, 564 (2001).

25 同上,第564页:
在拍卖范式中,中标者是出价最高者。在税收领域,则是实行最低有效税率的税务管辖区。因为税务管辖区愿意降低税率至可以使它们收回承接外来投资边际成本的水平,所以名义赢家应该是边际成本最低的税务管辖区。但是,由于确定边际成本的一些关键决定因素涉及猜测,因此,获胜者实际上是猜测其边际成本最低的管辖区。作为最低的成本预测,这种猜测是一个偏离值(outlier)——并且像所有偏离值一样,可能是错误的。实际上,实地研究和实验数据均表明,拍卖最高出价者经常发现自己出价过高了。

26 同上,第565—567页。

行动的问题。[27]然而,当纳税人能够避税,而政府却无法将他们排除在享受国内公共产品之外时,集体行动的问题又出现了。尽管有限数量的避税者不足以损害公共产品的供给,但数量巨大的避税者却足以使国家(有效)供给公共产品的能力瘫痪。这就把我们带回到了原点(square one),即市场提供公共产品数量不足,而政府也没有能力供给这些公共产品。因此,国家无法排除搭便车者的情况会损害其提供公共服务的动力和能力。

最后,国际税收体系的去中心化结构导致了税务管辖区之间的严重冲突,这些冲突反过来造成了税收漏洞。税收筹划者滥用税收漏洞,通过所谓的"税收套利"[28]来降低实际税率。税收漏洞不仅产生了搭便车的机会,而且也带来了严重的税收筹划成本(对税收筹划者而言)和执法成本(对政府而言)。从社会福利角度看,这些都是减少集体福利的纯粹的交易成本。因此,任何简化各税收管辖区税制的努力都会减少这些交易成本,从而提升效率。

上述税收竞争对财富再分配和促进效率方面的障碍,促使很多人支持协调甚至统一多边国际税收体系,并将此作为提升效率和实现分配正义的最好方式。统一税制确实看上去是制约税收竞争的教科书般的答案,从而克服税收竞争所带来的无效率,以及提升国家促进分配正义的能力。如果关于逐底竞争的预测是准确的,那么滋生税收竞争的国际税制去中心化结构被认为是阻碍效率和国家实现分

---

27 相反,由于存在集体行动的问题,市场是无法有效提供这些公共产品的——每个个体行动者都有动力对其他人提供的非排他性服务搭便车。

28 参阅:Diane M. Ring, One Nation Among Many: Policy Implications of Cross-Border Tax Arbitrage(《全球中的 国.跨境税收套利的政策影响》), 44 *Boston College L. Rev.* 79 (2005); Adam Rosenzweig, Harnessing the Costs of International Tax Arbitrage, 26 *Va. Tax Rev.* 555 (2007).

配正义的罪魁祸首。这种观点坚称，如果国家能够通过合作避免税收竞争的压力，就能够实现再分配目标——也可能——有效地提供公共产品和服务。正是这些理由促使很多人支持遏制税收竞争的多边合作，并认为国家必须合作来设定和执行一个足够高水平的税收，从而维护国家的税基，并支撑它们的福利体系。[29]

如要多边协调体系有效地防范税收竞争，国家就必须在构建税收体系的共同和基本组成部分方面达成一致（特别是对征税对象、所得类型以及纳税义务发生时间等方面作出界定）。[30] 这些一

---

[29] 参阅：阿维-约拿，同注6; Yariv Brauner, An International Tax Regime in Crystallization—Realities, Experiences and Opportunities（《具体化的国际税收体制——现实、经验与机遇》）, 56 *Tax L. Rev.* 259 (2003); Yariv Brauner & Pasquale Pistone（帕斯奎拉·皮斯通）, Introduction（《介绍》）, in *BRICS and the Emergence of International Tax Coordination*（《金砖国家组织与国际税收合作》）3 (Yariv Brauner & Pasquale Pistone eds., 2015）。这也是支持目前的BEPS倡议的原因。参阅：OECD, Explanatory Statement, OECD/G20 Base Erosion and Profit Shifting Project 4 (2015), https://www.oecd.org/ctp/beps-explanatory-statement-2015.pdf：

在全球化经济中，各国政府需要合作，避免有害的税收行为，有效解决避税问题，并为吸引和维持投资提供更为确定的国际环境。如果不能实现这类合作，将减损CIT（企业所得税）作为动员资源工具的有效性，这将对发展中国家产生不成比例的有害影响。

另参阅：Testimony of Robert B. Stack, Deputy Assistant Secretary (International Tax Affairs) U. S. Department of the Treasury before the Ways and Means Subcommittee on Tax Policy（罗伯特·B.斯塔克，美国财政部国际税收助理副部长在财政委员会下属税收委员会的证言）(Dec. 1, 2015), https://waysandmeans.house.gov/wp-content/uploads/2015/12/2015-12-01-TPS-Testimony-Bob-Stack.pdf：

BEPS项目的失败很可能导致各国采取单边和不一致的行动，从而增加双重征税，增加美国财政部给予外国税收抵免的成本，以及税收争议的数量和规模。事实上，尽管有了BEPS项目，但一些国家已经采取了单方面的行动，我们希望它们能够在后BEPS环境下重新考虑这些行动。

Yariv Brauner, Treaties in the Aftermath of BEPS, 41 *Brook. J. Int'l L.* 974, 981 (2016).该文也指出"BEPS项目……体现了一种认识，即更多的协调和某种程度的统一可能对发达国家和发展中（生产型）国家都有利"。

[30] 这将在第七章进行讨论。

致的达成能够弥补因为各国税制不同而产生的漏洞,而这些税收漏洞是避税发生的土壤。而且遏制逐底税收竞争,不仅需要协调各国的税收规则,也需要协调各国的税率(至少是在关于超过国家所提供公共服务价值的税收方面),从而防范为争取税收居民和投资而展开的以价格为基础的竞争。因此,本章剩余部分所讨论的税收协调实际是一种假设的机制,这一机制包括国家同意按照超越受益税(超过向纳税人提供公共产品和服务的成本)的一个统一的税率征税,并且采用标准化的税基和有效防范双重征税的机制。

支持者认为,这种协调可以同时促进效率和分配正义。有些人认为,一个统一的国际税收体制比税收竞争更具有效率,因为前者能够防止各国争相把税收降到最优水平之下,[31] 从而沦为"赢者魔咒"的受害者,同时也能够限制代理成本。进一步而言,通过防范税收套利,税收协调能够减少因税收筹划产生的成本,以及因税收目的而转移收入所产生的扭曲。

关于效率的考虑固然重要,然而税收政策协调的最重要理由在于它能够促进分配正义。税收协调能够帮助国家将对于较小流动性的劳动力之上的税收负担重新转移回到更具流动性的资本之上,[32] 同时也能够帮助国家获得更大的财力来资助社会福利。这就使得各国能够负担再分配体系。[33] 正如阿维-约拿所详述的:[34]

---

31 不过,值得注意的是,次优逐底竞争的假设是基于相互竞争的管辖区具有同质性这一前提的。
32 参阅:阿维-约拿,同注6,第1616—1625页。
33 同上,第1631—1648页。
34 同上,第1675页。

在一个资本能够自由跨境流动,以及跨国企业能够自由选择投资地点的世界上,任何单个国家(或者两个国家合作)对这些资本进行征税(或者监管)的能力都受到了严重的制约……如果税收的最基本目标要得以维持的话,多边的解决方案……因此是必要的。只有具有相同影响范围的组织才能够对这些私人市场活动进行管理或者征税。

第二节 协调的问题

毋庸置疑,一个成功运行的税收协调体制能够让国家征收更多的税款,由此避免公共产品提供不足,并促进再分配。这一协调体制也能够通过减少外部性和其他成本来提升效率。但这并不意味着协调税制必然比税收竞争更优越。本部分聚焦协调税制的两个主要缺点。其一,协调税制是非常难以实现和维持的,因为它的成本过高;第二,也许是更重要的,即使协调税制能够得以实现,协调也并不必然产生在规范意义上更优的结果。

一、协调税制难以实现和维持

实现协调即使并非完全不可能,也明显是极端困难的。第二章[35]在为消除双重征税而采用统一机制这一较为狭隘语境中讨论了实现国家合作所面临的障碍。类似的——事实上更为糟糕的是——协调整个税收政策的任何尝试都会面临很大的困难。

---

35 参阅第二章脚注45—49和69—75的对应正文。

第四章 多边合作的成本

首先,各国要就该协调税制的内容细节达成协议是极具挑战性的,这一协调机制包括超过提供公共产品成本的单一税率。各国的经济和政治特点各异,对于各自税收体系的预期也有很大不同。关于本国税率的决定——特别是关于再分配的决定——是深深地扎根于本国公民阶层和领导阶层的特点和信仰(有时则简单的是收入或财产)中的,而这些特点和信仰的国别差异迥然。一个国家中利益集团的多样性也会使这个问题变得更加复杂。[36]因此可以预见的是,在议定多边协议时,[37]国家之间的地位和利益取向存在分歧甚至发生冲突,因此达成单一解决方案集体协议的前景是十分渺茫的。[38]

---

36 关于利益集团对国际冲突影响的分析,参阅:Eyal Benvenisti, Exit and Voice in the Age of Globalization, 98 *Mich. L. Rev.* 167 (1999)。

37 在国际货币基金组织政策文件中,同注15,第43页,提出了以下论点:

各国的利益差异很大,最明显的是低税国家和高税国家之间的差异,但在其他方面也是如此。例如,以资本输出为主的国家可能对居民国的利益更敏感,而资源丰富的国家可能更重视来源地权利。这种利益的多样性并不排除确定相互有利的协调形式。例如,最低有效税率即使是对最初税率低于最低有效税率的低税国家来说也可能是有益的,因为强制提高本国税率可能导致其他地方的税率提高,而这些低税国家可以从中受益。但多样性显然会加大就协调措施达成一致的难度。

38 参阅:Tsilly Dagan, Just Harmonization(《正当的统一》),42 *U. B. C. L. Rev.* 331, 379 (2010);罗면,同注24,第557—561页。另参阅:Steven A. Dean(史蒂芬·A.迪恩), More Cooperation, Less Uniformity: Tax Deharmonization and the Future of the International Tax Regime(《多合作、少统一:税收去统一化与国际税收体制的未来》),84 *Tul. L. Rev.* 125, 152 (2009-2010)(描述在异质世界中促进同质性的困难);Katharina Holzinger(凯瑟琳娜·霍尔辛格), Tax Competition and Tax Co-Operation in the EU: The Case of Savings Taxation(《欧盟内的税收竞争与税收合作:以对储蓄征税为例》),17 *Ration. & Soc.* 475, 497-98 (2005)。霍尔辛格认为,国家异质性的战略结果是导致欧盟无法就统一的对储蓄进行征税的体系达成一致的一个可能原因。她将这种互动建模为一种不对称的困境:

战略聚集(The strategic constellation)是一种不对称的困境。这不仅(转下页)

退一步而言，即使这样的协调能够得以实现，维持这一机制也是十分困难的，因为单个国家存在着"背叛"这一机制的动机。在合作性行动的一般意义上说，任何一个国家都可以从"背叛"合作中获得更大的经济利益，即使整个世界的福利因这种合作而增加。[39] 这种"背叛"可以通过为吸引居民纳税人和投资者而采用比合作协议所约定税率更低的税率来实现（正如一些避税天堂那样）；或者"背叛"国可以在不提高税率的情况下，提供比其他协调国家更好的公共产品或是其他协调国家没有提供的特定经济利益。[40] 为了防止这种背叛，须在合作协议中植入敏锐的监督机制，所有缔约国都必须遵从和支持为打击背叛而采取的制裁措施。这一监督机制的运行代价可能是高昂的，因为必须通过网络对所有参与国的税法规定和公共支出项目，对于单个税收承诺，以及包括简单地不执行现行税法的行为进行持续性审查。[41]

（接上页）告诉我们，需要合作机制和有约束力的合同，而且还告诉我们，在试图找到合作协议时，我们面临着谈判问题……在非对称困境中，首先很难达成一致。一些政府有强烈的动机去谈判一个建立在统一体系之上的完全协调的解决方案，例如，所有国家都征收预提所得税，都采用相同的税率，或者都使用信息交换系统。其他国家的政府有抵制完全协调的动机。即使它们更喜欢完全协调而不是税收竞争，但它们最偏爱的解决方案是非协调（non-coordination）。

39　霍尔辛格，同上注，称这是一个"最薄弱环节"的博弈，在这个博弈中不存在能让其他国家宁愿合作也不愿背叛的关键因素。这反过来又使得自发合作变得不太可能。参阅：Wolfgang Eggert et al.（沃尔夫冈·伊格特等），Tax Competition and International Tax Agreements: Lessons from Economic Theory（《税收竞争与国际税收协议：经济理论得出的教训》）, in *Tax Treaties: Building Bridges between Law and Economics*（《税收协定：构建法律与经济之间的桥梁》）161 (Michael Lang et al. eds., 2010)（提出个体国家会发现搭其他国家税制协调努力的便车是有利可图的）。

40　Charles I. Kingson（查尔斯·I. 金森）, The Coherence of International Taxation（《国际税收的一致性》）, 81 *Colum. L. Rev.* 1151, 1158-67 (1981).

41　参见国际货币基金组织最近的政策文件，同注15，第43页。

因此有理由认为,国家间就再分配达成或者维持合作是一项极难完成的任务。而且,与限制税收竞争伴随而来的是严重的缺陷。令人奇怪的是,即使存在着积极意义,国际合作也可能导致分配问题以及效率减损问题。

二、协调机制在分配方面的偏向

税收协调在分配方面的问题是令人困扰的。首先,税收协调的一个主要目的是通过全面适用更高的税率,帮助国家征收足够的税款来资助福利计划。对于某些国家而言,这意味着可以获得更多的税收收入,但要放弃通过低税率吸引外资所能带来的本国利益。但是有些国家可能面临着比维持国内社会福利体系更为迫切的其他需求。或者说,对有些国家而言,确保外资流入的自由畅通比获取更多的税收收入更有价值。因为降低税率——特别是由此吸引更多的外资流入——比获取更多税收收入更有益处。换言之,协调税制更适合于某些国家而非另外一些国家,因此产生了对前一类国家而非后一类国家的偏向。[42]

其次,限制国家之间去中心化的和市场化的税收竞争,使得国

---

42 例如,霍尔辛格,同注38,区分了偏好税收收入而非市场利益的收入导向型政府(例如面临严重预算赤字的政府或金融部门较小、相对不重要的国家)与认为金融部门能带来更大政治利益的金融市场导向型政府(例如金融部门在国民生产中占很大比重的国家,或者金融部门在游说方面极其活跃的国家),以及大国和小国之间的区别。将其建模为一个非对称博弈,她得出结论:"大国政府和那些重视税收收入高于金融部门利益的政府更倾向于税收合作;而小国政府和那些重视金融部门利益的政府更倾向于税收竞争。"同上,第497页。Philipp Genschel(菲利普·根舍尔)&Peter Schwarz(彼得·舒瓦兹), Tax competition: a literature review(《税收竞争:文献回顾》), 9 *Socio-Economic Review*, 339, 354."小的、贫穷的、低税收的国家在税收竞争中遭受的损失较少,反而可能从中实际获益。"

家能够征收更多的税款，这要求国家同意达成一项多边体制。由于不存在一个全球的中央政府，形成多边协调体制的条款离不开多边谈判。[43] 从税收竞争到多边体制谈判这一转变是非常重要的。在多边谈判中，国家已经不再是由看不见的市场之手引导下的微不足道的博弈者；相反，它们相对的谈判实力是由诸如文化、外交和军事实力等因素所决定的。正如第五章将详述的，从税收竞争向谈判协调转变所产生的成本，源自于缔约国之间相对谈判实力以及形成同盟能力等方面的不对称性。部分国家——特别是发达国家——在国际社会中处于相对优势的地位。而且发达国家所争取的资源（即税收居民），较之发展中国家所争取的资本，具有更少的流动性。这两个特点相结合使得发达的居民国相较于发展中国家居民国更不易发生背叛。也正是基于这个原因，发达国家作为一个整体可能在国际谈判中具有更强的实力，从而将对国际协调机制的形成具有更大的影响力。这种影响力会转变为在协调机制中加入更符合发达国家利益的条款。明确而言，这些更为强大的国家可以利用优势的谈判地位在共同征收的税款中为本国赢得更人的份额。

最后，即使发达的居民国不具有更优越的合作地位或者更强的谈判实力，或是获取更多的税收收入符合所有参与国家的最佳利益，多边税收协议仍可能在分配结果上存在问题。这源自于东道国和居民国之间的另一个差异，即本地利益集团在跨境投资以及对跨境投资征税上的利害得失。尽管某些国家中的某些生产要素可能从税收协调中获益，但其他生产要素则可能因为税收协调限制了跨境投资

43　第五章讨论了通过促进网络的外部效应发展出标准这一选择。

而遭受损失。[44]

在一些国家（笔者称之为富裕国家），主要是资本输出国家中，政府能够在协调税收体制下更好地对资本所有者征税（从而能够更好地实现财富再分配）。相反，在其他"穷国"，主要是资本输入国家，而且更典型的是发展中国家，本地不具有流动性的生产要素（最重要的是劳动力）能够从外来投资中获益最多。多边协调体制要求对跨境投资增加税收（由此也会产生税收楔子），会降低东道国的外国投资水平，相应地也会减少对当地劳动力的需求。这就对当地劳动力产生了不利影响。

在税收协调体制下，穷国的确能够通过对流入的资本征税获得某些税收收入，并能够对资本所有者征收更多的税款。但是，这些税收收入并不必然足以缓解这些国家当地生产要素（主要是劳动力）因外来投资减少而蒙受的损失。首先，从外来投资中获得的这些税收收入可能比在增加外来投资情况下当地劳动力所获得的收益要少（至少只要居民国和东道国能够分享税收收入，而且不采用类似于税收饶让的措施）。原因在于任何对于外国投资者的征税都会阻碍资本的流入（由此损害当地劳动力的利益）。尽管这种征税潜在地增加东道国和居民国所征收税款的总数，但这些增加的税款如何在东道国和居民国之间分配，以及在这两类国家内分配的状况，却并

---

44 Ronald B. Davies（罗纳尔多·B. 戴维斯）, Tax Treaties and Foreign Direct Investment: Potential versus Performance（《税收协定与外国直接投资：潜能与绩效》）, 11 *Int'l Tax & Pub. Fin.* 775, 794 (2004).该文将这种选择与著名的斯托普-萨缪尔森效应（Stopler-Samuelson effect）进行比较，后者是指取消针对进口的保护措施可能会影响相对工资。关于斯托普-萨缪尔森理论，参阅：Bo Södersten（波·索得斯坦）& Geoffrey Reed（吉奥弗雷·里德）, *International Economics*（《国际经济学》）235 (3d ed. 1980)。

不明晰。换言之，协调税制提高税率对分配的影响取决于所增加的税收在东道国与居民国之间以及在东道国和居民国内部的分配状况。

所增加的税收可以有许多种分配形式，因为协调机制最可能通过谈判达成，所以会产生任何数量的结果。居民国当然可以——如果它们愿意的话——放弃（至少部分放弃）它们的税收，并同意能够使得东道国（及其境内的生产要素）受益的分配机制。[45] 如果发展中国家因此增加的税收超过了因为提高协调税率而遭受的额外损失，这导致了从居民国向东道国的财富再分配，特别是潜在地使东道国的劳动力受益。但是如果协调税制在使穷国受益方面无所作为，那么东道国因此增加的税收利益可能低于当地劳动力在不实行协调税制下因较高水平外来投资所获得的利益。

那么穷国对本国资本所有者的征税能否补偿因税收协调机制减少外国投资给当地劳动力带来的损失呢？税收协调确实能够增强穷国对流动性生产要素的征税能力。但是实际的后果取决于协调税制能在多大程度上限制（穷）国中这些富有居民规避税收的能力，以及这些富人面临增加的税负继续成为穷国税收居民的意愿。如果穷国在提供集体产品和维持有吸引力的居住环境等方面遇到了更大的困难，那么在税收协调体制下，争取税收居民的竞争事实上会变得

45　此外，由于居住国从税制统一中的收益比东道国多，因此可以假定居民国为了确保合作，将不得不向东道国分配更多的税收收入。霍尔辛格，同注38，第497—498页：

在非对称困境中，很难在起初就达成一致。因此，针对非对称困境的谈判解决方案可以有三种形式：第一种是全面的战略协调。这需要对那些倾向于税收竞争的国家提供补偿。第二种解决方案是战略非协调。这需要对那些倾向于合作的国家进行补偿。第三种解决方案可能是一种妥协，它既不是完全的协调，也不是明显的不协调。

更加激烈，这会导致穷国的富裕居民向富裕国家流动。在这些情况下，东道国是无法对这些流出的富裕人群征税的。所以，在税收协调体制下东道国所能获得的实际利益取决于两个因素：一是富裕国家向穷国转移相当部分税收收入的意愿（但不幸的是这种意愿不大可能形成）；二是尽管存在流动性和税收规避机会，穷国能从提升对本国资本所有者征税能力上获得的潜在收益。而且，即使东道国实际能够对本国富裕居民征税或者从外国投资者那里获得相当数量的税收，这些收入如何在东道国国内进行分配仍是一个问题。如果东道国缺乏有效治理（甚至是腐败），就会存在东道国政府无法有效地将税收收入再分配给需要的群体，反而将这些资金转移至其他群体的风险。[46]

如果——正如笔者所怀疑的——穷国不太可能征得足够的税收收入来补偿本地劳动者所蒙受的损失，那么国际税收协调体制对于这类国家整体特别是对于当地劳动者的可取性就不无疑问了。这一结果的最棘手之处在于劳动力往往正是最需要获得再分配的那个群体。即使政府将所有旨在再分配而征收的税款都转移给劳动者，劳动者群体的损失仍无法得以完全补偿，因为——在这些情况下——如果政府最初不加征税款，那么劳动者本可以获得更多的利益。因此，税收协调的最终结果必定是富裕国家因此增加了税收收入，并将这些财富向本国居民进行再分配，但是对于另外一些国家可能就是

---

[46] 关于通过税收优惠政策直接使发展中国家劳动力受益的更为公平的体制建议。参阅：Yoram Margalioth（约拉姆·玛格利奥斯），Tax Competition, Foreign Direct Investments and Growth: Using the Tax System To Promote Developing Countries（《税收竞争、外国直接投资与增长：利用税收体系促进发展中国家发展》），23 *Va. Tax Rev.* 161, 189 (2003)。

不利的影响。如果穷国无法对本国劳动者因较低水平资本流入所蒙受的损失给予补偿,那么富裕国家所获得的再分配利益就是以穷国劳动者的损失为代价的。

总而言之,多边税收协调体系可能存在明确的缺点,特别是对于穷国而言更是如此。首先,更高的税率对于某些国家而言可能是不利的,因为更低的税率(从而吸引更多的投资)可能更为有利。在从税收竞争转向达成税收协调机制所需要的谈判过程中,实力更强、联系更为紧密的国家会拥有相当的比较优势。而且,税收协调协议可能会以穷国劳动者受损为代价使得富裕国家的穷人获益,这是一个令人困扰的风险。尽管国家可以就更加公平的税收收入分配进行谈判,但如果发达国家利用优势谈判地位来获得更大份额的税收收入,税收收入在税收协调机制参与国之间的分配就具有累退性。最后,还存在着一个相关的危险,即发展中国家内部穷人之间的转移支付分配也可能是不公平的。

三、协调的效率成本

对于多边税收协调体制可取性的质疑也来自效率考量的角度。本章第一节提出了关于税收竞争无效率的相关论据。此处,笔者将从税收协调的潜在效率成本角度来探讨税收竞争可能带来的利益。

首先,支持税收竞争是一种更有效率地提供公共产品机制的观点认为,税收竞争能够使公共产品的提供更符合个体的偏好。朱莉·罗因令人信服地说明了税收竞争在确定公共产品最优供给水平方面的优势。她主张,"正确的税"(the right tax)并不是绝对的公理,因此并不是任何对非竞争性税收水平的偏离都是不恰当的低。[47]罗因声称,税收竞争促成了"多元化的政府治理和征税体制",这有助于提升区位效率。[48]面对其他国家的竞争,各国会根据本国所欲吸引的税收居民和投资者所希冀的,提供不同水平的公共服务,征收不同水平的税收。由于每个国家在需求和偏好方面存在差异,税收竞争能够让投资资本配置到最有价值的区域。罗因总结认为:"按照严格的经济视角,无论对于参与国,还是对全球整体福利,税收竞争并不是一个负和博弈(negative sum game)。"[49]相反,在一体适用的体制下,协调税率会同等地限制纳税人以及国家的选择范围。[50]

第二,相关的观点强调了税收竞争在抵消征税无效率方面的作用。在税收协调机制下,国家在限制政府浪费从而降低税率方面的动力不足。相反,税收竞争则会激励政府尽可能将浪费减至最低。一种极端的观点认为,政策制定者本质上倾向于为了自身的利益而非社会的利益来增加公共财政收入。如果这种观点成立的话,税

---

47 罗因,同注24,第553页。另参阅:迪奇,同注17,他认为各国应该享有财政自主权——有权决定公共预算的规模,以及根据选民的偏好进行再分配的水平。

48 同上,第561页:

总之,税收统一的倡导者含蓄地假设政府和管辖区的可替代性(fungibility),从而夸大了他们的论点。国家不像一堆玉米,彼此没有区别。相反,它们在许多不同的方面存在差异,其中一些方面对投资者非常重要。其结果是,税收竞争没有导致纯粹的"逐底竞争",而是已经并可能继续导致市场分割,因为投资者和各国都在寻找各自合适的合作伙伴。正如我们相信,社会能从如雪佛兰科沃兹、凯美瑞、雷克萨斯和保时捷等多元汽车品牌中获益那样,人们同样可以从税收竞争所带来的政府治理和税收体制多元化中获益——这种利益在严格的税收统一机制下是不存在的。因此至少在理想的世界中,税收竞争能够促进区位效率。

49 同上,第568页。

50 从理论上讲,为了提高区位效率,并允许各国设定更高的税率以补偿外部性并促进再分配,可以施行与公共服务成本相等的税率,外加商定的统一附加税。然而,衡量应该为某些服务支付"正确的"税则是不切实际的。

收竞争对于限制这类利维坦（Leviathans）发挥着有价值的社会功能。[51]但是即使现实并非如此极端，税收竞争仍有助于防范政府的过度扩张。因为没有税收竞争，政府缺乏动力限制自己的规模。[52]正如丹尼尔·沙维罗所言：

> 正如当企业能够组成卡特尔限制供给时，就无需再兢兢业业地取悦顾客那样，政府可以利用税收协调体制缓和它们面临的竞争约束。一旦协调税制规则实现全面覆盖，则只有国内的政治角逐可以限制政府的任意强迫或侵占的权力。[53]

第三项支持税收竞争而非税收协调的效率论据，强调了税收竞争在帮助政府克服强迫其偏向社会某些利益集团的政治约束方面所发挥的作用。根据这一观点，当政策制定者拒绝满足本地利益集团需要时，税收竞争（至少在理论上）能够成为他们手中一项可信的威慑。然而值得一提的是，这种税收竞争服务于流动性强的税收居民和生产要素的利益。这些流动性强的居民和要素离开国家的能力促使政策制定者以损害非流动性生产要素和居民利益为代价满足前者的利益。从这个意义上说，尽管税收竞争可以防止政策制定者在本

---

51 参阅如：G. Brennan（G. 布伦南）& J. M. Buchanan（J. M. 布坎南），*The Power to Tax: Analytical Foundations of a Fiscal Constitution*（《征税权：财政宪法的分析基础》）186 (1980)（将税收竞争本身作为追求的目标）。

52 布伦南和布坎南，同上注，他们认为税收竞争能改善福利，因为没有税收竞争，政府的规模就会过大。

53 Daniel Shaviro, Some Observations Concerning Multijurisdictional Tax Competition（《关于跨国税收竞争的若干评论》）, in *Regulatory Competition and Economic Integration: Comparative Perspectives*（《管制性竞争与经济融合：比较视角》）60 (Daniel C. Esty & Damien Geradin eds., 2001).

地非流动性生产要素中偏向于某些特定利益群体,但正如第一章所阐释的,它也强化了以牺牲非流动性要素(如劳动力)利益为代价而促进流动性要素(如资本)利益的情况。

总之,在很多重要意义上,税收竞争比税收协调更具有效率。它能够产生多样化的政府治理和税收体制;它能将政府浪费减至最低;它能(在某种程度上)防止政策制定者偏向于特定利益集团。税收竞争确实会带来成本,最严重的是在于其制约了国家通过征税来资助提供具有外溢性公共产品的能力。但是没有理由责难税收竞争的这些成本,并低估税收竞争带来的益处。[54]而且,不论税收竞争所带来的成本有多巨大,我们必须思考税收协调是否是消减这些成本的合适之道,特别是在当今世界上,达成税收协调的唯一途径是由税收竞争转向多边谈判。

第三节 结论

税收竞争支持者与多边协调税制支持者之间的论辩经常被描述为,是以利益为基础的自利市场理念,与促进公共的善(the public good)、正义和合作的理想这两方面之间的斗争。合作论者认为,只要政策制定者抛弃狭隘的个体利益观,并合作共建多边体制,每个人的境遇都能更好,社会正义也能得以实现。然而,正如本章所阐明的,这种帕累托改进的渴望遮盖了一个事实,即尽管是建立在貌似诸如合作和分配正义这样高尚的理念之上,税收协调经常以牺牲其他

---

54 罗因,同注25;沙维罗,同注53。

群体和国家的利益为代价来促进特定利益集团和国家的利益。为更好地评估税收合作政策,本章的分析指出了这些政策下的一些"赢者"和"输者"。这一复杂的多边国际税收体制包含了协调缔约国之间基本税收机制、消除双重征税机制以及税率等内容,本章的分析对于建立和维持这一体制的可行性提出了质疑。笔者认为,集体行动的问题使得这一多边机制变得不可行,因为对机制的背叛、监测背叛以及执行制裁所产生的成本过高。

笔者进一步质疑了这一全面多边合作机制在规范意义上的可取性。这一机制通常被认为是一个普遍有益的策略,但同时存在于国际和国内层面上的无效率和潜在的累退性,为该机制是否必然或者总是可取的蒙上了阴影。尽管税收协调确实可能改善缔约国为资助公共产品而征税的能力,但是税收竞争能够实现重要的效率目标。除其他外,这些效率目标包括使公共产品的提供更符合个体的偏好、减少政府的浪费、削弱导致政策制定者在分配利益时偏向特定利益群体的政治因素。

此外,从分配角度看,协调税制的可取性也受到了挑战。各国税率的多边协调确实可能帮助国家对流动性的资本征税,从而将税收负担从较小流动性的劳动力之上重新转移到具有较大流动性的资本之上。但是,限制税收竞争可能会对穷国在分配方面造成一些十分棘手的问题。多边体制下对跨境投资增加的税收可能减少对穷国国内劳动力的需求,这意味着更低的工资收入。穷国可能无法征收足够的税款来弥补劳动力因低工资而蒙受的损失,这些税款可能用于较低需求性的目的。因此,发达国家对于本国具有较小流动性的贫困人群的再分配可能是建立在牺牲穷国劳动者利益基础上的。

正如前面几章所阐明的,在国际税收舞台上被广泛支持的想法

第四章 多边合作的成本

和动议经常显得无可辩驳。但细究起来,即使是非常崇高的动因也可能产生并不高尚的结果。本章类似地阐明了,被吹捧为拯救福利国家有效工具的税收合作可能产生并不必然理想的后果。最为重要的是,国际税收合作的支持者低估了国际社会的异质性。在国际税收领域,任何政策都会以不同方式潜在地影响着不同的人群、集团和国家。因此,识别合作政策中的赢者与输者对于评估政策的可取性至关重要。合作不应当,也不是国际税收政策的终极目标。

下一章将在更为现实的环境中探讨税收合作。该章将突出展示国际社会在一系列税收事项上所进行的重要合作努力,并提出一个重要问题,即国家间合作能否成为促进它们特定利益的合作机制之可取性的证据。

第五章 合作及其不足之处

合作经常被奉为一种实现普遍共赢的战略，它被认为是促进共同利益、建立行动者之间互信的重要工具。事实上，一些著名的国际行动项目只有依赖合作才能成为可能。由此，国际税收界热烈追捧合作便不足为怪了。关于国际合作的通常说辞强调了合作能给参与集体行动的行动者带来共赢的局面，每个参与行动者也可以获得净收益。[1] 但是与之相反，笔者认为国际税收合作并不必然符合所有参与方的最佳利益，正如前面章节所阐明的，合作在事实上可能在参与合作国之间以及在参与合作国内部产生无效率，以及潜在的累退性后果。

---

1 参阅如：OECD, Addressing Base Erosion and Profit Shifting (2013), http://dx.doi.org/10.1787/9789264192744-en：

尽管各国政府可能采取单边解决措施，但国际协调解决途径仍然是有价值且有必要的。合作和协调不仅仅促进和加强保护税基的国内行动，也是提供全面的国际解决措施的关键，这些措施对问题提供令人满意的回应。这方面的协调还会减少各个管辖区对单边税收措施的需求。

OECD, Explanatory Statement, OECD/G20 Base Erosion and Profit Shifting Project 4 (2015), https://www.oecd.org/ctp/beps-explanatory-statement-2015.pdf：

在全球化经济中，政府需要进行合作并抑制有害税收实践，有效解决避税问题，同时为吸引和维持外来投资提供更加确定的国际环境。若无法达成这类合作，则可能有损作为资源动员工具的企业所得税的实效，进而对发展中国家产生不成比例的有害影响。

第五章　合作及其不足之处

　　本章将探究部分国家在合作并不符合其最佳利益的情况下，仍然参与集体行动的原因。本章回顾国际税收领域中的重点多边合作行动：防范双重征税，打击有害税收竞争，涉税信息共享安排，打击税基侵蚀与利润转移行动。这一回顾是作为本章后续寻找（一些）国家尽管违背自身最佳利益却仍参与合作这一谜题答案的理论分析的背景。该回顾对于笔者在后文中设计在规范意义上可取的国际税收机制也颇有助益。

　　对于合作的过高希望与其受质疑的利益后果之间的差距，在三种合作方案中得以展现。本书第二章探讨了通过缓解双重征税的单边措施促进全球中性的这类合作行为的潜力，笔者说明了这类合作行为并不必然符合个体国家的最佳利益。在第三章，我们检视了为防范双重征税而缔结税收协定这种双边合作行为，揭示了这类合作行为具有潜在的累退性结果，即对于来源国利益所造成的损害。最后，第四章探讨了在税收竞争大背景中为防范逐底竞争而虚构的多边合作方案，阐明了统一税制不仅可能产生效率成本，而且会歧视发展中国家国内劳动力的利益。尽管存在着这些颇受争议的结果，合作仍然享有作为一种共赢战略的良好名声，各国也经常被鼓励在诸如促进中性、缔结税收协定、信息共享，以及遏制税基侵蚀与利润转移等方面采取合作策略。

　　合作可能损害部分行为者的利益，这一事实本身并不足为怪。在特定一组行动者之间的合作显然可能损害其他方的利益，卡特尔便是一个经典的例子：市场主体之间相互协调来增加利润，但牺牲了非合作竞争者或广大消费者的利益。这类合作通过限制竞争，以牺牲非卡特尔参与方和消费者的利益为代价，使参与卡特尔的各方获得垄断利润。在国际税收领域也存在类似的情况：部分国家通过合作受益，但对其他国家甚至是本国纳税人却施加了负外部性，这类合作减损了国际税收市场的整体效率。卡特尔化因这些后果而备受批评（例如，本书第四章那样）。但是这种合作存在的本身并不足为奇，因为所有合作方均从合作中获益，相关的成本却外部化并由未参与合作的第三方承担。

本章所聚焦的国际税收合作与卡特尔的不同之处在于，国际税收合作可能损害（部分）实际参与方的利益。笔者的问题是，如果合作损害了部分国家（多数是发展中国家）的利益，为何它们会选择参加这种合作？因为如果合作对于潜在参与方而言并非是一种好的选择，它应该放弃参与这种合作。另一方面，如果参与者不是被强迫参加合作，那么它们的参与难道不是这种安排具有可取性的一个明确证明吗？它们参与合作为合作"背书"这一个事实本身不能证明合作符合它们的利益吗？它们参与合作究竟是出于别的何种原因？换言之，难道我们不应该将这些行动者的实际行为作为判断它们的选择是否正确的依据吗？

这类观点并不鲜见。例如在第三章中，有观点坚称："发展中国家从现行的双边税收协定实践中受益良多，这可以从这些国家热衷于与发达国家缔结尽可能多的税收协定这一事实上得到证明。发展中国家从没有被强迫，也没有声称它们被强迫与发达国家缔结双边税收协定。"[2] 该观点认为，事实上是发达国家拒绝发展中国家提出的缔结双边税收协定的请求，而不是相反。[3] 这种方式的论证看起来是合理的，其他方式的论证都是具有家长作风的武断。但正

---

2 Yariv Brauner, An International Tax Regime in Crystallization—Realities, Experiences and Opportunities, 56 *Tax L. Rev.* 259, 308 (2003).

3 同上。

第五章 合作及其不足之处

如本章将论证的,尽管发展中国家参与合作并非出于被强迫,但合作并不必然符合这些国家的利益。相反,尽管它们同意合作,但如果它们最初不参加合作,境遇可能更好,至少在某些情况下是这样。换言之,这些国家同意合作并不足以证明这些合作措施本身的可取性。

有种著名的论断认为,集体行动中的行动者可能会背叛,即使这种合作符合背叛者的利益,也符合集体的利益。而相反观点的接受度则较低,即尽管合作并不符合其最佳利益,但参与者仍然进行合作。笔者在本章中认为,正如背叛并不能证明合作不符合背叛方的利益(正如在囚徒困境中)那样,合作并不能证明合作对于合作方有益。为说明这一点,笔者将检视合作的路径,阐明形成双边和多边税收合作的不同路径可以被按照(有意或者无意)用来操纵部分行动者决定的方式来构建。笔者将揭示,尽管在事先被授予选择权的情况下,行动者将倾向于选择与合作不同的解决方案或者不采取任何解决方案,但是它们最终选择合作的原因。

本章首先对在不同多边场合由发达国家所倡议的若干合作成果进行简要回顾。该回顾揭示了关于国家寻求合作旨在解决的问题以及国家对各种合作项目的支持程度。本章将分析税收协定体制——其建立、扩展和巩固——不仅作为双边税收协定谈判的平台,而且作为国内税收制度趋同形成国际税收体系的模板。本章接着探讨相对并不成功的遏制有害税收竞争项目以及其继承者:通过信息共享来增加透明度的行动。最后将概述总结雄心勃勃的税基侵蚀与利润转移项目,以及它尚未有定数的结果。

这一回顾说明,尽管付出了巨大的多边努力,合作并不总是能够成功达成。这一分析能够有力地证明这样的论断,即当国家不愿意合作时，它们能够轻易地拒绝合作；根据这一假设，当国家同意合作时，它们的同意可以被视为合作可取性的证明。然而，笔者也将证明，正如单个国家拒绝参与合作并不是合作机制不符合参与各方最佳利益的压倒性证据那样，合作假定的自愿性本身并不是国际税收合作体制使全部参与方受益的证据。为支持这一论断，笔者将探讨达成合作路径中存在的重要潜在缺陷：战略互动、国家间实质不对称、网络化产品及其内在的锁定（lock-in）和卡特尔效应，以及议程设置的问题。在某些情况下，这些机制将国家（特别是发展中国家）置于不得不合作的境地，尽管如果事先有选择权，它们宁愿不进行合作。为说明国际税收体制长期以来具有的偏向于发达国家利益的不平衡性，笔者描述了经合组织国家在国际税收中的独特地位，这些国家在国际税收战略环境中往往处于优势地位。本章将详细分析发达国家如何获取这种优势地位，以及其他国家难以挑战这一现实的原因。最后，笔者将说明为何说重构国际税收博弈，使该体制更好——更有效率和更加公正——的机会已经出现。

第一节　国际税收合作的简要历史

一、第一阶段：税收协定网络

至今为止国际税收最为广泛的合作项目，可能要数第三章所论及的旨在防范双重征税的令人印象深刻的双边税收协定网络。税收协定网络看似是双边互动的结果，但事实上是多国倡议的产物。自1977年以来，经合组织主导了这一事务，它肩负着制定税收协定范本，并通过其详细的评注（commentary）更新范本的重任。

税收协定网络肇端于1928年国际联盟所发布的第一份现代税收协定范本，[4]此后国际联盟的财政委员会又相继发布了两份税收协定范本，即1943年墨西哥草案和1946年伦敦草案。[5]后两份协定范本为划分税基提供了选择性的框架，承认每份范本会偏向一组不同的国家。[6]依据国际联盟的这些范本，各国在1946年至1955年之间签署了70多份避免双重征税的双边协定。[7]与之相并行的是，鉴于"二战"后全球经济融合不断扩展下双重征税问题日益凸现，相关国家设立了欧洲经济合作组织（OEEC），[8]旨在寻求消除双重征税的税

---

4 这一问题最初在1920年国际财政会议上由国际信贷委员会提出。参阅：Michael Kobetsky（迈克尔·柯布斯基），*International Taxation of Permanent Establishments: Principles and Policy*（《常设机构的国际征税：原则与政策》）150 (2011)。在1928年，国际联盟率先发布了《避免双重征税和偷逃税协定范本草案》：League of Nations, Draft Model Treaty on Double Taxation and Tax Evasion (1928), http://www.un.org/esa/ffd/wpcontent/uploads/2014/09/DoubleTaxation.pdf。在1929年，国际联盟成立了财政委员会。对此的全面回顾，参阅：Kevin Holmes（凯文·霍姆斯），*International Tax Policy and Double Tax Treaties: An Introduction to Principles and Application*（《国际税收政策与避免双重征税协定：原则与适用的介绍》）57 (2007)；Stefano Simontacchi（斯蒂法诺·西蒙塔奇），*Taxation of Capital Gains under the OECD Model Convention: With Special Regard to Immovable Property*（《经合组织协定范本关于对资本利得的征税：特别有关不动产》）(2007)。

5 London and Mexico Model Tax Conventions Commentary and Text（《伦敦与墨西哥税收协定范本的评注与正文》），C.88.M.88.1946.II.A (Geneva, Nov. 1946), http://biblio-archive.unog.ch/Dateien/CouncilMSD/C-88-M-88-1946-II-A_EN.pdf.

6 Thomas Rixen（托马斯·里克森），*The Political Economy of International Tax Governance*（《国际税收治理的政治经济学》）96 (2008).

7 Adrian A. Kragen（阿德里安·A.克雷根），Double Income Taxation Treaties: The OECD Draft（《双重所得征税协定：经合组织范本》），52 *Cal. L. Rev.* 306, 307 (1964).

8 欧洲经济合作组织于1960年成为经济合作与发展组织。

177

收协定的统一化。[9]

1977年经合组织关于所得和资本的税收协定范本（简称经合组织范本）是朝向国际税收合作又迈进的一步，其目的在于"为国际法律性双重征税领域所出现的最常见问题提供一个在统一基础上的解决方案"。[10] 从此，经合组织范本主导了国际税收领域[11]并促成了双边税收协定数量爆炸性的增长。目前，有超过3000份税收协定是基于经合组织范本起草的，[12] 经合组织范本成为这些协定谈判的框架，因而这些协定在适用范围和语言上高度相似。[13] 通过经合组织财政事务委员会的修改建议，[14] 经合组织版本仍在得到不断的演进和发展。经合组织所提供的指南、评注和最佳实践被经常用来设计和解

9　截至1961年，委员会发布了四份题为《消除双重征税》的报告。OEEC, The Elimination of Double Taxation, Fourth Report of the Fiscal Committee (1961), http://setis.library.usyd.edu.au/pubotbin/toccer-new?id=oeectax.sgml&images=acdp/gifs&data=/usr/ot&tag=law=part=4&division=div1.

10　OECD Common Fiscal Affairs, *Model Tax Convention on Income and on Capital*, at I-1 (1997).

11　Yariv Brauner & Pasquale Pistone, Introduction, in *BRICS and the Emergence of International Tax Coordination* 3 (Yariv Brauner & Pasquale Pistone eds., 2015).

12　OECD, Developing a Multilateral Instrument to Modify Bilateral Tax Treaties（《发展一项修订双边税收协定的多边工具》）11 (2014), http://www.oecd-ilibrary.org/taxation/developing-a-multilateral-instrument-to-modifybilateral-tax-treaties_9789264219250-en.

13　Yariv Brauner, Treaties in the Aftermath of BEPS, 41 *Brook. J. Int'l L.* 973, 975 (2016).

14　在之后的几年里，财政事务委员会对范本提出了若干修正建议。自1991年开始，委员会承认应当对经合组织范本进行更为经常性的修正，并实际进行了定期的范本修正。柯布斯基，同注4。最新的版本是：OECD, *Model Tax Convention on Income and on Capital (Full Version)* [《关于所得和资本的税收协定范本》（完整版）] (2014), http://dx.doi.org/10.1787/9789264239081-en。

释税收协定和法律,这些文件因此被视为"软法"。[15]

经合组织协定范本的功用并不局限在成为国家间谈判的指南,[16]它还实质性地促进了组成双边税收协定网络的各缔约国国内税制重要组成因素的趋同。[17]鲁文·阿维-约拿将此过程几乎等同于形成国际习惯法。[18]经合组织曾经被认为是由发达国家所组成的一个封闭的集体,[19]但在上述文件制定过程中该组织努力吸纳来自非经合组织成员国、国际组织和利益相关方的意见建议,从而有力地提升了经合组织决定的合法性。

设计与经合组织范本相竞争的协定范本的工作远不如前者那么

15　参阅：Allison Christians（艾利森·克利斯蒂安斯）, How Nations Share（《国家如何分享》）, 87 *Ind. L. J.* 1407, 1411 (2012); A. P. Morriss（A. P. 莫里斯）& L. Moberg（L. 莫伯格）, Cartelizing Taxes: Understanding the OECD's Campaign against "Harmful Tax Competition"（《税收卡特尔化：理解经合组织针对"有害税收竞争"的斗争》）, 4 *Colum. J. Tax L.* 1, 21, 33 (2012)。

16　参阅如：Itai Grinberg（埃泰·格林伯格）, Breaking BEPS: The New International Tax Diplomacy（《突破税基侵蚀与利润转移：新的国际税收外交》）38 (2015), https://ssrn.com/abstract=2652894 or http://dx.doi.org/10.2139/ssrn.2652894。

17　布朗纳,同注2,第290页:"尽管有所不同,但当前国际税收制度的绝大多数组成部分的内容是高度一致的,对于不一致的内容,也都处于国际税收专家相当熟悉规则的狭小范围内。"另参阅：布朗纳,同注13,第977—978页（"不过,国际税法的标准化并不局限于税收协定。至少自二战以来,基本上所有国家的国际税法都已实现了实质融合。"）; Eduardo A. Baistrocchi, The International Tax Regime and the BRIC World: Elements for a Theory（《国际税收体制与金砖国家世界：理论的元素》）, 2013 *Oxford J. Legal Stud.* 733（描述了金砖国家逐渐融入国际税收制度）。

18　Reuven S. Avi-Yonah, International Tax as International Law（《作为国际法的国际税法》）, 57 *Tax L. Rev.* 483 (2003); Reuven S. Avi-Yonah, The Structure of International Taxation: A Proposal for Simplification（《国际税收的结构：一项简化的建议》）, 74 *Tex. L. Rev.* 1301, 1303 (1996)。"与先前预期相反,存在一个获得普遍支持的统一的国际税收体制,并且成为了各国税收体系的国际方面复杂性的基础。"

19　经合组织,同注10, I-3。

成功。举例而言，为了照顾发展中国家的利益，联合国在1988年引入了与经合组织范本相竞争的税收协定范本。联合国范本是由1968年成立的临时工作组所设计起草的，但以经合组织范本为蓝本，冠以"发达国家与发展中国家避免双重征税协定范本"之名。联合国范本反映了当时包含苏联集团和发展中国家在内的成员国状况，这些国家的国内税法体系与西方发达国家的存在重大差异。[20]尽管存在着这些竞争性的协定范本，经合组织范本仍然主导着国际税收协定领域。

正如第三章所详述的，关于税收协定的通常观点聚焦于其在缓解跨境交易双重征税方面所谓的不可或缺性。税收协定的普及使不少人将之视作通过减少双重征税促进贸易和繁荣的终极合作工具。但如本文所阐释的，税收协定因为在分配税收收入方面不利于东道国（发展中国家），以及无法增加跨境投资而备受诟病。[21]这些批评揭示了，经合组织为防范集体行动问题（双重征税）的有害后果而采取的合作行动，实质却是一种以牺牲其他国家利益为代价而服务于参与合作的发达国家利益的机制。因此，尽管税收协定在消除国家间税收体系矛盾上有所建树，但这可能是以牺牲一些（发展中）国家的利益为代价的。

回顾本章文首所提到的卡特尔类比：发达国家被认为对发展中国家施加了负外部性。但正如所提到的，令人困惑的是为什么因税

---

20 参阅：莫里斯和莫伯格，同注15，第18页。关于联合国范本的更多信息，以及联合国范本与经合组织范本的比较，参阅：Jens Wittendorff（简斯·威顿多夫），*Transfer Pricing and the Arm's Length Principle in International Tax Law*（《转让定价与国际税法中的独立交易原则》）249-52 (2010)。

21 关于税收协定与投资增加之间的实证争议，详见第三章。

收协定而利益明显受损的国家(主要是东道国)仍在一开始就缔结了税收协定。另一方面,这些国家签订税收协定的事实难道不是这些协定对它们有益的证明吗?[22] 在本章的后面部分,笔者将反驳这些直觉,提出东道国虽然加入了税收协定俱乐部,但从其自身利益角度考察,这并不必然表明税收协定体制的可取性。相反,其他的战略考量促成了这些国家加入税收协定的决定。这可能与缔结协定过程的建构更为相关,而非协定实际的可取性:因为国际税收博弈是以使一国加入协定体制比其他可供选择情形下境遇更好的方式建立的。

二、第二阶段:遏制税收竞争

避免双重征税也许是国际社会尝试税收合作的首个事项,但绝对不是唯一事项。在税收协定项目成功启动的若干年后,国际税收界将注意力转移到税收竞争上。这一合作努力以遏制所谓的"有害税收竞争"为开端。[23] 各国特别是发达国家日益担心它们的居民纳税人(个人和跨国企业)所具有的将经济活动和利润转移至更具有吸引力的税务管辖区的能力。[24] 与此同时,国家也开始意识到,仅凭一己之力是无法与税收竞争相斗争的。[25] 经合组织因此发起了一项

---

22 正如笔者所解释的,有观点将东道国同意签署协定解释为是东道国维护自身利益以及合作机制可取性的标志。参阅如:布朗纳,同注2,第308页。

23 莫里斯和莫伯格,同注15,第4页(描述了经合组织反对税收竞争的发展历程)。

24 Yariv Brauner, What the BEPS?, 16 *Fla. Tax Rev.* 55, 61–67 (2014).

25 参阅:莫里斯和莫伯格,同注15,第34—38页(整体描述了面对更加全球化的经济的限制,美国、法国和德国对多边行动的支持是如何增加的)。

旨在遏制税收竞争的广泛行动计划。[26]"有害"的税收竞争被认为是侵蚀了国家的税基，将税收负担转移至非流动性的生产要素，并阻碍了再分配目标的实现。[27]遏制税收竞争的斗争引起了国际社会的广泛关注，标志着启动了一项重要的多边税收合作行动，并最终形成了1998年经合组织关于有害税收竞争的报告。[28]

这份报告所反映的不仅是由单边向多边行动的转变，也是经合组织内部行动方法的转变，即"从过去的阐明问题并提出一般解决

---

26 经合组织就这一问题在1987年发布了两份报告：OECD, Tax Havens: Measures to Prevent Abuse by Taxpayers（《避税天堂：防范纳税人滥用的措施》）, in *International Tax Avoidance and Evasion: Four Related Studies* 19 (1987); OECD, Taxation and the Abuse of Bank Secrecy（《征税与银行保密的滥用》）, in *International Tax Avoidance and Evasion: Four Related Studies* 107 (1987)。关于税收竞争列入经合组织议程的过程、全球对话的演进以及经合组织最终采取措施等方面的详细分析，参阅：Diane M. Ring（黛安娜·M.林）, Who Is Making International Tax Policy? International Organizations as Power Players in a High Stakes World（《谁在制定国际税收政策？在高度利益联系的世界中作为权力行使者的国际组织》）, 33 *Fordham Int'l L. J.* 649, 703-15 (2010)。

27 OECD, *Harmful Tax Competition: An Emerging Global Issue* 14 (1998), http://www.oecd.org/tax/transparency/44430243.pdf。

不过，全球化也带来了负面影响，它为企业和个人税负最小化和避税敞开了新的大门，各国可以利用这些机会，制定旨在转移金融和其他具有地域流动性资本的税收政策。这些行为将潜在地扭曲贸易和投资模式，减少全球福利。如下文所详述的，这些方案可能侵蚀其他国家的税基，改变征税结构（通过将部分税收负担从流动性要素转移到相对非流动性要素上，从所得转移到消费上）以及妨碍累进税率的适用和再分配目标的实现。这种压力可能会导致税收结构发生变化，尽管通过加强国际合作可以取得更理想的结果，但所有国家都将因为外溢效应被迫调整其税基。更一般而言，如今一个经济体的税收政策更有可能对其他经济体产生影响。

欧洲联盟还制定了旨在解决有害税收竞争并在欧洲层面协调行动的行为准则。1996年，欧洲经济和金融事务委员会（ECOFIN）决定寻求应对有害税收竞争的协调解决方案。1997年，《企业税收行为守则》得以采纳。98/C 2/01 Conclusion of the COFFIN Council Meeting, 12/1/1997, http://eurlex.europa.eu/legal-content/EN/ALL/?uri=OJ%3AC%3A1998%3A002%3ATOC。

28 经合组织，同注27。

方案,转向为打击逃避税,减轻金融保密,促使国家结束'不公平'的税收竞争而采取协调和积极的行动"。[29]在避税天堂层出不穷,逃避税收日益泛滥的大背景中,[30]解决这一问题的最初战略是协调各种可容许和不可容许的政策。正如经合组织报告所指出的,"国家应当保有在设计其本国税收制度方面的自主权……只要它们遵守国际公认的标准。"[31]具体而言,该报告谴责了为从其他税收管辖区吸引资本而采取各种税收政策,列举了决定某项优惠税制是否具有潜在危害性的因素清单,以及界定避税天堂的四项关键标准。[32]经合组织成立了有害税收实践论坛,该论坛履行将包括非经合组织成员国在内的国家列入避税天堂黑名单的职能。[33]此后,论坛发布了一系列相关报告,列举了有害税收体制,并要求对不合作的税收管辖区实施制裁。[34]

有观点认为,经合组织关于有害税收管辖区的清单,以及与部

---

29 莫里斯和莫伯格,同注15,第43页。

30 Allison Christians, Avoidance, Evasion, and Taxpayer Morality(《避税、逃税和纳税人道德》), 44 *Wash. U. J. L. & Pol'y* 39 (2014).

31 经合组织,同注27,第15页。

32 这些标准包括不征税或仅按照名义税率征税,缺乏有效的信息交换,缺少透明度,没有实质活动。经合组织,同注27,第22页:

[本章]讨论在本报告中用于确定避税天堂管辖区和非避税天堂管辖区中有害优惠税收制度的因素。聚焦于识别有助于经合组织成员国和非成员国中避税天堂和有害优惠税收体制吸引高度流动性活动,例如金融和其他服务活动的因素。本章为帮助政府识别避税天堂、区分可接受的优惠税收制度与有害的优惠税收制度提供实践指南。

33 OECD, *Harmful Tax Competition*, http://ec.europa.eu/taxation_customs/taxation/company_tax/harmful_tax_practices/index_en.htm.

34 Allison Christians, Sovereignty, Taxation, and Social Contract(《主权、征税与社会契约》), 18 *Minn. J. Int'l L.* 99, 127-37 (2009); OECD, *Action Plan 5: Countering Harmful Tax Practices More Effectively*(《第5项行动计划:更加有效打击有害税收实践》) 17, 18 (2014).

分避税天堂所签订的协议,都是"该行动项目成功的明显标志"。[35]但事实并非如此。离岸税收管辖区对此提出了批评,[36]而来自经合组织内部和参与国的政治压力[37]削弱了对该行动项目的支持;[38]至2005年,该行动项目"就基本偃旗息鼓了"。[39]由于对该项目支持度下降,经合组织开始把目光转向另一个目标——偷逃税,并聚焦于透明度。在有害税收竞争报告中所提出的战略在此后相应地被税收信息交换和透明度目标所取代。[40]

由此,经合组织关于应对税收竞争的全面合作尝试并没有取得成功。这一行动项目的失败是集体行动问题阻碍协调具有广泛利益的大量行动者进行合作的示例。当然,这也表明了国家所具有的明显的"自由意志":如果一个国家认为合作并不符合其利益,它可以——也会——拒绝合作。笔者没有低估为达到合作而可能面临的困难,也不否认无法从合作中获益的国家出于自身利益而拒绝参与合作的可能性。这些确实是即使是最具吸引力的合作项目也可能面临的主要障碍。但是遏制有害税收竞争行动项目的实际失败并不意

---

35 莫里斯和莫伯格,同注15,第47页。Steven A. Dean(斯蒂芬·A.迪恩), Philosopher Kings and International Tax(《哲学家之王与国际税收》),58 *Hastings L. J.*, 911, 961 (2007).值得注意的是,避税天堂的协议并不一定表明其将来会遵守该最初协议。

36 同上,第50页;OECD, *Tax Co-Operation: Towards a Level Playing Field*(《税收合作:走向公平竞争》)(2006), http://www.oecd.org/tax/transparency/44430286.pdf。

37 克利斯蒂安斯,同注30,第6页;林,同注26,第716—718页(描述了不同国际组织在此过程中所发挥的具体和战略性的作用)。

38 经合组织成员国和离岸金融中心开始在多边基础上进行谈判,同时经合组织同意在经合组织成员国遵守标准之前避免实施有针对性的制裁。参阅:莫里斯和莫伯格,同注15,第50页。

39 莫里斯和莫伯格,同注15,第51页。

40 "根据经合组织范本草案的表述,一国要签订至少12份税收信息交换协议,才能从避税天堂的黑名单中被移除。"克利斯蒂安斯,同注30,第6页。

味着,仅仅根据国家同意合作这一事实就能推定合作对它们有利。国际税收博弈的策略本质是国家的决定不仅取决于它们的偏好,也受制于这些国家可供选择的策略范围。因此,正如国家选择在合作中背叛并不必然证明合作不符合其利益,国家选择合作也并不能成为合作必然符合其最佳利益的证据。确实存在着这种可能——而且在我们的探讨中,也能看到很可能的是——在某些情况下,如果合作不是可选的方案,则可能会更符合国家的利益。

三、第三阶段:信息共享与透明度

随着遏制税收竞争行动的实际失败,经合组织将精力重新集中到更温和的目标,即提高税收体系透明度和促进国际税收信息共享。该第三阶段的国际税收合作更为成功,因为相比于遏制税收竞争,这一阶段税收合作的主旨是帮助国家加强对投资境外且试图逃避居民国税收的本国税收居民征税。

(一)双边工具

典型的防范双重征税协定一般都包含要求缔约国履行相互提供税收信息义务的条款。[41]当然,这种安排在范围上具有一定的局限性,因为只有在缔约相对方提出明确要求的情况下缔约方才提供信息。[42]在2002年,[43]经合组织发布了《税收信息交换协议》(TIEAs)

---

41 参阅:《关于所得和资本的税收协定范本》,经合组织,同注10,I-11§26。
42 同上:"如果缔约国根据本条请求获得信息,缔约国对方应当采用信息收集措施获取被请求的信息,即使从缔约国对方自身税收目的角度出发并不需要这些信息。"
43 事实上,促进信息交换的努力可以追溯到1977年,当时欧盟已开始在信息的执行和透明度方面展开一些合作。1977年,欧洲理事会批准了一项旨在便利各国主管税务机关之间相互协助的指令:Council Directive 77/799/EEC, *Mutual Assistance by the Competent Authorities of the Member States in the Field of Direct Taxation*(转下页)

的范本,旨在通过信息相互交换促进各国在税收事务上的合作。[44]这一文件是经合组织有害税收竞争项目的产物,目的在于帮助国家获得本国居民纳税人在避税天堂的投资信息。[45]一国被要求必须签订12个TIEAs,[46]才能从有害的税收天堂黑名单上除名。这一范本得

(接上页)(《成员国主管当局在直接税领域提供相互协助》), 1977 O. J. (L 336) 15。该指令于2011年被Council Directive 2011/16/EU所取代,后者要求信息透明度和应请求的信息交换的标准与国际标准相一致。该指令于2014年被Council Directive 2014/107/EU所修订,后者"将主管税务机关的合作扩展至金融账户信息自动交换"。EU, *Enhanced Administrative Cooperation in the Field of (Direct) Taxation*(《在(直接)税领域强化行政合作》)(2011, with amendments as adopted in 2014), http://ec.europa.eu/taxation_customs/taxation/tax_cooperation/mutual_assistance/direct_tax_directive/index_en.htm. 该指令在2016年被修订: Council Directive 2011/16/EU, Administrative Cooperation in the Field of taxation and repealing Directive 77/799/EEC, 2016 O. J. (L 64) 1–12。

在2003年,欧盟批准了储蓄所得指令: Council Directive 2003/48, *Taxation of Savings Income in the Form of Interest Payments*(《对以利息支付方式存在的储蓄所得的征税》), 2003 O. J. (L 157) 38 [hereinafter Savings Directive]。该指令"要求……成员国要么与另一个国家交换信息,要么征收能从利息所得中扣除的预提税"。Itai Grinberg, Beyond FATCA: An Evolutionary Moment for the International Tax System(《超越FATCA:国际税收体系的发展时刻》)13 (2012), https://papers.ssrn.com/sol3/papers.cfm?abstract_id=1996752. 该文提到"欧盟的大多数国家采用信息交换制度。有三个属于银行保密国的欧盟成员国采用了预提税制度,正如英国和荷兰的独立领土中的多个,包括海峡群岛"。同上,第20页。

44　OECD, Exchange of Information, Tax Information Exchange Agreements (TIEAs) (2002), http://www.oecd.org/ctp/exchange-of-taxinformation/taxinformationexchangeagreementstieas.htm. 该公约由经合组织和欧洲理事会制定,以财政事务委员会编写的第一份草案为基础。经合组织,同注10, I-11。*OECD Convention on Mutual Administrative Assistance in Tax Matters*(《经合组织税收征管互助公约》)(1988, with amendments as adopted in 2010), http://www.keepeek.com/Digital-Asset-Management/oecd/taxation/the-multilateral-convention-on-mutual-administrativeassistance-in-tax-matters_9789264115606-en#.WF0lRvl95nI.

45　Miranda Stewart(米兰达·斯图尔特), International Tax, the G20 and Asia Pacific(《国际税收、二十国集团和亚洲太平洋》), 1 *Asia & Pac. Pol'y Stud.* 484, 490 (2014).

46　克利斯蒂安斯,同注30,第6页;斯图尔特,同注45。

到了许多国家的支持,[47]但它并不是一个有约束力的工具,而只是"为双边税收协定的整合体(integrated bundle)提供了基础"。[48]多边TIEAs的一个缔约国只有在与签订税收协定的缔约方之间才受到TIEAs相关条款的约束。[49]在强制性黑名单形成过程和TIEAs要求中寻求话语权的避税天堂国家提出了各种顾虑,导致了透明度和税收信息交换全球论坛的成立。[50]该论坛最初只是为了跟踪TIEAs的缔约情况,此后则发展成为"在广度和深度上都是史无前例的"[51]对缔约国国内法进行同行审议的进程,以促进协议的实际履行。

2008年的全球金融危机促进了在透明度标准和税收信息交换方面国际合作的加强。全球论坛重新鼓励国家缔结双边TIEAs。[52]《经

---

47 关于完整清单,参阅:http://www.oecd.org/ctp/harmful/43775845.pdf。

48 OECD, Agreement on Exchange of Information on Tax Matters, Introduction (《税务事项信息交换协议:介绍》)§5 (2002), http://www.oecd.org/ctp/exchange-of-tax-information/2082215.pdf。

49 同上。关于所签署双边协定的清单,参阅:http://www.oecd.org/tax/transparency/exchangeoftaxinformationagreements.htm。

50 关于全球论坛,参阅:www.oecd.tax/transparency。斯图尔特,同注45,第490页,对该论坛的描述如下:
即使从技术上说,全球论坛是经合组织发起的项目,但在2009年的墨西哥会议上,全球论坛进行了重组,给予了所有成员国平等的投票权。全球论坛的成员国承担行政费用,经合组织成员国提供了大量资金。全球论坛向所有国家开放,如今拥有121个成员国,欧盟和许多国际组织担任观察员。TIEA过程和全球论坛使得各个国家的税务机关之间直接互动。不过,论坛本身不具有规则制定的权力或行政权力,也没有任何多边条约或者法律授权的支持,从这个角度看,该论坛属于"软"机构。

51 斯图尔特,同注45。

52 在2008年至2011年之间,有700份TIEA被签署。所签订协议数量激增依托的背景不仅是全球金融危机,还涉及瑞银和其他避税天堂的丑闻。参阅:T. A. Van Kampen(T. A.万·凯蓬)& L. J. Rijke(L. J.里伊克), The Kredietbank Luxembourg and the Liechtenstein Tax Affairs: Notes on the Balance between the Exchange of Information between States and the Protection of Fundamental Rights(《卢森堡信贷银行以及列支敦士登税收事件:国家间信息交换与基本人权保护之间平衡的注解》), 5 *Econ. Tax Rev.* 221 (2008)。

合组织税收协定范本》第26条规定了应请求的税收信息交换标准，2012年修订后的该条款扩展了缔约国获得信息的能力，规定缔约国在请求中无需明确特定纳税人的名称即可要求缔约国对方提供一组纳税人的信息。[53]

由最初的单边行动发展成为多个类似机制的另一个有意思的案例是美国在2010年单边采纳的《外国账户税务合规法案》（FATCA）。[54]该法案要求外国金融机构报告其美国开户者的识别信息和文件、账户号码和账户余额，以及向这些账户支付的任何收入。如果任何人不遵守FATCA的要求，金融机构被要求扣留向其所支付金额的30%。有趣的是，FATCA所代表的单边行动促进了多边的合作。同行（peer）国家与美国发展和签署了相关的协议，以减少遵从成本和避免外国机构可能面临的法律纠纷（特别是客户保密的义务）。[55]但更为重要的是，其他税务管辖区相继采纳了类似FATCA的机制。[56]由此，当《涉税金融账户信息自动交换标准》中的《共同报告标准》[下文（三）中将探讨]"广泛借鉴了执行FATCA的政府间方式"时，[57]原

53　OECD, *Tax: OECD Updates OECD Model Tax Convention to Extend Information Requests to Groups*（《税收：经合组织更新经合组织税收协定范本以扩展信息请求至一组纳税人》）(July 18, 2012), http://www.oecd.org/ctp/taxoecdupdatesoecdmodeltaxconventiontoextendinformationrequeststogroups.htm.

54　*Hiring Incentives to Restore Employment Act*（《鼓励雇佣以恢复就业法案》）, Pub. L. No. 111-147, §501, 124 Stat. 71 (2010).

55　关于过程的详细描述，参阅：Joshua D. Blank & Ruth Mason, Exporting FATCA, 142 *Tax Notes* 1245 (Mar. 17, 2014)。

56　同上。

57　OECD, *Standard for Automatic Exchange of Financial Account Information in Tax Matters* 5 (2014).关于过程的时间线，参阅：Ricardo García Antón（里卡多·加西亚·安通）, The 21st Century Multilateralism in International Taxation: The Emperor's New Clothes?（《21世纪国际税收的多边主义：皇帝的新装？》）,（转下页）

先单边的行动就演变成了成熟的多边协议安排。

（二）税收征管互助（多边）公约

2010年，二十国集团要求全球论坛对经合组织《税收征管互助公约》进行修订。[58]该公约最初订立于1988年，旨在为全球应请求的税收信息交换提供国际标准，并对所有国家开放签署。但这一公约影响力十分有限，直到2010年修订，这一情况才有所改观。自该次修订以来，超过60个国家已经签署了该公约。[59]得益于二十国集团的支持，该公约的国际认可度不断提升，二十国集团最近呼吁所有国家毫不迟延地签署该公约。[60]

此领域中一个有意思的发展是尝试为税收信息自动交换制定国际标准。在TIEAs的制度框架下，税收信息是"经请求"而提供的；

（接上页）8 *World Tax J.* 147, 168 (2016); Alessandro Turina（阿兰桑德罗·图里纳）, Visible, Though Not Visible in Itself: Transparency at the Crossroads of International Financial Regulation and International Taxation（《可见的，尽管本身不可见：在国际金融管制与国际税收交汇处的透明度》）, 8 *World Tax J.* 378 (2016)。

58　1988年经合组织《税收征管互助公约》已通过新的议定书得到修订，预计各国将签署该公约。OECD & Council of Europe, *Protocol Amending the Convention on Mutual Administrative Assistance in Tax Matters*（《关于修订〈税收征管互助公约〉的议定书》）(2011), http://www.oecd.org/ctp/exchange-of-tax-information/ENG-Amended-Convention.pdf.

59　关于参与税收管辖区的完整清单，参阅：http://www.oecd.org/ctp/exchangeof-tax-information/Status_of_convention.pdf。

60　莫里斯和莫伯格，同注15，第55页，强调公约独特的多边性质：

由于其多边性，主权国家不能基于其自身的特定情况就条款调整问题展开谈判，只能通过作出保留改变其义务，且该保留日后可以撤回。此外，当一国加入公约，即意味其与所有已经签署公约的国家达成协议……更新后的公约可能只限于披露和透明度等事项，但其仍然是朝着实现将世界上所有国家纳入到一个税收协议中这一目标迈进的一大步。

米兰达·斯图尔特，同注45，第491—492页，提到了建立由各国财政部门代表组成的协调机构，并指出"该协调机构具有发展出更大权力和机构性质的潜力"。

即一个国家如果对协定缔约对方就特定信息提出交换的要求作出恰当的答复,就被认为是遵守了税收协定。[61]而现在的努力是要求缔约国积极收集特定信息,并与其他缔约国分享。举例而言,多边公约规定的经请求的税收信息交换,扩展了缔约国就自动信息交换和自发信息交换(如果缔约国同意的话)的合作,并规定了"缔约国之间就税收评定和税款征收,特别是为了打击逃避税而进行所有可能形式的行政合作。这种合作包含了从税收信息交换到追讨外国税款的各类情形"。[62]

(三)自动信息交换

从2012年开始,国际社会为建立一个统一的税收信息自动交换机制进行了各种尝试,这种税收信息自动交换机制超越了以往协定中选择性和被动性遵从的要求,也不同于"经请求的"税收信息交换。它对各国在收集和转移信息方面施加了肯定性义务。法国、德国、意大利、西班牙、英国和美国,与二十国集团其他成员国共同启动了制定税收信息多边自动交换标准的项目,[63]这一标准要求缔约国定期分享批量的纳税人信息。[64]关于税收信息自动交换的国际支持孕育了经合组织2013年发布的题为《税收透明度变革的步骤》的

---

61 经合组织,同注47。

62 OECD & Council of Europe, *Text of the Revised Explanatory Report to the Convention on Mutual Administrative Assistance in Tax Matters as Amended by the Protocol*(《经议定书修订的〈税收征管互助公约〉的修改后解释性报告的文本》)(2010).

63 OECD, *Standard for Automatic Exchange of Financial Account Information in Tax Matters* (2014).

64 另一个信息共享和税收合作的全球机构是国际税收对话(ITD),是由欧盟委员会、美洲开发银行、国际货币基金组织、经合组织、世界银行集团和美洲税收征管中心联合发起的一项共同倡议。

报告,[65]该报告对于税收信息交换标准的适用提出了实际的步骤,奠定了2014年《涉税金融账户信息自动交换标准》的基础。[66]二十国集团各国的财政部长、34个经合组织成员国和其他若干非成员国都支持税收信息自动交换的《共同报告标准》。该共同报告标准要求缔约国从本国金融机构获取具体的金融账户信息,并按年自动与其他缔约国分享。此外,超过101个税收管辖区公开承诺将执行税收信息自动交换,其中超过55个税收管辖区[67]承诺执行一项自2017年开始的雄心勃勃的时间表(早期接受标准的税收管辖区)。[68]

税收信息交换也是税基侵蚀与利润转移行动计划中转让定价部分的组成内容。[69]第13项行动计划以及其成果建议发展一个共同的"税收信息池",称为"国别报告"(CbCR)。根据这一机制,跨国纳税人被要求向其最终母公司所在的税务管辖区提交关于转让定价机制的信息,该信息自动与其他税务管辖区进行分享。这一提议被指责是为经合组织国家量身定制的,因为该自动信息交换机制所约束的跨国企业主要是最大型的企业,所以更可能是经合组织国家的税

---

65 参阅:OECD, *A Step Change in Tax Transparency* (2013), http://www.oecd.org/ctp/exchange-of-tax-information/taxtransparency_G8report.pdf。

66 经合组织,同注63,第10页。

67 有趣的是,美国没有对此作出承诺。美国表示——也许相反——其已经与其他税收管辖区签订政府间协议(IGAs)以满足其FATCA要求。美国签署的IGAs-1A范本承认美国有必要与合作的税收管辖区实现同等水平的相互自动信息交换。其中还包括采纳法规以及促进和支持实现相互自动信息交换的相关立法的政治承诺。关于美国在信息共享方面长期坚持的单边立场,参阅如:Steven A. Dean, Neither Rules nor Standards(《既非规则亦非标准》), 87 *Notre Dame L. Rev.* 537, 568 (2012)。

68 关于完整的名单,参阅:http://www.oecd.org/tax/transparency/AEOI-commitments.pdf。

69 参阅:Ana Paula Dourado(安娜·保拉·多瑞多), May You Live in Interesting Times(《但愿你生活在有趣的时代》), 44 *Intertax* 2, 5 (2016)(支持在BEPS诸行动计划下的信息交换)。

收居民。[70]而且，穷国缺少实施该机制所必需的执法机构、计算能力和行政管理能力，所以建议所支持的这一机制对这些国家而言成本高昂。[71]题为"更有效打击有害税收实践"的税基侵蚀与利润转移第5项行动计划最终建议也支持自动税收信息交换机制，[72]该项行动计划所建议的自动信息交换机制聚焦于在各国税务当局之间自动交换不同类型的税收裁决信息，旨在削弱纳税人进行税收筹划从而减少其税务责任的能力。

提升透明度——正如笔者将在第七章提出的——可能促进全球整体福利，因为提高税收透明度能够减少市场失灵（即信息不对称）。但是对于发展中国家来说，它们要为这类提升透明度的机制承担额外成本，而收益却相对较少，这是否符合这些国家的最佳利益，不无疑问。[73]下

---

70 关于对该工具的批评，参阅：Reuven S. Avi-Yonah & Haiyan Xu（许海燕），Evaluating BEPS（《评价税基侵蚀与利润转移》）18 (Michigan Law, Public Law & Legal Theory Research Paper Series No. 493, Jan. 16, 2016), http://papers.ssrn.com/sol3/papers.cfm?abstract_id=2716125。

71 The BEPS Monitoring Group（税基侵蚀与利润转移监控小组），OECD BEPS Scorecard（《经合组织税基侵蚀与利润转移记分卡》），76 *Tax Notes Int'l* 243, 251 (Oct. 20, 2014)."当前，即使是按照国家法律要求产生的公司数据，例如上市公司账户信息，在实践中仍然很难获得。因此，研究人员，甚至是政府部门（例如税务主管机关）都依赖于私人数据库提供方。这对于发展中国家来说是尤其有害的，因为不仅订购数据库成本高昂，而且此类数据库中对于发展中国家的覆盖率很低。

72 OECD, *Countering Harmful Tax Practices More Effectively, Taking into Account Transparency and Substance*, OECD/G20 Base Erosion and Profit Shifting Project (2015), http://www.oecd.org/ctp/countering-harmful-tax-practices-more-effectively-takinginto-account-transparency-and-substance-action-5-2015-final-report-9789264241190-en.htm.

73 参阅：Ana Paula Dourado, International Standards, Base Erosion and Developing Countries（《国际标准、税基侵蚀和发展中国家》），in *Tax Design Issues World wide*（《世界税制设计问题》）179 (Geerten M. M. Michielse & Victor Thuronyi eds., 2015)。另参阅：Itai Grinberg, Taxing Capital Income in Emerging Countries: Will FATCA Open the Door?（《对新兴国家资本所得的征税：FATCA 会开门吗？》），5 *World Tax J.* 325 (2013)（描述了统一报告标准对新兴经济体以及金融机构的好处）。

文讨论表明，与其他合作措施相似，加入此类信息共享协议并不必然表明其对合作参与国有益，就像起初不愿意合作不能表明缺乏合作那样。因此，这种机制的可取性需要得到独立的证实。本章第二节将阐释，国际税收博弈的策略本质既可能促进合作，也可能导致背叛，但并不必然与合作措施本身的可取性存在联系。关于合作并不是衡量机制可取性的洞见，对税基侵蚀与利润转移行动计划同样（甚至更加）重要，该行动计划目前是国际税收领域中最为重要的合作性框架。

（四）税基侵蚀与利润转移（BEPS）行动项目

最近的——也有观点认为是，最为雄心勃勃的——多边项目是2015年末由经合组织发布的备受关注的BEPS项目成果报告。该项目特别针对防范各种税收筹划，帮助国家恢复被侵蚀的税基。以2008年的金融危机和列支敦士登的信息披露为背景，响应非政府组织的要求和公民的抗议，[74]二十国集团各国的财政部长决心协力抗击税基侵蚀和利润转移行为，一致赞成多边主义是共克全球经济困境的重要途径。[75]这些努力是对于之前通行国际税收体制所经历重要变化的回应，这些重要变化导致"有些人怀疑通行的国际税收体制已经消亡"。[76]BEPS行动计划对此完美地概述如下：

---

74 Lee Sheppard（李·谢泼德），Saint-Amans Takes a BEPS Victory Lap（圣阿芒绕场一周庆祝BEPS的胜利），80 *Tax Notes Int'l* 212 (Oct. 19, 2015).该文也提到"欧洲银行业人士不愿意将不良贷款货币化，除非仅限于银行资本结构调整"。

75 G20, G20 Leaders Declaration（《二十国集团领导人声明》）48 (June 18-19, 2012)；布朗纳，同注24，第57页。

76 亚瑞夫·布朗纳提到了这种消亡本身的两个主要发展。一是新兴经济体在扭转居民国征税最大化趋势中所发挥的积极作用，这降低了国际税收制度的趋同性和标准化水平。二是跨国公司规避国家监管权的能力日益增强，而国际税收制度无法对此加以防范。布朗纳，同注24，第63—64页。

税收是国家主权的核心部分，但是各国国内税收规则的互动在某些情况下可能产生漏洞和摩擦。在制定本国国内税收规则时，国家可能没有充分考虑其他国家税收规则的影响。主权国家所执行的独立的国内税收规则之间互动产生摩擦，包括跨国经营的公司面临潜在的双重征税问题。互动也可能产生漏洞，比如公司所得在来源国或居民国都没有被征税，或者只按照名义税率被征税……

如果对此无动于衷，可能导致有些国家政府损失公司所得税税收，造成相互竞争的国际标准不断涌现，以及单边措施对现行以同意为基础的框架的取代，这些最终导致以重现双重征税泛滥为标志的全球税收乱局。事实上，如果行动计划不能及时提供有效的解决方案，部分国家就可能诉诸单边行动来保护它们的税基，这将导致本可避免的不确定性和难以解决的双重征税问题。[77]

经合组织迅速行动来应对此挑战，及时发布了BEPS最初报告以及备受国际税收政策制定者所关注的15项行动计划。特别是第15项行动计划提出了颇具吸引力的建议，即用一项多边的硬法工具来升级现有的双边税收协定。[78] 该项行动计划被寄予厚望和高度期待。

77　OECD, *Action Plan on Base Erosion and Profit Shifting* 11 (2013), http://www.oecd.org/ctp/BEPSActionPlan.pdf.

78　参阅经合组织，同注12，第10页：
BEPS第15项行动计划对制定多边工具有关的税收和国际公法问题进行了分析，帮助相关有意愿的国家落实BEPS工作进程中所制定的措施，并修订双边税收协定。基于这一分析，有关国家将制定旨在为国际税收事项提供创新方法的多边工具，这反映了全球经济快速变革的本质，以及迅速适应这一变革的需要。第15项行动计划的目标是简化与税收协定相关的BEPS措施的实施。这是一项在税收领域无先例可循的创新方法，但在国际公法的其他诸多领域存在以多边工具修改双边条约的先例。该报告借鉴了国际公法和税法专家的专业知识，探讨了多边硬法方法的技术可行性。（转下页）

正如2013年BEPS行动计划所指出的，"BEPS行动项目标志着国际税收合作历史的一个转折点",[79]因为该行动项目承诺"制定一系列新的标准来防范BEPS问题,这些问题包括通过混合错配安排来实现双重不征税,通过利息扣除来实现税基侵蚀,或者通过转让定价来实现人为的利润转移"。[80]甚至在成果发布之前,有些国家就敦促经合组织能够通过BEPS行动项目来实现有效改革,[81]开展合作性努力以提出整体而非临时的,以及有创新性的解决方法,以应对国际税收所面临的新挑战。[82]

各方对BEPS成果报告褒贬不一。[83]一方面,人们批评在现代全球经济背景中,这些成果报告缺乏足够的创新性和整体性,也没有对国际税收体制的基本原则展开有意义的探讨,[84]鉴于此,BEPS行动

（接上页）以及其对当前税收协定体系的影响。该报告指出了制定这一工具可能引发的问题,并提供了国际法、国际公法以及因该方法引发的政治问题方面的分析。报告的结论是,多边工具是理想且可行的,应当尽快启动有关该工具的谈判。

79　经合组织,同注77,第25页,第29—40页。

80　OECD/G20, Base Erosion and Profit Shifting Project Information Brief(《税基侵蚀与利润转移项目的信息简述》) 4 (2014), http://www.oecd.org/ctp/beps-2014-deliverables-information-brief.pdf.

81　参阅如：Yariv Brauner, BEPS: An Interim Evaluation(《BEPS：中期评估》), 6 *World Tax J.* 31 (Feb. 4, 2014), http://online.ibfd.org/kbase/#topic=doc&url=/collections/wtj/html/wtj_2014_01_int_3.html&WT.z_nav=Navigation&colid=4948; Philip Baker(菲利普·贝克), Is There a Cure for BEPS?(《有救治BEPS的良方吗？》), 5 *Brit. Tax Rev.* 605 (2013)。

82　布朗纳,同注24,第55页。

83　关于各种批判性观点,参阅：Mindy Herzfeld(明迪·赫茨菲尔德), Coordination or Competition? A BEPS Score Card(《协调抑或竞争？ BEPS的记分卡》), 83 *Tax Notes Int'l* 1093 (Sept. 26, 2016)。

84　参阅：Jeffery M. Kadet(杰夫瑞·M.卡德特), BEPS: A Primer on Where It Came from and Where It's Going(《BEPS手册：其过去以及将来》), 150 *Tax Notes* 793, 804 (Feb. 15, 2016)。

计划难以成功。[85]相应地，成果报告未如现行体制所要求的那样[86]带来具有革命性的变化和更为彻底的解决方法。[87]另一方面，有观点质疑BEPS报告是否试图在短时间内急于取得过多的成果。[88]他们声称，落实报告中的建议会给跨境经济活动带来过于严苛的后果，并哀叹会给企业和政府执法方面带来高昂的执行成本。批评者进一步指出，这些会增加纳税人面临的不确定性风险，并可能对企业保密信息造成潜在损害。[89]但是，无论是认为BEPS成果报告过于雄心勃勃还是过于畏缩不前，"事实上所有的人都认为BEPS最终报告所提出的规则存在过多的模糊不清之处"。[90]有批评认为，成果报告不够严格，没有对国家施加更为严格的义务，对国家提出的建议软弱无力，也没

85　布朗纳，同注24；多瑞多，同注69。

86　阿维-约拿和许海燕，同注70，第12页（质疑独立实体原则在现代经营现实中的重要性，提议以单一实体原则取而代之）；卡德特，同注84，第804页［认为公式分配法与完全包容（full-inclusion）制度是替代独立实体原则的两个有效方法］；布朗纳，同注2（描述并批判了各行动计划的局限性）。

87　阿维-约拿和许海燕，同注70；Ryan Finley（瑞恩·芬利），The Year in BEPS: Phase 1 Completed（《BEPS的一年：第一阶段任务完成》），80 *Tax Notes Int'l* 983 (Dec. 21, 2015)：

一些税收正义组织（tax justice groups）和非政府组织认为，BEPS行动计划仍然与基于独立交易原则和独立实体方法的失败制度相关。尽管经合组织提出了强有力的相反观点，但这些群体仍然认为发展中国家没能在BEPS行动计划中发挥有效的作用。

88　多瑞多，同注69，第4页，指出在BEPS行动计划下协调的复杂性，对"继续提高国际透明度并允许每个税收辖区或税收辖区联合体找到适当的国家税收政策不可取"的观点提出了质疑。

89　参阅：芬利，同注87（"企业团体及其专业顾问抱怨，最终建议可能增加纳税人面临的不确定性风险，使更多企业面临双重征税，增加合规成本，并使企业保密信息面临风险）；卡德特，同注84，第805页。

90　赫茨菲尔德，同注83。

有协调制定最低标准来限制竞争。[91]还有观点指出,行动计划的最终报告为成员国国内立法预留了过多空间,势必滋生国内反对以及游说力量,损害行动计划成果的有效性。[92]部分国家的单边反应已经为BEPS项目的前景蒙上了阴影:美国官员最近对项目提出了某些顾虑,[93]而欧盟则重启了它的共同同意公司所得税税基(CCCTB)项目,使人怀疑欧盟是否对落实成果临阵退缩了。[94]

由此,尽管行动计划之初群情激昂,[95]但BEPS项目是否标志着国际税收合作进入了一个新阶段,还需假以时日观察之。各个行动计划中的建议仍需由各参与国加以采纳。面对国内可能的反对声音,[96]只有时间才能告诉人们,国家能多快以及在何种程度上将这些建议转化为国内立法,[97]以及是否和在何种程度上实际执行相应的技术性程序。

即使可能,BEPS报告所建议措施的有效执行还有相当长的路要

91　布朗纳,同注81,第31—32页。特别是第3项行动计划中相对宽松的受控外国公司(CFC)规则招致了强烈反对。参阅:阿维-约拿和许海燕,同注70,第11页("很难预期第3项行动计划将有效减少和遏制跨国公司滥用外国所得免税或递延纳税制度的动机");卡德特,同注84,第799页(强有力的受控外国公司规则可以遏制利润转移,使来源国和居民国都获得更多的税收)。

92　阿维-约拿和许海燕,同注70,第31页;卡德特,同注84,第806页(预计了跨国企业的抵制和反对)。

93　参阅如:2015年6月10日罗伯特·斯塔克(Robert Stack)在华盛顿特区召开的国际税收大会上表达的批评意见。Stuart Gibson(斯图尔特·吉布森),BEPS Approaches the Finish Line –Or Does It?(《BEPS项目接近完成——或者确实如此吗?》), 78 *Tax Notes Int'l* 965 (June 15, 2015). 另参阅: Stuart Gibson, Is the EU out to Scuttle BEPS?(《欧盟快速推进BEPS?》), 78 *Tax Notes Int'l* 1065 (June 22, 2015)。

94　吉布森,《欧盟快速推进BEPS?》,同注93。

95　参阅:布朗纳,同注24,谢泼德,同注74。

96　参阅:卡德特,同注84,第804页。

97　同上,第806页;芬利,同注87, http://pdfs.taxnotes.com/tnipdf/2015/80ti0983.pdf(提出在美国实施阶段将是"困难重重")。

走。即使BEPS协议为参与各国完全接受，仍无法预计这些成果是简单地微调国际税收的原有概念（比如转让定价与独立交易原则、择协避税、受控外国公司规则、利息扣除、常设机构[98]），还是开启了国际税收的一个全新阶段：将国际税收转化成为惠及整个国际社会的有效（和公正[99]）的多边机制。[100]后BEPS国际税收体制最终格局的这种不确定性，其根源在于相当数量的行动计划报告只是提出了具有软法性质的建议，这为参与国预留了相当大的弹性，[101]而只有少数

---

98 参阅：布朗纳，同注2。

99 例如，明迪·赫兹菲尔德认为：

斯特德（Stead，基督教援助会的高级经济法律顾问）指出了全球税收政策争论中很少提到的一个重要观点：平等的程度或缺少平等，将影响国际征税权的分配。BEPS行动计划旨在增强根据现行规则已经对跨国公司利润享有征税权国家的税收征管能力。尽管中国和印度等强大新兴经济体将BEPS行动计划视为将征税权作有利于本国分配的机会，但这种变动不太可能对欠发达国家有所帮助。

Mindy Herzfeld, BEPS 2.0: The OECD Takes on New Territory（《BEPS2.0：经合组织开疆拓土》），81 *Tax Notes Int'l* 987, 990 (Mar. 21, 2016), http://www.taxnotes.com/tax-notes-international/base-erosion-and-profit-shifting-beps/news-analysis-beps-20-oecd-takes-new-territory/2016/03/21/18293691?highlight=beps.

100 关于这类多边协议潜力的精彩回顾，参阅：布朗纳，同注81，第13页，他认为：

当前的规则是以主要为全有或全无（来源国或居住国）规范为基础的税基分配规则，这些规则无法解决复杂的冲突情形，同时尽管有所增加，但几乎没有对实施问题提供指引。这类范式已告失败。这意味着什么？这意味仅主要依托国内立法规则——主要是反滥用规则——的做法与此洞见相悖。这意味着仅有"软法"，缺乏执行机制的最佳实践指引是不够的。这意味着简单的全有或全无的分配规则是不可持续的。范式的转变将需要更复杂的分配规则、各国税务机关之间的积极合作、背离纯双边结构的国际税收制度以及某种形式的实施保证机制等。这种范式的转换将是对BEPS行动计划能否成功的主要考验。

101 例如，第2项行动计划（消除混搭错配安排的影响）、第3项行动计划（制定有效的受控外国公司规则）以及第5项行动计划（有效打击有害税收实践）都被认为具有软法性质，因为它们仅是关于如何制定国内法的建议。因此，这些行动计划依赖于国家是否同意采纳这些规则，且不构成最低标准。参阅：布朗纳，同注24，第79—96页；阿维-约拿和许海燕，同注70，第10—13页；卡德特，同注84，第798—800页。

报告达成了较强的共识（比如第4项行动计划关于利息支付的税收处理）。尽管如此，行动计划成果报告中可能最具重大影响的是关于程序方面的规定。这可能是真正变化之处：第12项行动计划提出的通过激进税收筹划披露义务和强制披露规则来遏制国际税收筹划的建议；[102]第13项行动计划提出的旨在使转让定价相关报告标准化并简化转让定价审计的国别报告要求；[103]第11项行动计划中规定的通过数据分析来评估遏制BEPS措施财政效果的工具箱；[104]第14项行动计划提出的争端解决机制；[105]以及最为重要的，第15项行动计划提出的在所有国家参与制定多边工具框架下的未来国际税收合作建议。[106]遗憾的是，最后一项工具比其他包含工具的建议在规定上更

---

102 OECD, *Mandatory Disclosure Rules, Action 12–2015 Final Report*（《第12项行动计划2015年最终报告：强制披露规则》），OECD/G20 Base Erosion and Profit Shifting Project (2015).

103 OECD, *Transfer Pricing Documentation and Country-by-Country Reporting, Action 13–2015 Final Report*（《第13项行动计划2015年最终报告：转让定价文档与国别报告》），OECD/G20 Base Erosion and Profit Shifting Project (2015).

104 OECD, *Measuring and Monitoring BEPS, Action 11–2015 Final Report*（《第11项行动计划2015年最终报告：计量与监控税基侵蚀与利润转移》），OECD/G20 Base Erosion and Profit Shifting Project (2015).

105 OECD, *Making Dispute Resolution Mechanisms More Effective, Action 14–2015 Final Report*（《第14项行动计划2015年最终报告：使争议解决机制更为有效》），OECD/G20 Base Erosion and Profit Shifting Project (2015).

106 OECD, *Developing a Multilateral Instrument to Modify Bilateral Tax Treaties, Action 15–2015 Final Report*（《第15项行动计划2015年最终报告：发展一项修订双边税收协定的多边工具》），OECD/G20 Base Erosion and Profit Shifting Project (2015), http://dx.doi.org/10.1787/9789264241688-en. 2017年6月7日，《实施税收协定相关措施以防止税基侵蚀和利润转移的多边公约》获得签署。该多边工具将BEPS行动计划成果转化植入全球双边税收协定中。该多边工具实施协商一致的关于打击协定滥用和提高争议解决机制效能的最低标准，但允许为特定税收协定保留一定的灵活性，以这种方式对数千份双边税收协定的适用进行修订。关于公约的文本，参阅：（转下页）

为模糊,因此很难预计这项多边工具在未来的重要性。

BEPS项目的完结被认为是一种成功。[107]二十国集团首脑最近重申了对该项目的集体支持,这表明该项目仍然拥有国际政治支持。[108]然而,人们质疑这种成功,迈克尔·格雷茨(Micheal Graetz)最近提出了下列评价意见:

> 经合组织的BEPS项目通过信息的获取和共享可能逆转[国家间竞争的]趋势,但是我认为它却无法改变国际所得税方面基本的实质性规则……BEPS并没有开启国际合作的新时代,却开启了国际税收竞争的新阶段。因为国家将继续开展竞争——特别是为了更

(接上页)http://www.oecd.org/tax/treaties/multilateral-convention-to-implement-tax-treaty-related-measures-to-prevent-BEPS.pdf;关于附随公约的解释性声明,参阅:http://www.oecd.org/tax/treaties/explanatory-statement-multilateral-convention-to-implement-tax-treaty-relatedmeasures-to-prevent-BEPS.pdf。

107 参阅:布朗纳,同注24;谢泼德,同注74。

108 在2016年杭州峰会上,二十国集团领导人再次对BEPS行动计划和信息交换的努力进行背书.

我们将继续支持国际税收合作,以实现全球公平和现代国际税收体系,并促进增长,包括推进正在进行的BEPS行动计划的合作,税务信息交换,发展中国家税收能力建设以及促进增长和税收确定性的税收政策。我们欢迎建立二十国集团/经合组织关于BEPS的包容性框架以及在京都召开的首次会议。我们支持及时、持续且广泛地落实BEPS一揽子行动计划,并且呼吁所有相关且对此感兴趣但尚未对BEPS一揽子行动计划作出承诺的国家或税收管辖区也落实BEPS一揽子行动计划,并在平等的基础上加入包容性框架。我们还欢迎有效且广泛地执行就税收透明度达成的国际公认标准,并重申呼吁所有尚未对BEPS一揽子行动计划作出承诺的相关国家,包括所有金融中心和税收管辖区,毫无迟延地在2018年之前落实自动信息交换标准,并签署和批准《税收征管互助多边公约》。我们对经合组织联合二十国集团成员国共同发布的识别在税收透明度方面非合作税收管辖区的客观标准的建议予以背书。

G20 Leaders' Communique Hangzhou Summit (2016), file:///C:/Users/user/Dropbox/Bbook%20International%20Tax%20Policy%20 (nonshare)/chapter%207-%20Perfecting%20Tax%20Competition/G20%20recommit%20to%20beps.pdf.

好的就业机会——并为获得这些更好的就业机会,给予较低的税率和特殊的税收减免。[109]

总而言之,尽管有这些高调的言论,有高级别政治人物的支持,以及当前形势的快速变化,仍然很难预测BEPS项目是否以及在多大程度上对国际税收合作产生实际影响。

关于促进国际税收多边合作的各项动议都有一个共同的前提,即合作使所有参与国受益。相应地,所有国家都被假设同等地对消除双重征税、涉税信息共享、防范有害税收竞争以及协调国内税收政策以遏制避税等方面感兴趣(尽管并不是所有国家都存在相同的问题,以及——更为重要的是——所提出的解决方案并不是对所有参与国同等有效)。特定行为者之间的合作经常被认为是可以用来说明这一合作方案对参与行动者确实有益的。因为在没有强制的情况下,还能有其他原因促使国家同意签署合作协议吗?笔者在下一节中将提出,合作的动态(dynamics)可能会促使部分国家违背自己最佳利益而开展合作。

第二节 为何(部分)行为者违反自身最佳利益而进行合作

合作听上去具有不可辩驳的益处。毕竟人们难以抗拒参加其他所有参与方都同意的一项行动努力。在国际税收博弈中,当非

---

109 参阅:Michael Graetz, Bringing International Tax Policy into the 21st Century(《将国际税收政策带入21世纪》), 83 *Tax Notes Int'l* 315 (July 25, 2016)。

合作的策略产生次优结果时,合作确实能够成为一项特别有效的策略。这就产生了集体行动领域的一个经典问题,即如果没有合作,行为者会被迫采取次优的单边策略,即使在所有人都合作的条件下将产生更好的结果。换言之,国家行为者背叛合作的事实并不说明,它们协调一致进行有效的合作不能产生更佳的利益后果。实际上,一个著名的假设是国际税收是一个非合作博弈,而合作可以使参与各国获益。[110] 在前面的章节中,笔者提出由于存在协调、策略和监督等方面的障碍,实现和维护人们所希冀的合作可能面临困难,甚至有时这种合作不具有可行性。但是,正如没有合作不能成为合作对行为者不具可取性的证明,存在合作同样不能证明合作本身具有可取性。本节聚焦于合作的特征,尝试解释为什么合作对于某些国家行为者有益,但对于其他国家行为者却比不进行合作时更为有害,这一当今国际税收政策世界里存在的问题。这些解释主要涉及策略性因素、发达国家与发展中国家之间的力量不对称性、税收协定体系的网络效应,以及发达国家对于国际税收议程安排的影响。

---

110 Reuven S. Avi-Yonah, Globalization, Tax Competition and the Fiscal Crisis of the Welfare State(《全球化、税收竞争和福利国家的财政危机》), 113 *Harv. L. Rev.* 7 1573, 1583 (2000).他认为:

当前的情况类似于多人博弈游戏("猎鹿博弈"):如果所有发达国家重新引入利息预提税,则所有发达国家都将获益,因为在获得税收收入的同时无需承担资本转移至其他发达国家的风险。但是,没有一个国家愿意通过单边征收预提税来开启合作;因此,所有发达国家都选择"背叛"(即不征税)从而损害了所有发达国家。

另参阅:C. M. Radaelli(C. M.拉德利), Game Theory and Institutional Entrepreneurship: Transfer Pricing and the Search for Coordination International Tax Policy(《博弈理论与制度企业家精神:转移定价与对国际税收政策协调的探求》), 26 *Pol'y Stud.* J 603 (1998)(反对国家因囚徒困境而无法进行合作的观点)。

一、策略性考量

就本质而言,国际税收博弈是非合作性的。正如上文所述,国际税收的去中心化性质——国家独立自主制定其本国的税收规则——造成了国家间竞争。但是国家所采取的策略却是相互依存的,因为一个国家行为的后果取决于其他国家的行为。即使存在两个国家行为主体之间的合作,例如在税收协定场合,这种双边合作并不改变它们之间互动以及它们与其他国家之间互动的竞争本质(举例而言,其他的来源国或者其他的居民国),这反过来会影响这两个合作国从缔结税收协定中所能获得的收益。

这一博弈动态能够解释在对其税收收入负面影响较大,而且在防范双重征税方面并不特别有效的情况下,发展中国家仍然缔结税收协定的策略性考量。爱德华多·拜斯特罗基令人信服地解释了发展中国家在应对同行国家的竞争时所面临的策略困境,以及这些困境会改变这些国家的收益。[111]在这些竞争条件下,发展中国家所面临的并不是在税收协定体制与非税收协定体制之间的简单选择,而是面临已经包含其他国家的现存税收协定体制的加入条件问题。因此,发展中国家的选择实际是要么加入"税收协定国家俱乐部",要么置身于"税收协定国家俱乐部"之外,但这些国家的竞争者——其他发展中国家可能加入该"俱乐部"。在后一种情形,即置身于"税收协定国家俱乐部"之外,这些国家就有可能在与其他国家就外国投资的竞争中失败。正如第三章详细解释的那样,尽管缔结税收协

---

111 Eduardo A. Baistrocchi, The Structure of the Asymmetric Tax Treaty Network: Theory and Implications(《税收协定网络的不对称结构:理论与影响》)(Bepress Legal Series Working Paper 1991, Feb. 8, 2007), http://law.bepress.com/expresso/eps/1991.

定并不必然能够更好地防范双重征税，但成为"税收协定国家俱乐部"的一员是向外国投资者发出尊重协定缔约国对方，以及本国与税收协定体制相协调的一种积极信号。因此，在其他条件相同的情况下，外国投资者更青睐于具有熟悉和相对简单税收协定体制的国家，而不是耗费大量精力和资源去了解不熟悉的外国的具体税收规则，因为在避免双重征税的实际效果相同的情况下，外国投资者还需要适应后一类国家的税收体制。与减少双重征税不同（第三章解释了在没有税收协定时同样可以减少双重征税），适应性的优势只存在于税收协定体制中。这就是为何发达国家将税收协定适应性优势作为一种回报，使发展中国家在税收协定谈判中相互成为竞争对手的原因。这一博弈的策略性后果是发展中国家面临着囚徒困境：尽管相比其他策略选择，加入税收协定体制使这些国家损失更多的税收收入，但这些国家也将获得相应的竞争优势，或者说出于对其竞争者加入协定体制并获得相应优势的担忧才不得不加入协定体制。[112]

上述分析表明，不是由于税收协定本身的优越性，而是相互竞争国家之间的策略互动，促使发展中国家加入税收协定体制。[113] 因此，发展中国家缔结成本高昂的税收协定的原因之一是，使这些国家在与其他发展中国家竞争中陷入囚徒困境的国际税收博弈结构。但颇有意味的是，如拜斯特罗基所设想的（直觉上是可能的），只有发

---

112 就像在经典的囚徒困境中一样，如果所有东道国最终都加入进来，那么适应性效应不可能增加投资，因为所有东道国将享有相同水平的跨境投资。

113 Yariv Brauner, The Future of Tax Incentives for Developing Countries（《发展中国家税收优惠措施的未来》）, in *The Future of Tax Incentives for Developing Countries* 25 (Yariv Brauner&Miranda Stewart eds., 2013). 描述了特定发展中国家之间的类似情况，这些国家担心在与其他发展中国家的税收竞争中落败，从而提供并不使本国获益的税收优惠。

展中国家会发现它们处于这一策略困境中,而发达国家,即居民国,与同类居民国之间并不存在类似的竞争——这类竞争可能缓和发展中国家之间策略互动的成本。下一节将探讨发达国家与发展中国家之间的不对称性,并提供一个可能的解释。

二、开展合作的不对称能力

本章分析所揭示的一个有意思的现象是,经合组织及其代表的发达国家在国际税收领域占据了主导性地位。除了发达国家在国际协议谈判中拥有的强大经济和政治力量,本章认为,经合组织成员国通过将力量整合成为集团实力,牢固确立其市场力量和主导地位,从而在多边合作中获得不相称的过多利益。从这个意义上说,现行的国际税收体制是服务于经合组织国家利益的。经合组织致力于解决与发达国家利益攸关的问题,在税收收入分配、所得税税基确定,以及信息共享标准方面所采取的解决方案也是偏向于发达国家的。[114]

经合组织寻求增进的是发达国家利益而不是所有国家的利益,这是相当明显的。自然地,只要经合组织发起一项多边协议,其所致力的是增进成员国的利益。但令人困惑的是,其他的国家集团在对现行体制条款重新进行谈判,或者引入替代性体系从而更好地服务于它们自身利益方面,仍没有形成合力。这一反差的原因可能在于发达国家与发展中国家在开展合作能力方面的不对称性。

发展中国家在形成合作性集团方面能力薄弱的问题可以从两项因素中得到解释。第一项因素是经合组织国家整体上在相互合作方面具有长期的传统,已经拥有成功合作所必要的平台和相互关系。

---

[114] 这一主导地位现在可能面临动摇。详见下文第三节。

进一步而言，经合组织成员国之间的长期关系意味着背叛合作可能要冒更大的声誉损失风险（这可能导致这些国家一开始就形成有效的合作）。而且，相比于发展中国家，经合组织成员国的政府整体上更具透明性，这就意味着它们背叛合作被发现的概率更高。

第二项因素是发展中国家之间的竞争几乎都是为了追逐资本，特别是外国直接投资。相反，发达国家之间则是为了税收居民而开展竞争，而税收居民相比于资本是更不易流动的资源。由此，发展中国家之间的税收竞争可能更加激烈，合作的成本更高。因为，如果所竞争的资源具有极高的流动性，对于每个国家所提供的税收待遇细微变化的反应更加敏感，就会对竞争国提供更具吸引力的"一揽子交易"形成更大的压力。另一方面，当资源所有者向其他竞争国转移资源的成本更高时，原先的国家对于这些资源的征税就具有更大的空间，可以征收比其他竞争国更高的税收。由于税收居民相比于资本具有较小的流动性，因此对他们的征税比对资本的征税更加有效（通过以居民为基础的征税体制）。由于税收居民向其他竞争国转移的成本较高，居民国对它们的征税也可以更多。如果其中的利益关系并不十分显著，那么形成合作性措施就更加容易，就会对其他国家集团（比如作为来源国的发展中国家集团）产生更大的减少征税的压力。

除上述两项因素外，发展中国家可能最初就缺少进行合作的动机。合作旨在限制竞争，因此自然只有发达的居民国才有更大的动力开展合作。合作之所以能够服务于发达国家的利益，是因为通过合作遏制竞争，从而保护它们的税基和福利国家。相反，发展中国家可能更偏爱于没有协调的国际税收体系，从而放任它们能够吸引更多的外国投资。在其他条件相等的情况下，上述动机促使发达国家更可能采取行动来促进合作。

当只有一组国家能够形成合力并以国家集团的方式进行谈判，而其他国家各自为战时，就很容易了解为何前者能够具有更强大的政治和经济力量，从而在与后者进行的多边谈判中维护自身的利益。下面的章节将进一步解释，当国家在国际税收市场上相互竞争，并且必须就是否采纳特定的国际税收工具或缔结双边税收协定独立作出决定时，这种集体的力量是如何能够有效地转化成为收益的。

三、网络效应

尽管税收协定具有双边性质，它们并不是由缔约国双方独立发起的封闭的策略事件。相反，税收协定是基于一个共同的标准，使用该标准的国家越多，这个共同标准就更具吸引力。换言之，税收协定是网络，缔结协定所依赖的范本则是一个网络产品。[115] 下文中，笔者虽以税收协定为例，但所作的分析同样适用于其他——现行的和未来的——多边工具。这包括税收信息交换协议（TIEAs）范本、《税收征管互助多边公约》、FATCA 和《涉税金融账户信息自动交换

115　有关法律作为网络产业的一般分析以及与之相关的成本和收益分析，参阅：Talia Fisher（塔利亚·费雪），Separation of Law and State（《法律与国家的区分》），43 *U. Mich. J. L. Reform* 435 (2010)。在税收领域的分析，参阅：Eduardo A. Baistrocchi, The International Tax Regime and the BRIC World: Elements for a Theory（《国际税收体制与金砖国家世界：理论的元素》），33 *Oxford J. Legal Stud.* 733 (2013)（适用动态理论并采用双边平台网络理论解释他所描述的"金砖国家缓慢融合"于国际税收体制的现象）。另参阅：Miranda Stewart, Transnational Tax Information Exchange Networks: Steps towards a Globalized, Legitimate Tax Administration（《跨国税收信息交换网络：迈向全球化的合法税收征管》），4 *World Tax J.* 152 (May 30, 2012)（将税收信息交换网络描述为超越国界的新技术规则，是全球治理网络中不同于传统的一部分，政府部门跨国合作创造出新的跨国秩序，并强调该网络所要求的独立合法化事实）。

标准》，甚至是BEPS项目，特别是BEPS项目所包含的修订双边税收协定的多边工具。所有这些标准能够围绕一个共同的工具形成网络。[116] 与其他网络（比如电信网络或者自动取款机网络）类似，工具对用户的价值伴随着每一位加入网络的新用户而提升。[117] 与仅仅增进相互利益的简单合作不同，网络产品具有对于用户加入和留在网络中的内在激励因素。申言之，如果其他消费者正在使用一款特定的文字处理软件或者自动银行机，就会产生促使新用户使用相同软件或者银行机的巨大激励。类似地，当其他主体正在使用一种收集和传递涉税信息的格式，新用户使用类似格式从而节省信息交换处理成本[118]就是合理的。当其他国家使用税收协定范本标准，那么采用类似标准也是合理的。通过加入并留在一个网络，使用者能从与其他使用者的兼容上获益。这就是"网络效应"。

加入网络的收益——网络效应——支撑起网络的成员数量，即使采用标准的成本高到在没有网络效应的情况下会阻止国家采用类似规则的程度。经合组织协定范本所包含的标准构成了目前十分成

116　其中一部分甚至被这样宣传。关于一个有趣的事例，参阅宣传《税收征管互助多边公约》的传单，http://www.oecd.org/ctp/exchange-of-taxinformation/ENG_Convention_Flyer.pdf，建议各国成为该公约的缔约方：

公约涵盖的税种范围比双边协定的更为广泛（例如，公约涵盖增值税/货劳税以及社保费）。此外，公约为各国税务事项多边合作提供了单一法律基础，并设立了一个机构，该机构能够应缔约方要求，就公约的解释和适用出具意见。并且，公约就各种形式的互助，例如文件送达、同步税务检查和境外税务检查等规定了统一的程序。

117　Michael L. Katz（迈克尔·L.凯兹）& Carl Shapiro（卡尔·夏皮罗），Network Externalities, Competition, and Compatibility（《网络外部性、竞争和兼容性》），75 Am. Econ. Rev. 424 (1985).

118　格林伯格，同注73，描述了统一报告标准相比碎片化的国际报告体制对新兴经济体和金融机构的好处。新兴经济体将从减少对资本所得征税的征管和政治成本中获益。金融机构将从减少遵从成本中获益。

功的税收协定网络的基础,并为欲加入和留在网络中的潜在使用者提供了十分强烈的激励。[119]因此,尽管存在着采纳标准版本的成本,但鉴于其他国家日益增加采用税收协定标准版本,国家就有加入和留在税收协定网络中的积极性。所以,尽管经合组织协定范本迫使来源国在没有增加对外来投资激励的情况下放弃税收收入,税收协定体系所具有的类似网络效应的优势似乎仍能够激励这些国家加入这一体系。[120]

税收协定体系所涉及的成本和收益都是一个网络结构所具有的特点。收益典型的是网络效应具有的外部性:可得性(accessibility)、熟悉性、经合组织所提供可广泛共享的协定条款解释文档,以及这些优势为网络成员带来的承认度和信誉度。换言之,采用类似的结构和共通的税收术语(比如独立交易机制[121]和常设机构概念[122]),为各方所接受的加比规则(tie-breaking rules)(比如对双重居所的纳税人确定居民身份)以及消除双重征税的共同标准,都使纳税人的境外投资更加便利(以及成本更低),从而增加了这一网络的吸引

119　参阅:拜斯特罗基,同注115。
120　提出对于那些决定在协定网络之外运作的国家,尤其是避税天堂国家而言,可能会有好处。笔者将在第七章对此予以讨论。也可参阅:Omri Marian(欧姆瑞·玛丽安), The State Administration of International Tax Avoidance(《对国际避税的国家监管》), 7 Harv. Bus. L. Rev (forthcoming 2017) Available at SSRN: https://ssrn.com/abstract=2685642。
121　拜斯特罗基,同注115,第759页(辩称美国税法中的独立交易原则已扩展至世界的其他国家,这种扩展主要是通过税收协定网络完成的)。
122　Reuven S. Avi-Yonah, Tax Competition, Tax Arbitrage, and the International Tax Regime(《税收竞争、税收套利以及国际税收体制》)7 (Univ. Michigan Public Law Working Paper No. 73, Jan. 2007.以韩国为例说明了这样的观点,即使在加入任何税收协定之前,大多数国家采纳国际税收规则的自由也因需要适应国际公认的国际税收原则而受到严重限制。

力。[123]这些标准同样可降低成员国构建税制的成本。[124]相反，如果置身于该网络之外，外国投资者就可能绕开未加入协定网络的国家，转而投资于网络成员国，因为后者能够提供兼容性标准的简单化和安全性。所以，税收协定的网络结构鼓励国家遵从统一的标准，而如果没有这种网络因素，很难促使国家这么做。即使一个国家更偏爱与网络标准不同的术语、机制或者解释，其他许多国家都使用标准这一事实也经常会在该国决定是否加入网络时起到决定性作用。简而言之，国家加入网络——本文中指的是税收协定网络——的原因之一是国家从网络正外部性上获得的收益超过了其付出的成本。

正如收益那样，国家为税收协定网络付出的成本也是网络在一般意义上具有成本的典型。首先，主导市场的网络标准的创始者能够利用网络从潜在竞争者那里获得卡特尔收益，也能够从网络的使用者那里获得垄断租金。其次，网络一旦建立，其所包含的标准即使并非最优，也能够长期存在，因为使用者很难再转向采用其他的即使

---

123 Michael Lang（迈克尔·朗）& Jeffrey Owens（杰弗里·欧文斯），*The Role of Tax Treaties in Facilitating Development and Protecting the Tax Base*（《税收协定在促进发展与保护税基中的作用》）36, 39 (WU Int'l Taxation Research Paper Series No. 2014-03, 2014), http://ssrn.com/abstract=2398438.强调协定的具体细节对于跨国企业获得理想的投资条件意义重大，并进而对争取跨国企业商业活动的国家也意义重大。他们更普遍地认为：

企业调查表明，跨国企业在确定投资经营地点时会考虑当地是否有协定并审查协定的规定。在其他条件相同的情况下，跨国企业偏爱拥有良好协定网络的国家。这一问题的重要性将取决于各国的经济结构、协定与国内法的关系以及行政机关和法院在适用协定时的态度。

124 协定通常还充当了非协定直接缔约方国家之间的桥梁。不过，协定制度的这一特征目前正在受到打击税基侵蚀和利润转移行动的抨击，该项行动敦促各国采取利益限制（LOB）规则以防止非居民享受协定利益。OECD, *Preventing the Granting of Treaty Benefits in Inappropriate Circumstances*, Action 6—2015 Final Report, OECD/G20 Base Erosion and Profit.

是更好的标准。下面的第（一）和第（二）子节将考虑这两项成本。而置身于网络之外所能获得的（也许是令人惊讶的）收益，将在第七章中单独探讨。

（一）过高的价格：卡特尔行为

由于存在使成员国进行合作的激励机制，稳定性是网络结构最主要的优势。但稳定性也是网络结构最大的弊端之一，因为促进合作的强大激励可能导致卡特尔的出现，并使主导者获取垄断租金。[125]网络结构促成卡特尔的性质能够解释发达国家从税收协定网络体系中获得额外收益的现象，也可以为尽管从税收协定网络中的获益有限，但发展中国家仍然加入或者留在该网络中这一现象提供合理的说明。

税收协定体系让发达国家——网络的始作俑者——获取卡特尔利润。这体现了网络所具有的先行者优势。[126]税收协定范本为发达国家所设计并服务于这些国家的事实，使得这些国家获得了这一优势。无论这些标准是有意识地被设计出来，或是自然逐渐演变产生，减少东道国来源所得的征税之路径一旦确立，就很难被改变。最初加入网络的（发达）国家享受简便化和交易成本减少的个别好处。这些国家所确立的统一标准进一步降低了跨境交易的交易成本，从而为标准的后续使用者提供网络的正外部效应。一旦这一网络主导了国际税收市场，置身于该网络之外的成本就会增加，发达国家就

125　T. Cowen（T.科文），Law as a Public Good–The Economics of Anarchy（《作为公共产品的法律——无政府（状态）的经济学》），8 *Econ. & Phil.* 249, 253–59 (1992)."使无政府状态稳定的相同因素也可能引发……行使垄断权机构的相互勾结……竞争性法律体系要么不稳定，要么崩溃成垄断机构或网络。"

126　M. A. Lemley（M. A.兰姆利）& D. McGowan（D.麦克高文），Legal Implications of Network Economic Effects（《网络经济效应的法律影响》），86 *Cal. L. Rev.* 479, 495 (1998).

可以从加入网络的发展中国家那里获取垄断租金。发展中国家所付出的过高价格并不体现税收协定机制在消除双重征税方面的特有优势,而是因为网络创立者的市场力量。换言之,按照在税收收入分配方面更有利于居民国来设计税收协定机制,网络的创立者能够以牺牲后来加入网络的发展中(东道)国家的利益为代价获取垄断租金。

(二)劣质"产品":锁定效应

税收协定远非完美:适用范围并不完整,所提出的解决方案不全面,税收收入分配的结果也存在问题。特别是,它们不利于发展中国家。这里的问题在于,既然一个不同的解决方案可能对部分(发展中)国家更为有利,那么这一竞争性的标准为何迟迟没有出现?人们可能预期,协定的这些弊端可以通过改进现有范本,相应修订现行的协定,或者采用与现有规则相竞争——改进的——标准等方式轻而易举地加以解决。尽管上述任何一个解决方案都是可行的,但没有一个得以实现(尽管人们希望最近所缔结的多边工具可能会促成这种变化)。这一现象的部分原因在于发展中国家之间形成合作的能力低下(如第二节第二部分所阐述的)。这使得发展中国家在试图谈判或者发起一项更为平衡的标准时,较之发达国家处于一种内生的劣势地位。

协定体制的网络结构具有抵制变化的固有障碍,进一步加剧了上述不对称性。特别地,网络所具有的锁定效应扼杀了协定向替代标准自发转换的可能性。[127]一项兼容性标准的存在会极大地改变相

---

127 事实上,过去提出的相竞争的标准未能获得与经合组织标准所获得的类似支持。其中最著名的当属联合国协定范本,该范本与经合组织范本在总体结构和术语上非常相似,但在特定条款上有所不同,并且给予发展中国家的待遇比经合组织范本更加优惠。

关市场，因为标准之间的竞争属于典型的"赢者通吃"情形，在这种情形下，主导性标准将"占领"全部市场。[128] 一旦取胜的标准得以确立，那么其他标准，即使比取胜的标准更优，其渗透市场的概率也是很低的，遑论主导市场。使用者采用与主导体系使用者相兼容的标准所获得的利益，将促进后来使用者向主导使用者的趋同，因为后来使用者所获得的利益超过了其对于其他非兼容体系特征的偏好。一个建立在诸如更加公平的税收收入分配或者更低整体税收基础上，与已有标准相竞争的网络结构是难上加难的，因为已经获得成功的网络倾向于排挤新的（即使是更优的）标准。即使一组国家设立能更好地服务于其利益的标准，其他国家也可能不愿采用这一标准，否则理性的投资者将不愿意投资于这些税收管辖区。

税收协定网络特别受制于锁定效应，因为税收协定所确定的标准不仅适用于税收协定的谈判，也用于构建所谓的国际税收体制。[129] 全球不少国家的税收体系都包含了划分不同来源所得类型以及确定所得来源的相应规则。这些国家的税法规则也包含了对于经营与非经营所得的类似区分、关于常设机构的类似概念、来源地

128　Stanley M. Besen（史丹利·M. 贝森）& Joseph Farrell（约瑟夫·法雷尔），Choosing How to Compete: Strategies and Tactics in Standardization（《选择如何竞争：标准化中的战略与战术》），8 *J. Econ. Persp.* 117 (1994).

129　参阅：布朗纳，同注2（辩称国际税法的标准化不局限于税收协定法，基本上所有国家的国际税法都在很大程度上趋同）；阿维－约拿，同注122［认为存在一致的国际税收制度，该制度同时体现在税收协定网络和国内法中，并且构成了（以条约和习惯法为基础的）国际法的重要组成部分］；Eduardo A. Baistrocchi, The Use and Interpretation of Tax Treaties in the Emerging World: Theory and Implications, 4 *Brit. Tax Rev.* 352, 353 (2008), http://ssrn.com/abstract=1273089（"不对称和对称的税收协定网络都构成了国际税收体系的核心结构"）。

预提税的相同实践，以及经常是相同的居民国避免双重征税救济措施。[130] 而且，也许更为重要的是，税收协定网络加深了关于来源国与居民国的传统区分；巩固了所得必须具有地理意义上的来源，个人和公司必须以某个地理位置为其居住地的观念。即使采用某些通用的概念已经明显不合适了，上述这些观念与对于国际税收的挑战可以通过修正传统定义，以及矫正各国税法体系之间的空缺或者重合来克服的假设仍相吻合。因此，现行税收协定网络的标准已经深深植根于各国的国内立法之中，轻易难以改变。

为说明这一锁定效应，我们假设存在一项彻底改变现今国际税收体系的竞争性标准，该标准是以销售、劳动力和生产位置为基础在各国之间按公式分配所得。[131] 即使这一标准比现行体制更为优越，但该标准的创立者也难以促使其他国家加入新标准的网络体系。这一新标准要求投资者遵从报告其全球所得的新规定，并可能——潜在地——因新旧标准差异承担筹划和报告的额外花费以及额外的税

---

130 布朗纳，同注2，第269页。关于更为详细的描述，参阅上注，第285—290页。

131 参阅如：Reuven S. Avi-Yonah & Ilan Benshalom（伊兰·本沙洛姆），Formulary Apportionment—Myths and Prospects（《公式分配——神话与前景》），2011 *World Tax J.* 371, 373, 378；Reuven S. Avi-Yonah, Kimberly A. Clausing（金伯利·A. 克劳辛）& Michael C. Durst（迈克尔·C. 德斯特），Allocating Business Profits for Tax Purposes: A Proposal to Adopt a Formulary Profit Split（《为税收目的分配经营利润：一项采用公式分配进行利润分割的建议》），9 *Fla. Tax Rev.* 497, 500, 501-07, 510-13 (2009)；Julie Roin（朱莉·罗因），Can the Income Tax Be Saved? The Promises and Pitfalls of Adopting Worldwide Formulary Apportionment（《所得税能被挽救吗？采用全球公式分配法的希望与隐患》），61 *Tax L. Rev.* 169, 172-73 (2008)。另参阅：J. Clifton Fleming（J. 克里夫顿·弗莱明），Robert J. Peroni（罗伯特·J. 帕罗尼）& Stephen E. Shay（斯蒂芬·E. 谢伊），Formulary Apportionment in the U.S. International Income Tax System: Putting Lipstick on a Pig?（《美国国际所得税体系中的公式分配：给猪画口红》），36 *Mich. J. Int'l L.* 1 (2014)。

第五章　合作及其不足之处

收责任。[132]由此,锁定效应再一次使新标准难有立足之地:至少在有大量的使用者改弦更张、采用新标准之前,整体的倾向是使用现存主导的网络标准,而不是非主流的正在出现的新标准。因此即使部分国家对已确立的标准不满(即主导网络所提供的产品并不令人满意),甚至存在着更好的产品,这些国家仍然难以转换现行标准。

总而言之,在现行的网络体制下,部分国家为劣质的(inferior)"产品"付出了过高的价格。尽管加入网络的代价过高且网络机制较差,但网络所具有的正外部性促使国家加入这个网络。而且尽管这些国家可能偏好不同的解决方案——能够促进跨境投资或者更公平地分配税收收入,或者能够对现行体制予以全面重新检讨——但当如税收协定网络那样的一个网络已经成功建立,单个国家甚至是一组国家欲减少加入网络的成本或改进该网络所提供的技术,都是极端困难的。由此,尽管这些国家可能更偏爱不同的机制,但它们可能不得不妥协而使用现行的网络产品。

四、议程设定

发达国家主导国际税收舞台的另一个因素是它们拥有设定议程的权力:控制提交国际税收共同体讨论以及作出决定的事项的次序。[133]这一权力使得它们能将国家间潜在争议的复杂事态予以分解,将这些事项置于各个独立考虑阶段,并以最有利于它们的方式提出

132　兰姆利和麦克高文,同注126,第497页。"理性的消费者可能会选择等待,直到其他人采用替代方案,这些其他人承担了向新规则转换的成本,却比后来采纳标准者获得较少的利益。"
133　关于议程设定在国际税收组织中至关重要的作用,参阅:林,同注26,第669—673页。

各个具体事项。举例而言,首先讨论的是,在防范双重征税的税收协定的背景下,如何在来源国和居民国之间分配税收收入,只有在这一问题得以解决后,才会转向讨论其他事项。因此,协定体制不仅将国际税收领域向合作性替代措施开放,同时体现了在博弈主体于不同时间采取多次行动的持续博弈中的占先行动。在这一博弈中,行为者在作出决定时的行动次序十分重要,因为在先行为者的决定影响其他行为者在下一轮博弈中的选择范围。在税收协定项目的整个过程中,经合组织系统性地规定了国家在国际税收领域作出选择的议程。

申言之,避免双重征税和税收竞争这两个议题是在国际税收历史的两个不同阶段分别处理的。双边税收协定首先针对双重征税问题,只有协定体制对此议题整合完成之后,才启动对税收竞争事项的研究。有意思的是,尽管遏制税收竞争的努力失败了,但建立单一税的国际税收体制的呼声仍十分强烈。[134] 从传统讨论的角度看,这个两阶段的程序是十分完美的,因为两个探讨事项看上去互不相关。人们可以支持消除双重征税从而促进资本的流动,同时对该流动性导致各国税收降低至次优水平保持警惕。但这个两阶段过程使得来源国处于十分不利的境地。在第一阶段,税收协定在消除双重征税的同时,将税收收入作了有利于居民国的分配。第二阶段是遏制税收竞争,该阶段被认为与第一阶段不相关,但该阶段与上一阶段税收

---

[134] 因此,BEPS行动计划的主要目的之一是限制"双重不征税",经合组织,同注1,第22页:

除了通过使税收与经济活动和价值创造相一致来确保税收收入外,经合组织/二十国集团的BEPS行动计划旨在创造一套获得共识的国际税收规则,以解决BEPS问题并保护税基,同时增强纳税人的确定性和可预测性。这项工作的关键是消除双重不征税。

收入偏向性分配结果一起,对来源国产生了最糟糕的结果。换言之,对这两个问题的解决方案,使得来源国处于不利的境地。就个体而言,每一个问题的解决机制给来源国带来的成本可能是合理的。然而,将两者结合起来所形成的机制,一方面给来源国带来了过重的负担,另一方面则是不对称性地有利于发达国家。考虑到发展中国家往往是投资的东道国,而其投资海外的税收居民相对较少,因此,这些国家在承受因税收协定限制来源国征税造成的税收损失时,可以通过税收竞争所增加的外来投资而获益。但现行税收协定体制与遏制税收竞争的国际努力相结合,使发展中国家作为来源国处于双重不利的境地。来源国原本可以通过两个途径改善自身的境遇:在遏制税收竞争并要求征收较高统一税的同时,将较大份额的税收收入分配给来源国;或者来源国虽未获得更多的税收份额,但通过税收竞争所增加的外来投资而获益。但是现行体制既限制了税收竞争,也将税收收入作了有利于居民国的分配,来源国不成比例地承担了这一体制的成本。相反,居民国则从这一体制中获益。

在推进税收合作的其他领域——即BEPS项目涉及的信息共享、执行改进、打击避税等——同样对发达国家和发展中国家产生了不对称的后果。上述两阶段谈判进程——先是构建税收协定(以及根据税收协定将税收收入作有利于发达居民国家的分配),然后将其他事项置于第二阶段——在后一阶段回避了税收收入再分配问题的探讨。不考虑政治权力因素,如果谈判同时考虑所有事项,那么(发展中)国家将会处于更有利的处境,它们为税收信息共享和执法改进所承担的成本可以通过要求获得更多的税收收入分配得以补偿。类似地,税收信息共享与执法改进听上去是使所有参与国都获益的举措,而且似乎与避免双重征税并不相关。但事实上,执法改进和信息收集同样产生非对称性的结果。[135]原因在于，发展中国家的税收执法和信息收集体系远远落后于发达国家，[136]而且发展中国家一般为投资东道国，它们能从这些税收合作方面所获得的收益远低于居民国，而这些居民国才是遏制税收筹划机会和税收征管改进的主要获益方。

议程设定的权力通常被认为是策略规划中最关键因素之一。有权决定提交讨论事项以及提交讨论次序的当事方在连续策略博弈中享有巨大的优势。[137]即使不作为预先设定策略的组成部分，经合组织国家能够先行一步并决定国际税收议程，这能很好地服务于这些

---

135 参阅如：阿维－约拿和许海燕，同注70，第42页对最近第13项行动计划的批评（发展中国家"没有足够的资源和专业知识来执行修订后的转让定价指南"）；卡德特，同注84，第803页（指出除了需要获取专业知识以外，税务主管机关还需要有大量资源才能对BEPS行为产生较大影响）。

136 I. J. Mosquera Valderrama（I. J. 莫斯克拉·瓦尔德拉玛），Legitimacy and the Making of International Tax Law: The Challenges of Multilateralism（《合法性与国际法的制定：对多边主义的挑战》），7 *World Tax J.* (Oct. 6, 2015), http://ssrn.com/abstract=2528044.该文认为发达国家将从信息交换中获得更大的收益，因为这些国家具有利用信息所必要的征管能力、知识和计算能力。

137 整体参阅：Saul Levmore（索尔·列夫摩尔），Parliamentary Law, Majority Decisionmaking, and the Voting Paradox（《议会法、多数决以及投票悖论》），75 *Va. L. Rev.* 971 (1989)。关于领先一步在确定议程和推进强国议程方面的重要性，参阅：Eyal Benvenisti（埃雅尔·本韦尼斯蒂）& George W. Downs（乔治·W. 唐斯），The Empire's New Clothes: Political Economy and the Fragmentation of International Law（《皇帝的新装：政治经济学与国际法的碎片化》），60 *Stan. L. Rev.* 595, 607–08 (2007)：

温格斯特（Weingast）的程式（stylized）博弈包含两大特征，分别对应当代国际体系的重要方面——及其对国际法的影响——以及较早时代的国内环境。第一个特征是主权国家拥有明显的先发者优势。这与强国霸权和联盟在国际上经常享有的议程制定权相对应，国际多边谈判的最终结果通常取决于国家的最初谈判地位。

发达国家的领先一步使发展中国家处于策略上的劣势。后者的成功策略应当是彼此合作并转向重复博弈。有关国际法语境下对此的一致解释，参阅同上，第608页：

对我们而言，温格斯特博弈的主要意义在于指出，希望阻止较弱国家之间合作的霸权（或一小部分强国）可以利用其先发者优势（1）限制较弱国家关于加入重复博弈的认知，并且（2）限制较弱国家解决它们偏好差异的机会。

第五章 合作及其不足之处

国家的自身利益。一旦协定的总体安排——以及所规定的税收收入分配安排——得以确立,单个国家只能在加入这一体制与置身于体制之外这两个选项中作出抉择。[138]当今关于国际税收更深入合作的探讨一般都将现行征税权分配格局作为既定前提,而所探讨的税收议题则作为单独事项。[139]这就阻碍了非经合组织国家重新讨论税收收入分配问题,也不利于这些国家要求将更加平衡的征税权分配作为一个整体更优交易组成部分的提议,导致了此种对这些国家不利的局面进一步根深蒂固。

第三节 博弈制定者和博弈改变者

本章分析指出的特别之处是经合组织在促进国际合作协议方面所发挥的主导作用。在过去的大约九十年里,经合组织国家在国际税收领域的几乎所有主要合作项目上都起着领导作用。[140]这种主导性使得经合组织能够——无论有意或是无意——以有利于其成员国的方式制定国际税收博弈的规则。经合组织持续推动非成员国加入这些合作项目,它使用了主张合作作为克服集体行动问题经典策略

---

138 参阅:E. A. Baistrocchi, The International Tax Regime and the BRIC World: Elements for a Theory, 33 *Oxford J. Legal Stud.* 733 (2013)(描述了金砖国家逐渐融入国际税收制度)。

139 参阅:布朗纳,同注13,第1035页("单一税原则忽略了作为BEPS行动计划核心的税基划分这一关键问题。BEPS解决方案不支持来源国提出的征税要求,有时候也不支持来源国提出的不征税要求。")。

140 参阅:布朗纳和皮斯通,同注11,第3—4页(指出随着部分发展中国家获得政治经济权力并加入经合组织,对经合组织主导地位的整体性批评越来越集中);加西亚,同注57,第175—179页。

的偏向合作的华丽词藻——合作对于所有行动者都有利。如上所述，经合组织总是能够设定议程。这始于其所制定的税收协定范本，随之而来的是其领导的反对有害税收竞争和促进信息共享的项目，而晚近又集中体现在BEPS行动计划中。[141] 经合组织总是时而明确，时而暗示地声称，在其指引下的国际合作对于所有参与国有利。[142] 合作的正当性经常被认为是不言自明的，国家遵从这一合作即可。但笔者在本章中的论证正好与上述主流论调相反，由于合作经常只能增进少部分行动者的利益，因此合作本身并不必然具有可取性。典型的案例是卡特尔式合作，该类型合作只服务于合作参与方，却不利于竞争者或者是整个市场。笔者也强调了一些合作被用来只服务于部分（也就是发达）国家行为者的微妙方式。而且经常存在博弈的结构迫使国家在违背其最佳利益的条件下进行合作的情形。换言之，合作项目可以为部分参加国带来有益的机会，然而对于其他国家而言，即使合作有损于其利益，但也是其最佳的可选项。

但是一切都在发生变化。在过去的十年里，由经合组织所代表的发达国家作为一个整体正在丧失其影响力。诸如金砖国家等新兴经济体的兴起可能不仅是经济力量而且是政治力量的转换更替，因

141　尽管经合组织已作出具体努力，将发展中国家纳入这一进程，但"人们始终担心，发展中国家的需求并不总能在各种讨论稿和最终报告中得到支持或充分体现"。卡德特，同注84，第797页。

142　参阅：经合组织，同注1，第4页：

鉴于发展中国家对企业所得税的依赖程度更高，BEPS对发展中国家的影响预估值（占税收收入的百分比）高于发达国家。在全球化经济中，政府需要进行合作并抑制有害税收实践，有效解决避税问题，同时为吸引和维持外来投资提供更确定的国际环境。如果无法达成这类合作，将可能有损作为资源动员工具的企业所得税的实效，进而对发展中国家产生不成比例的有害影响。

另参阅：布朗纳，同注13，第979页（认为国际税制的发展显然只是为了完善竞争而非遏制竞争）。

此也是发达国家在国际税收博弈中主导议程设定和规则制定局面发生变化的标志。亚瑞夫·布朗纳和帕斯奎拉·皮斯通对国际税收领域的格局变化有着下列描述：

> 塑造全球经济和经济治理的权力结构之重新洗牌，一般可能伴随着国际税收格局的重构。世界上最富有国家对于国际税收体系的主导地位……正在受到挑战……新兴国家，特别是中国和印度——正在挑战这一主导地位，并在各种场合有效地维护着它们新确立的权力地位。甚至是在经合组织内部，多数新成员（以及一些老成员）更多地赞同新兴经济体对税收政策的挑战，而不是与其他最富有的成员国站在一起。[143]

发达国家也不得不应对其日益严重萎缩的税基。在面临其他国家税收竞争的同时，发达国家还必须面对跨国企业带来的重大挑战，这些迫使发达国家相比以往更加依赖来源国的合作。也许正是预见到了这些变化，部分新兴经济体成为了经合组织的观察员，[144]并在近年来成为国际税收领域的关键行为主体[145]——二十国集团中发挥

143　布朗纳和皮斯通，同注11，第3—4页。
144　布朗纳，同注13，第982—983页，注意到：
　　经合组织早在这些发展之前就预见到了与非成员国进行交流的重要性，并且启动了这些国家成为观察员的项目。但是，对于开始将自己视为世界领导者的国家而言，观察进程的权力是不够的，尤其是在大多数情况下，这些国家的参与无法导致税基划分和其他规范产生足够重大的改变（主观上的）。对更多来源国税收的要求与消除来源国税收以支持居民国税收的相反趋势之间存在冲突，后者一直是经合组织税收政策的特征，也是国际税收体系竞争性框架下的产物。部分国家单方面背离了国际税收体制先前的通行规范，主张其税收管辖权，并提出对税基恰当划分的观点。
145　参阅同上，第984页。

重要和更为有效的作用。多边税收项目的成功在很大程度上取决于二十国集团成员国持续的政治承诺和财政支持。[146] 来自发展中国家的支持也更加重要,因为加入合作机制的国家越多,合作机制的前景就越好。[147]

发达国家在打击税基侵蚀的斗争中日益倚重发展中国家和新兴经济体的合作,可能标志着改变国际税收博弈规则的契机已经成熟。这将意味着应当采用能使发达国家、发展中国家和新兴国家同等地参与国际税收体系条款重新谈判的规则和程序。最近修订的经合组织范本允许非经合组织国家对于范本的定位作出贡献,很好地体现了这一转变。发展中国家参与BEPS项目中多边工具协议谈判并签署多边工具协议能够帮助这些国家进一步融入这一转变。但是,现行税收协定网络犹如一艘巨大而稳定的轮船,要将其转向从而追求新的目标是一项艰巨的任务,因为还应考虑现行税收协定网络的主导国家为捍卫其特权地位而可能的抵制。2013年BEPS行动计划中的澄清便是上述阻力的例证:

在不断变化的国际税收环境中,有不少国家对于作为双边税收协定基础的,在来源国和居民国之间分配征税权的国际标准提出了关切。本行动计划聚焦于解决BEPS问题。尽管在跨境所得未被征税或者只按很低税率征税的不少领域,解决BEPS行动项目将恢复来

---

[146] 卡德特,同注84,第806页("第一个考验是各国对制定第15项行动计划多边协议作出努力的承诺")。

[147] Michael P. Devereux(迈克尔·P.德弗罗)& John Vella(约翰·维拉), Are We Heading towards a Corporate Tax System Fit for the 21st Century?(《我们正在迈向符合21世纪的公司税体系吗?》), 35 *Fiscal Stud.* 449, 467 (2014).该文认为由于项目并非真正意义上的全球化,其防范有害竞争的努力将失败。

源国和居民国的征税，但这些行动项目并不是直接以改变分配跨境所得征税权的现行国际标准为目标的。[148]

第四节 结论

在过去近一个世纪内，国际税收领域重大的多边合作项目基本上都是由经合组织国家所领导的，有些取得了成功，而有些则不是。根据合作有利于所有参与方这一前提（或者至少是种说辞），经合组织国家不遗余力地推进合作项目。这些说辞与经典的集体行动理论是一致的，该理论认为如果每个国家行为体出于私利而拒绝合作，那么每个国家最终都会遭受损失。我们在此发现关于博弈的策略结构所存在的问题，导致有些国家行为体选择与它们的最佳利益相冲突的（背叛）行为。但支持合作的解说却忽视了一个相反的替代选择，即对有些国家而言，它们开展合作并不必然意味着合作是其最优选择。正如笔者在本章中所力图说明的，有时尽管合作并不符合它们的最佳利益，国家仍参与合作。当然，这并不意味着任何合作都是无益的，笔者想强调的是，国家参与合作这一事实本身并不成为合作项目对其有利的证据，我们必须对于其中的利益关系进行更深入的考察。

本章所讨论的合作协议是一个多项目混杂的集合。有些项目在获得非经合组织国家合作方面取得了成功；有些项目能较好地服务于发展中国家和新兴国家的利益。有些项目欣欣向荣，有些项目则

148　经合组织，同注77。

以沉闷的失败收场，还有一些项目尚难以判断其最后的结局。本文此处的中心思想是，即使能够成功说服发展中国家加入一项多边行动计划，这也并不意味着该项目对于这些国家具有内在可取性。考虑到合作可能策略性地服务于部分参与者的利益，对任何合作项目的评价应当根据其具体的后果，而不是支持国家的数量。

本章揭示了国际税收博弈可以按照以损害其他（即发展中）国家利益为代价而有利于部分（即发达）国家的方式进行构建的机制。本文并不认为发达国家必然是有预谋地故意对发展中国家施加负外部性。但是即使假设现行国际税收体系并不是有意地对发展中国家施加这些外部性，通过限制税收竞争来服务经合组织国家利益，或者在忽视发展中国家利益的情况下增加经合组织国家的税收收入，现行体系事实上造成了发展中国家几无选择的局面。

在博弈的这一阶段考虑构建一个不同的，包含所有国家所共同追求的有价值规范目标的国际税收体制，是否已为时太晚？或者在此阶段我们可以考虑全球正义，并使国家间公平原则能够发挥更大的作用？采用的不同博弈规则能否确保产生这种新的国际税收体制？以及这一目标能否在BEPS项目框架内得以实现？这些问题将在第六章和第七章内进行讨论。

第六章 国际税收与全球正义

本书前面的章节集中探讨了国际税收这一由独立主权国家参与的竞争性博弈。在这一博弈中，市场力量不仅日益决定着投资的流动，也决定了投资的重新配置和国家的征税能力。笔者认为，这一博弈的竞争性和去中心化结构，塑造了可供国家行为体追求自身利益和评价每一策略结果的选项，这些策略包括：单边行动，对其他国家的策略进行预估或者反应；进行双边合作；为在国际税收博弈中增加收益而缔结多边协议。正如笔者所解释的，国家政策的选择是确定哪一项策略能够最有效地促进该国的利益。

笔者的分析并没有触及哪些才是正确的事情这一规范问题。笔者不认为对正义的考量在任何情况下都应当约束国家的决策，而如果应当是这样，则是为了谁的正义而如此行为。笔者没有采用规范意义上的批判视角来审视国际税收的制度设计，也没有考虑国际税收博弈应有的规则。相反，本书上述章节只是描述了在经济全球化环境中，主权国家关于税收所能为之事。笔者然后直接探讨了国家如何能够促进其所设想的可取目标。本章将从全球正义的角度探讨为应对规范意义上之挑战而应当采取的正确措施。换言之，国际税收应当追求哪些目标？具体而言，笔者将聚焦在国家间互动的背景下，全球化对于分配正义所提出的规范意义上的挑战。

正如前述章节所强调的，所得税在传统和通常意义上被认为是解决分配问题的一项关键工具（如果不是唯一工具的话），而正义的考量一般是在国家这一重要的层面上进行。在国家之间为获得居民、投资和税收展开竞争以及形成国家间新联系的过程中，全球化迫使人们超越国家层面来考虑正义问题。但目前国际税收领域的合作很少考虑全球正义。国际税收政策制定者对全球化世界中所得税的实际问题开展大量研究，特别关注侵蚀国家所得税税基的问题以及可能的解决方案。然而，尽管人们对于这方面的国际税收合作讨论颇多，但全球正义很少处在讨论的最前沿。

政治哲学家们对于正义责任的适用范围展开激烈探讨：它只是适用于一国之内，还是应当超越国家的边界？但是直到最近，这些思想家也很少深入探究所得税的实际运行机制，而国际税收专家则很少考虑与全球正义相关的规范性问题。[1] 本章将从全球正义的角度

1　关于一些显著的例外情形，参阅：Ilan Benshalom（伊兰·本沙洛姆），The New Poor at Our Gates: Global Justice Implications for International Trade and Tax Law（《我们门口的新贫穷人口：全球正义对于国际贸易和税法的影响》），85 *N. Y. U. L. Rev.* 1 (2010); Gillian Brock（吉利恩·布洛克），*Global Justice: A Cosmopolitan Account*（《全球正义：一种世界性的描述》）(2009); Kim Brooks（金·布鲁克斯），Inter-Nation Equity: The Development of an Important but Underappreciated International Tax Value（《国家间的平等：发展一种重要但未得到充分认识的国际税收价值》），in *Tax Reform in the 21st Century*（《21世纪的税制改革》）1 (Richard Krever & John G. Head eds., 2008); Allison Christians（艾利森·克利斯蒂安斯），Sovereignty, Taxation and Social Contract（《主权、征税与社会契约》），18 *Minn. J. Int'l L.* 99 (2009); Allison Christians, How Nations Share（《国家如何分享》），87 *Ind. L. J.* 1407 (2012); Alexander Cappelen（亚历山大·卡佩伦），National and International Distributive Justice in Bilateral Tax Treaties（《双边税收协定中国家与国际分配正义》），56 *FinanzArchiv N. F.* 424 (1999); Peter Dietsch（彼得·迪奇）& Thomas Rixen（托马斯·里克森），Tax Competition and Global Background Justice（《税收竞争与全球背景正义》），22 *J. Pol. Phil.* 150 (2014); Peter Dietsch, *Catching Capital: The Ethics of Tax Competition*（《追逐资本：税收竞争的道德准则》）(2015); D. Paolini（D. 保利尼），P. Pistone（P. 皮斯通），G. Pulina（G. 普林娜）& M. Zagler（M. 齐格勒），Tax Treaties with Developing（转下页）

考察国际税收政策，以求对这一重要命题的探讨有所助益。

全球化对于国家税收政策提出了严重挑战。全球化使得个人和企业在税收筹划方面有了更大的空间，从而大大加剧了国家之间的税收竞争，并严重削弱了国家实施国内再分配的能力。与此同时，全球化和全球的不平等促使政治哲学家们考虑超越国家边界履行分配正义责任，他们的争论集中在如何确定再分配的合适层次。世界正义（cosmopolitan justice）支持者认为，正义应当在个人之间得以实现而不论个人的国家归属，但制度主义者（institutionalist）坚称，正义是政治制度所衍生出来的一种责任。国家统治论者（statist）特别关注国家作为首要平台履行再分配责任的情况。特别是托马斯·内格尔（Thomas Nagel），他持强烈的国家统治论的立场，认为存在国内层面与国际层面的明确区分，在国内层面上，国家拥有的强制性权力与作为合作制定者（coauthorship）的选民之间的独特融合产生了特别的正义责任，但在超越国家的国际舞台上，不存在正义责任，而只存在人道主义。尽管深受全球不平等性的困扰，内格尔以及其他学者坚持认为，分配责任不能合法地扩展并超越国家这一合作制定性和强制性的机构之上。许多人对这一立场提出了批评，认为在国际领域内应该存在更为广泛的正义责任。世界正义者也反对关于正义的这种政治观念；[2]其

（接上页）Countries and the Allocation of Taxing Rights（《与发展中国家的税收协定和征税权的分配》），39 *Eur. J. L. & Econ.* 1 (2015)；Diane Ring（黛安娜·林），Democracy, Sovereignty and Tax Competition: The Role of Tax Sovereignty in Shaping Tax Cooperation（《民主、主权和税收竞争：税收主权在构建税收合作中的作用》），9 *Fla. Tax Rev.* 555 (2008)；Miriam Ronzoni（米利亚姆·龙佐尼），Global Tax Governance: The Bullets Internationalists Must Bite and Those They Must Not（《全球税收治理：国际主义者必须紧盯的与不会紧盯的方法》），1 *Moral Phil. & Pol.* 37 (2014)。

2　下文脚注7—11对应的正文以及注释内容。

他学者,尽管承认一国之内存在着特别的分配责任,但质疑关于超越国家之上不存在任何正义责任的观点。[3]在此,笔者无意试图解决关于分配责任的合适层面这一哲学争论。相反,本文寻求展示国家之间的竞争是如何重构这一争论的:体现了一个挑战现有政治体制的新的世界秩序,并要求对日渐形成的安排中的正义责任进行重新评价。国家间竞争深入到了社会契约的核心,并可能要求重新谈判社会契约。概括而言,原因在于国家间竞争削弱了国家(无论是富国还是穷国)维持必要的国内背景条件从而维系其合法性,以及成为促进正义唯一适格机构的能力。笔者认为,税收竞争使得国家无法再靠一己之力来确保社会合作。与此同时,国家的选民也不再能够在合作制定集体意愿方面保持独立。如今,强制性与合作制定性都依赖于超国界之上的条件。

在国际税收市场上,国家为争取居民、投资和税收收入展开竞争,它们的主权被碎片化了。正如笔者在第一章中所阐释的,许多居民现在可以分解国家的主权权能,从各国提供的公共产品中进行挑选。在主权被分解的情况下,如果不能对其公民施加狭隘的约束,或者无法与其他国家进行合作,一国就无法单边确保其公民之间的合作。这样,就税收和再分配而言,国家在全球化的时代中不再能被认为是拥有垄断性强制权力的主权者。而且如前几章所解释的,当国家成为市场的主体,再分配在很大程度上就成为由全球市场供需力量决定的主权产品的一种价格。由此,市场规则日益取代了公民在国家再分配以及国家税收政策方面合作制定者的地位。与原先平等地与其他公民进行慎重探讨的过程不同,当(再分配)这一价格过高

---

[3] 下文脚注16—29对应的正文以及注释内容。

的时候,[4](有些)纳税人就会行使退出的权利。因此,在全球税收竞争条件下,国家所能承担的再分配水平——而不是其全体公民通过集体合作决定的再分配水平——决定了这些国家的再分配政策。

简而言之,国家对于强制力量的垄断以及对全体选民集体意愿的代表性都受到了削弱。而主权的碎片化程度越高,国家执行政策的能力就越弱;主权的市场化程度越高,国家允许公民发声的程度就越低。因此,在税收竞争条件下,正义正在受到持续的威胁。

由于全球竞争导致国家征税的强制性权力与促使全体公民合作形成集体意愿的权力正在消减,我们不能再认为正义可以在一国范围内得以实现。如果国家不再能确保正义,那么何种实体能够做到?促进正义的可选途径可能是超越一国层面而到达国际范围。国家间合作不只是为实现自身的目标和利益而进行讨价还价,而是作为帮助国家确保全体公民之间的集体行动,以及以平等的尊敬和关切来对待所有公民,从而使得国家重新获得合法性的一条途径。

传统意义上国际税收的探讨似乎支持国家统治论者的立场,因为这些探讨暗示着一种假设,即当国家为达成一项多边交易而讨价还价时,正义的促成完全取决于国家的同意。然而笔者主张,如果这一多边体制旨在为国家提供基本的合法性,那么参与国同意之外独立的正当性是必要的。我们不能假定正义责任可完全由合作国家之间的合作得以实现。因此,与传统的国家统治论的立场——多边责任的内容只能由国家之间的协议来穷尽,"因为国家间关系本身并不

---

4 彼得·迪奇,同注1,第19页,论及资本的流动性,并将此描述为"资本主义的去民主化",认为"在去管制的市场环境中,资本流动性使得资本能够从暗示的社会契约中脱离出来"。

能形成规范,而只有协议才能实现这个目标"[5]——相反,笔者认为,合作参与国有责任确保所有合作国内的选民不会因为合作协议而受到不公正对待。国家统治论者坚持国家间交易只需要遵从人道主义原则;但笔者认为,不仅是世界主义,而且政治正义理论(国家统治论)都要求,通过合作而达成的多边机制如果要获得正当性,该机制必须能够增进(或者至少不损害)所有合作国家中境遇最差公民的福利。由于仅靠合作并不能够保证改进所有人的福利,为此可能需要在富裕国家与贫穷国家之间进行某些转移支付才能实现所有人福利的改善。

面对国内不平等的加剧和税基的缩小,国家都在努力寻找出路。本文第五章所涉及的二十国集团和经合组织的最新项目(打击税基侵蚀与利润转移)汇集了各方的广泛努力,为国家保护税基设计可行的解决方案。但无论是二十国集团还是经合组织,似乎均未将正义作为一个关键的问题来对待。这两个组织都坚持传统的偏爱合作的论调——声称——合作努力惠及所有合作方。然而,国际税收的这一阶段也为重新评估国际税收领域的正义责任这一概念提供了独特的机会,这是本章的目的。

第一节 政治哲学中关于全球正义的争论

政治哲学家们高度关注国际分配正义的问题,并就全球正义提

---

5 Joshua Cohen(乔舒亚·科恩)& Charles Sabel(查尔斯·萨贝尔), Extram Republicam Nulla Justitia?, 34 *Phil. & Pub. Aff.*147, 149, 162 (2006).

出了相当广泛的概念。争论的中心在于再分配的范围。分配正义是仅局限于一国境内还是也应当在全球范围内得以实现？在支持全球正义的理念谱系中，世界正义论者与政治正义支持者分别代表了两极。[6]

世界正义论者[诸如布莱恩·巴利（Brian Barry）、查尔斯·贝茨、托马斯·波吉（Thomas Pogge）]认为分配正义原则应当普遍适用于全球所有人。[7]西蒙·凯尼将这类学者思想概括为："鉴于人们为资源分配的辩解理由，以及人的文化认同与其权利无关的信念，可以得出分

---

[6] 关于全球分配正义的概念还有其他变体。参阅如：Simon Caney（西蒙·凯尼），International Distributive Justice（《国际分配正义》），49 *Pol. Stud.* 974 (2001)。凯尼将各种方案分为四个类别：世界主义、国家主义（政治的）、国家社会（society of states），以及现实主义。现实主义论者（或怀疑论者）将全球正义视为不可实现的理想，因此只能将分配正义赋予其唯一能够得以促进的场所——国家。国家社会方案驳斥了上述怀疑论观点，坚持认为尽管国家确实应当对其居民的福利负责，但国际社会负有对国家能够实现分配正义提供充分条件之责任。根据这一观点，国家之外的主体只有在特殊情况下负有责任。参阅：Charles R. Beitz（查尔斯·R. 贝茨），International Liberalism and Distributive Justice: A Survey of Recent Thought（《国际自由主义和分配正义：关于近期思潮的调查》），51 *World Pol.* 269, 272–73 (1999)：

与其他人一起，大卫·米勒（David Miller）、约翰·罗尔斯（John Rawls），以及约翰·文森特（John Vincent）提出了这类观点。尽管在一些重要方面存在差异，这些观点具有两个相同的中心元素。首先，他们坚持所有社会都应当尊重基本人权，这构成了在不同文化以及社会正义概念中国内社会机构均应当适用的普遍最低标准（当然，对于哪些权利构成"人"权还存在一些不同看法）。第二，他们主张实现这些权利的首要责任在于这个社会自身的政府和人民。外部者只有在特殊情况下才有贡献的责任。如米勒所指出的，例如当发生了极端的贫困而当地政府无法加以缓解，而且外国政府或者国际行为主体可以在没有严重道德牺牲（morally significant sacrifice）的情况下有效地采取行动。

[7] 关于世界正义论有很多分支。凯尼，同注6，第975—976页，区分了激进的世界正义论（分配正义原则只在全球层面上而不能在国家层面上适用）和温和的世界正义论（分配正义原则在全球和国家层面均可以适用），制度性全球正义（即制度内正义）和互动性制度主义（个人条件下），以及个人间分配和国家间分配。而且，分配的措施在各个观点流派中也不尽相同。

配正义的适用范围应当是全球性的结论。"[8]信奉罗尔斯正义理论的世界正义论者（或迈克尔·布莱克和帕特里克·史密斯所称的左派制度论者[9]）往往批评罗尔斯关于国内正义与国际正义责任的区分。例如波吉认为，国籍是另一类"与生俱来的"深度的偶发因素（类似于种族、社会阶层或性别）。[10]由此，根据罗尔斯的概念，波吉认为，"只有当国际机制所产生的不平等（相比于其他可能的替代性全球机制）使得社会中最差人群的处境得以改善"，[11]该国际机制才具有合理性。

相反，政治正义论者坚持认为正义体制存在双重性，坚持对国家和全球层面的正义加以区分。[12]根据这一理论，正义是社会制度所提供的物品。正如内格尔所解释的：

> 根据政治理念，主权国家并不仅仅是在人类之间实现正义的制度前价值（pre-institutional value）的工具。相反，主权国家的存在正是通过将一国之内的公民同胞置于一种与人类其他群体不同的关系中来施行正义的价值，而这种制度性关系必须通过正义所包含的公平和平等等专门标准来加以评价。[13]

8　凯尼，同注6，第977页。
9　Michael Blake（迈克尔·布莱克）&Patrick Taylor Smith（帕特里克·泰勒·史密斯）, International Distributive Justice（《国际分配正义》）, in *The Stanford Encyclopedia of Philosophy*（《斯坦福哲学百科全书》）(Edward N. Zalta ed., 2013), http://plato.stanford.edu/archives/win2013/entries/international-justice.
10　Thomas Pogge, *Realizing Rawls*（《实现罗尔斯》）247 (1989).
11　同上。
12　国家主义的支持者强调一国内成员身份的道德重要性。当然国家主义也具有各种变体。参阅：凯尼，同注6，第980—983页。
13　Thomas Nagel, The Problem of Global Justice, 33 *Phil. & Pub. Aff.* 113, 120 (2005).

坚定的国家统治论者，如内格尔不仅坚持认为正义的特殊责任存在于一国之内，而且还认为"正义是人们通过共享的制度仅向与之具有强烈政治关系的人所负有的义务。按照标准的术语，这是一种关联性（associative）义务"。[14] 在一国框架之外，由于不存在这种独特的关系，特别是缺乏国家的强制力量，正义不会产生分配责任，因为"仅仅是经济互动并不会触发这种加重的（heightened）经济社会性正义标准"。[15] 内格尔认为，在国际层面上只有源自朴素的人道主义所产生的责任才具有约束力。

与传统的世界正义论观点不同，当代左派制度论者普遍赞同国家会产生特别严格的分配正义的要求。但是，这派学者排斥在国家和国际制度层面的正义两分理论，并认为在国际层面上存在着比人道主义所要求的更强的分配正义责任。[16] 他们同样不赞同国家统治论者所强调的国家强制力量是激发分配正义因素的观点，而是提出了支持较低程度全球正义两分法的各种理由。例如，乔舒亚·科恩、查尔斯·萨贝尔认为："政治上的道德观可以在空间（capacious）意义上存在，即它对于环境和关联条件具有敏感性，对形成它的不同的情境和不同的关系具有敏感性，而无需必然是国家统治论。"[17] 与内格尔等强烈的国家统治论者所持有的、超越人道主义而产生的规范性要求只存在于一国框架内的观点不同，科恩和萨贝尔支持一种更

---

14 Thomas Nagel, The Problem of Global Justice, 33 *Phil. & Pub. Aff.* 121 (2005).
15 同上，第138页。
16 布莱克和史密斯，同注9，第11—12页、第22页。
17 科恩和萨贝尔，同注5，第149页。

具弹性的正义观念。[18]

我们认为全球政治的确涉及更为严苛的规范,理由在于由强烈的相互依赖、[19]合作主义、[20]制度主义[21]以及比内格尔论据[22]所显示的更为广泛的全球范围的意愿融合(involvement of will)所包含的一系列混合的因素。

安德鲁·萨基奥万尼对内格尔关于正义依赖国家强制性的说法不以为然。[23]与国家是如何"涉入、限制或者阻碍意愿"的相反,萨基奥万尼建议聚焦于"根据我们的授权,国家做了些什么"。他认为,"因为国家提供了人们生活必需的物品,我们对于公民同胞负有特殊

---

18 科恩和萨贝尔对于内格尔概念的顾虑,参阅同上,第154页,"并不是特别的平等主义:既不是部分人比其他人的境遇好,也不是部分人获得的改善比其他人的多;也不存在对于所有不平等现象都要求令人信服的正当理由的假设"。相反,他们强调包容:"有些人在重大的决策过程中获得的待遇仿佛是在缺乏任何合作的情况下超过人道主义最低标准的,他们无足轻重。"同上,第154页。他们关于包容的概念与尊重和关切(比如人权、公平治理标准、公平贡献的规则)相呼应,"这些是在全球政治领域运作的各个机构、组织和制度(包括国家)对个人所承担的"。同上,第149页。
19 当在一个地方的人们的命运实质上取决于另一地方人们的集体决定时,就是如此,反之亦然。
20 存在一个重大的安排,其中包含有组织的和规则治理下的共赢的合作。
21 存在一项负有分配特定物品责任的制度。
22 科恩和萨贝尔,同注5,第164页。
23 Andrea Sangiovanni, Global Justice, Reciprocity, and the State(《全球正义、互惠与国家》), 35 *Phil. & Pub. Aff.* 3, 15 (2007):"尽管内格尔经常提及强制……其所要求的则是臣民受制于社会规则体系是非自愿性质的。"萨基奥万尼进一步认为,在自愿的结社中(比如网球俱乐部),成员拥有退出的可行选择,但非自愿的组织不存在这种选择,因此需要有更严格的正当理由。国家"必须给予每个人接受法律的专门理由,这些理由必须足够充分以至于可以反驳人们对此可能存在的任何反对。反过来,这一正当理由必须表明,从每个人个体角度出发,法律可以为每个人合理接受,尽管并不是明确同意"。同上,第18页。

的义务。"但这并不意味着在全球层面我们不负有分配正义的义务,只是这种义务在形式和内容上有别于国内层面的分配正义义务。[24]

达雷尔·莫勒多夫赞同正义责任只对制度内共同成员才负有,而并不是对所有人都适用的观点。然而他反对公民身份是产生社会正义责任的共同成员身份唯一基础的观点。他认为:"个人的内在尊严制约着制度的权力,而只有当他们是在制度组织内共同生活并能为制度组织所合理支持的人,[25]制度才会对这些人表示尊重。"[26]据此,较之早期世界正义论者,这些左派制度论者在全球层面较少表达平等主义的思想,这些学者的观点从"互惠"[27]到"包容"[28],仅在国际体系提供公共产品方面支持平等的分享[29]。

本文无意减损上述区别的重要性,但笔者以国家为焦点,认为全球化时代下国家之间的竞争已经剥夺了国家作为产生正义责任唯一平台的地位。具体而言,国家已经不能仅凭一己之力实施促进正义的合作,也不再是其公民独立行使合作制定权的唯一场所。这一现实削弱了国家(无论是富国还是穷国)维护其政治合法性所必需的国内背景条件的能力,而该合法性是其成为推进正义的特别实体的重要

24　Andrea Sangiovanni, Global Justice, Reciprocity, and the State, 35 *Phil. & Pub. Aff.* 5 (2007).
25　莫勒多夫将此称为"合理的尊重"(justificatory respect)。Darrel Moellendorf, Cosmopolitanism and Compatriot Duties(《世界主义与爱国者责任》), 94 *The Monist* 535, 537 (2011).
26　同上,第537页。莫勒多夫认为,社会正义存在于一个社团(association)的共同成员之间,这种社团应当是"(1)相对强大,(2)基本(个体上)非自愿,(3)构成了关于人们公共生活各类关系背景规则的重要组成部分,(4)受制于人们(集体)控制下的规则"。
27　同上,第537页。
28　科恩和萨贝尔,同注5,第148页。
29　萨基奥万尼,同注23。

基础。本章第二节将延伸探讨国家促进正义的唯一性,并解释为何在市场化和碎片化的国家间竞争格局中,这种唯一性正在受到侵蚀。

第二节　遭受损失的国家

一、为何是国家？

如内格尔那样的国家统治论者所面临的一大挑战是,如何解释在国家层面扩张的正义责任与在国际层面最低人道主义责任这种两分的局面。按照内格尔的观点,正义只具有国家属性,因为"国家对于其成员的意愿提出独特的要求……这些特殊的要求也给国家带来了特殊的义务,即实施正义的积极义务"。[30] 然而,是什么产生了这种特殊的责任？内格尔认为,强制执行性和共同制定性规则的复杂结合,是国家正义责任超越简单人道主义之根源。正如科恩和萨贝尔解释的:"内格尔所认为的超越人道主义最低道德标准的规范秩序只会产生于国家之内,而国家具有的中央权威可以强制执行以服从规则的全体人民之名义所制定的规则;换言之,只有当个人同时是法律帝国（law's empire）的臣民和法律共和国（law's republic）的公民时才是如此。"[31]

内格尔对于"如何超越人道主义"的问题提供了两个答案。[32] 第

30　内格尔,同注13,第130页。
31　科恩和萨贝尔,同注5,第154页。
32　同上,第160页。

一个答案是社会合作,国家在其中扮演的是第三方执行者的角色。[33]按照内格尔的观点,确保合作是"主权国家维护正义制度体系稳定性的赋能(enabling)条件"。[34]内格尔认为,提供这种确保的唯一途径是:

> 通过某种形式的法律,包含决定规则的集中权威和执行规则的权力垄断的内容。这些是需要的……既是为了提供协调的条件,也是因为少量的背叛者就足以破坏这一体系。而这种能够实现正义的全面集体实践或者制度只能存在于主权政府下。[35]

强制当然是国家的一个基本组成特征。强制能够确保合作,强制同时也要求合法化。按照内格尔的说法:

> 遵从……[政治制度]并不是自愿形成的:撇开对外移民不论,个人不被允许宣称自身不构成所在社会的一员从而无须遵守相应的规则,如果其不遵守社会规则,其他社会成员可以强制该个体遵守规则。对于加入制度与否没有选择权的个体,制度应当为其提供符合更高标准的成员身份条件。[36]

内格尔关于正义责任的扩展应当限制在一国范围的第二个解释

---

33 内格尔,同注13,第116页,扩展了霍布斯式的主权者概念,认为主权者是为非自利正义动机下的合作提供保证:"即使正义被认为不仅包括集体自利性,也包括道德上武断不平等的消除,……一个公正秩序的存在仍然有赖于对于人们生活状况具有普遍影响的一贯的行为模式和持续的制度机制。"
34 同上。
35 同上。
36 同上,第133页。

是,"国家不仅通过强制执行规则来培育合作,而且通过以适用规则的全体个体之名义制定规则,体现了受制于国家强制权威的个体的意愿"。[37] 在科恩和萨贝尔看来,这种意愿的体现是重要的,因为"不允许以某人的名义……除非该人的诉求在制定规则时被给予了平等的考虑"。[38] 国家所制定的规则对于共同制定者来说必须是合理的。"而且并不是任何合理性都能满足要求……只有对每个人——以这些人的名义进行强制——都给予平等的对待。"[39]

内格尔认为,国际体系与国家不同,它并不包含共同制定规则与强制性体现意愿这类复杂的组合。他认为,个人与超国家机构之间的关系完全需要通过政府来媒介。正如科恩和萨贝尔阐明的:

> 政府间协议或者其他形式的超国家安排能够产生新的规范性要求,但是这些要求的内容完全由协议或者公约所规定:国家间关系本身并不能形成规范,而只有协议才能实现这个目标……即使存在更新的治理形式,个人与超国家机构之间的关系完全需要通过政府来媒介……这些超国家机构并不以全体个人的名义发声,其行为也不是来自于个人的授权,个人的意愿也没有被包含其中。[40]

内格尔解释认为:"如果默认(default)的是基本的人道主义,允许通过自愿的互动来追求共同利益,那么要达到更高的平等对待标准则需要更多的因素。这不可能仅依赖于合作以及使得合作成为

---

37 科恩和萨贝尔,同注5,第160页。
38 同上,第160页。
39 同上。
40 同上,第162页。

可能的公约。"[41]由于全球规则并不是以个人名义制定的,它仅能够规定人道主义义务,而没有义务适用平等标准。仅凭国家间合作以及国家自愿签署开展这类合作的公约不足以使我们达到平等考虑的高标准。

对内格尔的批评集中在其所提出的国际层面的责任不会超越人道主义这一论断。这些批评者认为,即使国际层面的责任不能等同于完全的正义责任,但也超过了人道主义。布莱克和史密斯质疑左派制度论者是否通过国际体系"确实是强制性的,即使改革了也将是强制性的,以及刚好能够产生分配正义义务的强制性"[42]的假设,实际上回避了问题。这两位学者主张:"因此,左派制度论者擅长于指出国际领域的非正义问题,但他们却没能有力地说明,对于这些问题的适当的规范性回应是将分配正义原则同样适用于国际体系。"[43]当然即使是这些批评者也承认,正义的责任(应当)在一国范围内存在。世界正义论者的立场是,国家应当为了正义而维护先于政治(pre-political)的权利。制度论者则反过来认为,国家使用强制力的合法性取决于其是否以平等关切和尊重来对待其臣民——公民。当然,部分制度论者仍然基于各种理由认为,正义责任的适用应当超越国家范围。

在下文中,笔者将聚焦于国家,提出全球化正在削弱的不仅是国家开展合作努力的可行性基础条件,而且也削弱了其合法性的基础条件。笔者主张,在全球化条件下,强制性和规则的共同制定性取决于超越国界的国际情况。一国的强制性权力有赖于其他

---

41 内格尔,同注13,第142—143页。
42 布莱克和史密斯,同注9,第13、22页。
43 同上。

国家的合作，一国构建的税法规则日益取决于全球供需力量而不是一国全体选民之集体意愿。因此，对于那些维护国家合法性（以及那些有志于促进正义）的人们来说，国际舞台可能是唯一可行的渠道。[44]

二、碎片化和市场化的（税收）主权

内格尔认为，主权是关键："这种能够实现正义的全面集体实践或者制度只能存在于主权政府下。"[45]内格尔强调国家的强制性本质和选民对于规则的共同制定性，而主权并不是一个消费品。[46]然而，正如第一章所述，全球化正在深度改变主权的性质。与其他主权者对于资本和税收居民的竞争正在日益将国家塑造成为向潜在"消费者"提供产品和服务的市场主体。这一竞争渗透到主权者与其臣民之间的关系中，同等地改变了主权者以及臣民的传统角色。它也影

44　龙佐尼，同注1，强有力地认为，基于反对世界正义论（尽管不是严格的国家统治论）的立场，存在着为维持国家的自决权而建立国际税收治理的需要。她建议，税收竞争要求国家之间存在更强的义务关系。她认为，税收竞争对国家的财政自主权构成了挑战（因为税收竞争减少了预算收入，限制了再分配），由此损害了国家维持正义的能力。因此，她主张即使是非世界正义论者也必定同意为使国家重获自主权和提供正义的能力而约束国家主权权力的国际协议。

45　内格尔，同注13，第116页。

46　国家不能被认为仅是公共产品的提供者，它的臣民也不只是消费者。相反，国家被认为是主权者，它的臣民则被认为具有市民的人格（civic personhood）。参阅：Michael Sandel（迈克尔·桑德尔），What Money Can't Buy: The Moral Limits of Markets（《金钱所无法购买到的：市场的道德边界》），in 21 The Tanner Lectures on Human Values（《人的价值的泰纳讲座》）89, 94–96 (Grethe B. Peterson ed., 2000); Michael Walzer（迈克尔·沃尔兹），Spheres of Justice: A Defense of Pluralism and Equality（《正义的范围：为多元论和平等辩护》）(1983)。

响了国家向其选民提供公共产品和权利的种类和数量;[47]它影响着作为主权者与臣民互动关系基础的含义和价值观;与本文最为相关的是,它改变了政治参与模式和分配的安排。

如笔者在上文中所阐释的,市场为两股主要的力量所左右。首先也是最重要的是居民和资本的流动性;其二是利益相关者(经常是在政府的激励下)分解主权"交易包"的能力。我们先考察流动性。作为纳税人的个人和企业正在日益变得具有流动性。这些纳税人能够在一系列可替代的税收管辖区中选择并重新确定其居住地、投资地、经营活动地,甚至是公民身份。国家也因经常向理想的潜在居民提供一定的特权和优惠而促成了这种流动性。[48]受欢迎的居民向更具有吸引力的税收管辖区流动,国家向他们伸出橄榄枝,以期获得他们流入后的溢出效应。[49]这使得国家处于一种其不熟悉的境地。在这种竞争性环境中,国家不再能够对其臣民严格地执行强制性税收或者管制要求;相反,国家日益成为从其他国家吸引流动性投资和税收居民的招揽者,并且同时不遗余力地挽留和防范投资或者税收

---

[47] 参阅: Tsilly Dagan, The Tragic of Choices of Tax Policy in a Globalized Economy(《在全球化经济体中税收政策选择的悲剧》), in *Tax and Development* 57 (Yariv Brauner & Miranda Stewart eds., 2013)。

[48] 参阅: Tsilly Dagan & Talia Fisher(塔利亚·费雪), State Inc.(《国家公司化》), 28 *Cornell J. L. & Pub. Pol'y* (forthcoming 2018) and references there。

[49] Ayelet Shachar(艾利特·沙查尔), The Race for Talent: Highly Skilled Migrants and Competitive Immigration Regimes(《对人才的追逐:高技能的移民与竞争性移民体制》), 81 *N. Y. U. L. Rev.* 148 (2006); Ayelet Shachar, Picking Winners: Olympic Citizenship and Global Race for Talent(《挑选赢家:奥林匹克公民身份与全球人才竞争》), 120 *Yale L. J.* 2098 (2011).跨国企业当然也具有流动性。它们可以在所选择的税收管辖区设立或者有时是重新设立,并将生产、营销和研发活动转移至更好的地方。参阅: Tsilly Dagan, The Future of Corporate Residency(《公司居所的未来》), available at https://papers.ssrn.com/sol3/papers.cfm?abstract_id=3045134, and references there。

居民的外流。正如第一章所述，税收规则和税率在很大程度上成为了国家间竞争的通货，竞争迫使国家降低税率、限制再分配。当然，也存在着抵消竞争对再分配下行压力的因素。[50] 其中的一项核心因素是居民乃至投资的流动性并不是完全弹性的。个人和企业都会为改变居所而承担成本——经济或者其他意义上的。类似地，国家可能发现其改变税收政策是成本高昂的。但鉴于流动性，国家——甚至是那些传统上支持再分配的国家——在制定其再分配政策时也受到很多限制。

此外，纳税人流动性上的差异也使国家很难给予其选民平等的待遇。流动性增加了部分个体的市场力量。其他税收管辖区向这些个体提供的机遇迫使其所在的税收管辖区为挽留他们而提供更加优厚的待遇，从而做大集体福利的"蛋糕"。因此，即使政策制定者仅关注社会贫困阶层的利益，维护这些利益可能需要决策者在平等对待这些利益群体与增加集体福利两者之间进行权衡。如果一个国家对于不具有流动性和具有流动性的纳税人平等征税，那么该国就可能面临流动性纳税人离开该国的风险，这可能会减损没有离开该国

50　参阅：Sijbren Cnossen（塞伯仁·科诺森），Tax Policy in the European Union（《欧盟的税收政策》）(CESifo Working Paper No. 758, Aug. 2002)；Thomas Plümper（托马斯·普朗普），Vera E. Troeger（维拉·E.特勒格）& Hannes Winner（汉纳斯·温纳），Why Is There No Race to the Bottom in Capital Taxation? Tax Competition among Countries of Unequal Size, Different Levels of Budget Rigidities and Heterogeneous Fairness Norms（《为何在资本征税方面不存在逐低竞争？规模不同，具有不同严格水平预算以及异质公平规则的国家之间的税收竞争》），53 *Int'l Stud. Q.*761, 764 (2009)（"毫无疑问，资本税率为零的预测在提出之初便不符合现实，此后也没有成真"）。另参阅：Vivek H. Dehejia（维韦克·H.德赫贾）& Philipp Genschel（菲利普·根舍尔），Tax Competition in the European Union（《欧盟中的税收竞争》），27 *Pol. & Soc'y* 403, 409 (1999)。

的纳税人之利益。

个人和企业能够重新配置资源并以更好的价格来选择更优的公共产品和服务只是问题的一部分。同样重要但却经常被忽视的是，（部分）个人和企业能够根据其特殊需要分解和重新整合政府提供公共产品和服务的能力。正如本文第一章所阐释的，当下由国家形成的市场使得个人和企业不仅能够选择税收管辖区，同时也能够在不同的国家主权体制中形成为自身量身定制的公共产品组合。这种主权的碎片化体现在国家管制的很多领域，然而税收似乎特别能成为税务筹划专家利用的领域。久经世故且获得良好咨询的纳税人能够构建起具有不同组成部分并能更好符合其利益的税收体制，同时该体制并不会与管理纳税人其他事务的体制相重叠。[51] 构建这样的税收"交易包"可以要求或者不要求重新配置资源，因为税务事项很容易被筹划，并可以通过名义上的转移来实现。[52] 其结果便是公民和税收居民并不必须离开母国才能规避税收。精心设计的税收筹划方案能够使这些纳税人缴纳比原本应向母国纳税少得多的税款。值得注意的是，这并不是一个税法执行的问题，也不是国家没有意识到其税收体系脆弱性的问题。国家通常有意地允许税收居民（明显地包括投资者）运用一些工具以降低它们的税率。异国避税地往往因提供大量的税收利益和创造性的税收筹划方案而臭名昭著，[53] 而这些避税天堂与为吸引或者挽留经济资源而提供税收利益的（被认为）合法国家之间的差别是模糊的。而且，即使国家并未将税收政

---

51 关于更为详细的分析，请参阅第一章第一节第二部分。
52 关于税收筹划技巧更为详细的描述，请参阅第一章。
53 参阅如：Omri Marian（欧姆瑞·玛丽安），The State Administration of International Tax Avoidance（《对国际避税的国家监管》），7 *Harv.Bus. L. Rev.* (forthcoming 2016)。

策作为竞争的工具,国家之间非协调性的税收规则也会产生套利的机会。因此那些平常的(innocent)规则,诸如所允许的扣除、公司的特殊形式(如有限责任公司)、相互冲突的来源规则、对于某些类型交易所存在的不同解释(比如是租赁还是贷款),都为那些寻求通过税收管辖区之间的不一致而获利的税收筹划开启了方便之门。由此,不同于要求税法执行更加严格的异常状态(pathology),碎片化——及其所蕴含的税收筹划机会——是国际税收去中心化实质的自然结果。

总之,税收竞争的现实是,所得税再也不是国家行使强制性权力的典型领域。相反,它更接近于一份可供(大多数是富有且获得良好咨询的)纳税人选择的菜单。当税收政策不再是国家强制权力下政治商议的产品,而是具有竞争性和可选择性的时候,国家作为正义责任履行场所就会呈现出与政治哲学家传统上所设想的完全不同的情景。下一节我们将探讨国家这种转变以后的角色。

三、削弱国家合法性的国家市场

各国对于税收居民和流动性生产要素的竞争以及国家主权的碎片化,都对国家作为履行正义职责关键平台的概念提出了挑战。如果国家无法继续使用其强制性权力来确保选民之间的相互责任,那么它还能合法地施加正义责任吗?如果国家在与选民之间的政治对话中无法平等体现选民的意愿,而是迎合选民的相对市场价值(最重要的是他们的流动性),那么国家能够真正为所有的选民代言吗?如果国家允许(部分)选民能够从国家的各种职能中进行选择,那么国家是否还如国家统治论者所预想的那样,是社会经济正义能够且应当占主导的唯一的政治机构?

国家保证其选民集体行动方面权力的减弱,削弱了其使用强制性权力的合法性。在制定规则时由政治参与向市场规则的转变,带来了对国家是否有能力在规则中给予所有选民平等考虑的质疑。笔者认为,给予部分选民(他们拥有其他可能的选择)相比于其他选民更为优厚的待遇,削弱了国家作为为所有选民代言的唯一场所的地位。由于国家确保正义能力的缺失以及其为选民集体意愿平等发声能力的减弱,国家施行正义、行使其强制性权力的合法性减弱了。

为澄清这一点,可回顾内格尔关于"为何是国家"的第一个解释:"国家对于其成员的意愿提出独特的要求……这些特殊的要求也给国家带来了特殊的义务,即实施正义的积极义务。"[54]但是在税收竞争的条件下,国家对于选民的要求是非对称性的和潜在累退性的——这些本质上是非正义的。虽然部分纳税人可以对他们的义务进行选择,但其他纳税人则没有那么大的自由空间,他们必须严格遵守国家强制性的权威,这意味着国家强制事实上只对部分国家成员有效。部分纳税人——那些更具有流动性或者能够更有效地脱离国家管辖的——则能够摆脱国家强制性权力。因此,国家无法平等地对所有纳税人施加要求(包括纳税的义务)。在这些情况下,国家对全体选民提出这样的要求是否还具有合法性?

进一步而言,正如所阐释的,如果社会中强者群体能够脱离国家税收体系的管辖,那么国家确保正义的能力就会被严重地削弱。所以,尽管国家仍可对那些具有较少税收筹划机遇和能力的纳税人提出严格要求,但对于具有税收筹划能力的纳税人之要求,则必须根据这些纳税人筹划机遇的弹性而进行调整。市场规则决定了更具弹

---

54 内格尔,同注13,第130页。

性的选民可以得到与他们所付出相对应的回报，然而其他选民——尽管遵守国家要求——则被甩在了后面。总之，国家对于具有较少弹性的选民提出了强制性要求，但却无法保证他们获得应有的正义，即能够使强制性要求获得合法性的正义。对选民提出要求却不给予其由国家义务所能带来的利益，减损了内格尔所设想的国家合法性。[55]国家因此只能够维持非常薄弱的正义观念：这种薄弱的正义观念基于人民善意和忠诚的意识，而不是基于国家强制性的共同制定规则的性质。

为了更好地理解这一点，有必要提及内格尔关于国家承担独特责任的两个理由，但这两个理由在国家间竞争的条件下变得具有争议了。第一个理由是国家确保社会合作的能力。内格尔认为，国家对执法权力的集中垄断对于保证协调的条件是十分重要的，因为这样的合作体系经不起太多的背叛者就会瓦解。尽管声称国家的权威已经完全瘫痪是不准确的，但因竞争造成国家无法平等地征收税款，肯定会削弱国家执行再分配职能的能力。一方面，不具有流动性的纳税人、不受欢迎的纳税人，以及只有较少或者没有税收筹划空间的纳税人均"陷于"国家的强制性权力，那些境遇更好的纳税人（那些原本应当承担全部税收负担，从而支持国家履行正义职责的纳税人）则能够经常逃脱他们本国国内税法下的义务。由此，国家执行税法所针对的实际上是社会中不具有流动性的群体，以及那些不能进行有效税收筹划的群体。这种强制性不能为再分配提供必要的保证，因此在合法性上是有瑕疵的。

---

55 而且，社会中境遇较好的群体经常是那些较少受到强制，而且在共同确定集体意志时享有更多的实际发言权的群体，因此，竞争性国家体制事实上是政治和市场领域的混合体，国家的强制和选民的发言权取决于人们脱离这一体系的能力。

内格尔关于"为何是国家"的第二个理由是意愿体现,也就是国家"以所有选民的名义制定适用于所有选民的规则"。[56]在不给予某人平等考虑的情况下,以该人的名义发声是不合法的,因此国家所制定的规则只有在平等对待所有共同制定者的前提下才具有正当性。[57]但正如所阐释的,在竞争的条件下,国家规则并不能平等地适用于所有人。当——特别是在税收语境中——(部分)人可以选择他们所效忠的国家和他们相应的税法责任,以及当国家日益深陷吸引理想选民的重压之下时,规范国家与公民之间关系的规则就不可避免地发生改变。国家间竞争将市场的评价融入国家与公民的关系中。而竞争性环境强调纳税人对于国家的吸引力程度以及他或她的流动性水平。在强调吸引力和流动性的同时,竞争也将纳税人脱离国家的权力和使用价值置于突出的地位。这些市场特征被注入个体与国家之间的关系中,从而重塑了个人与国家的评价体系。政治领域的评价尺度是平等地对待和尊重所有个体(至少理想化的是如此),但与之相反,市场评价体系给予部分个体——他们享有脱离国家的有效权力——较之于其他个体(那些有发言权但没有脱离权的个体)更大的价值。与基于分配正义原则的税法体系不同,市场环境产生的是以价格为基础的征税系统。市场为基础的标准与成为共同体中平等和可行组成部分的理念是冲突的。市场对于潜在以及现在的税收居民是按照他们是否有利于国家为标准进行评价的,他们的暂定地位备受关注,并据此获得回报。纳税人受欢迎程度越高以及越具有流动性,他们在所负担的税收义务和所能享受的公共利

---

56 科恩和萨贝尔,同注5,第160页。
57 参阅上文脚注第37—39所对应的正文。

益方面，就越能够从国家那里获得更好的结果。作为在这种环境中的经常情况，市场倾向于将其他的评价标准置于一边。对于税收居民和资源的全球竞争促使国家考虑选民的相对市场价值和弹性，将那些更受欢迎的人置于更重要的地位，而不是遵循正义的要求。市场价值强调的是选民的使用价值和脱离国家的权力，排除了对选民的平等尊重和关切。因此，国家不再能够声称它是真实地表达所有选民的意愿，相应地，也不能说其合法地代表了所有选民。

如果竞争导致国家强制性权力的式微，而且如果国家发现它已经难以公平地对待其公民，那么是否存在其他能够促进正义的因素？人们是否还能期待国家维护正义原则，即使一国已经不能再单凭一己之力做到这一点？人们能否期待国家通过相互合作来确保正义？以及如果国家不得不有赖于其他国家的合作才能维系其主权权力，那么这一现象是否在超越国家层面上产生了新的正义责任？第三节将探讨对于这些问题的一些可能回答。

第三节 我们该往何处去？

主权国家在征税方面日益萎缩的能力导致许多人将全球合作作为恢复国家主权与促进正义的希望之路。正如第四章所描述的，税收竞争被指摘为导致国家征税能力减弱和福利国家消亡的原因之一。[58] 许多人坚持认为，国家之间的合作与（或者）协调对于维护国

58　参阅如: Reuven S. Avi-Yonah, Globalization, Tax Competition, and the Fiscal Crisis of the Welfare State(《全球化、税收竞争与福利国家的财政危机》), 113 *Harv. L. Rev.* 1573, 1575–1603 (2000)。

家税基与实现税收政策的传统目标,以及更为重要的履行再分配职能,都至关重要。多边合作的理念并没有停留在理论争论的层面。在第五章中,笔者解释了近年来旨在促进这种合作的各项国际努力,特别是晚近由二十国集团号召的旨在加强国际税收标准的协调行动(最终形成了经合组织的BEPS项目)。但是这些努力并不是以正义的考量为中心的,而是聚焦于如何在国际税收竞争加剧的情况下提升国家的税收征管能力。笔者想要探讨的问题是,是否以及在何种条件下,多边合作是公正的(just)。

一、合作是实现正义的途径吗?

如上所述,税收竞争削弱国家的强制性权力,减损国家平等表达其选民意愿的能力,以及相应地削弱国家公正对待其选民的能力,从而侵蚀了国家的合法性。因此,通过国家间的合作共同构建超越国家层面的可执行机制,看上去是合理的。正如米利亚姆·龙佐尼声称的:"要恢复国家机构'以其认为合适水平'(或者更为理想的,以其公民认为合适)的征税能力,需要一个结构化的制度回应。"[59]但

---

[59] 龙佐尼,同注1,第13页。内格尔,同注13,第143页,也符合这种不妥协的国家统治论的立场,当"存在很充分的并不源于全球社会经济正义的理由,对国家间经济关系的后果表示担忧"。一种情况是国际合作支持了一国国内极度不公正的体制,另一种是"出于要求允许贫穷国家利用低廉劳动力成本获益从而成为世界市场竞争者所产生的人道关切……例如,当富裕国家给予本国农民的补贴损害了发展中国家农产品出口和国内的市场利益"。内格尔甚至可能认为税收合作并不需要严格的政治正义(同上,第140页):

换言之,正义只适用于一种组织形式,该组织声称具有政治合法性和通过强制力执行决定的权利,正义不适用于有关独立主体之间为增进共同利益而成立的自愿社团或者缔结的合同。我相信即使加入这种社团的自然激励或者脱离这种社团的成本是巨大的,正如有些国际组织和国际协议那样,上述结论仍然成立。在自愿的联合,无论动机多么强烈,与强制性地施加集体权威之间是存在差别的。

是笔者认为，仅仅是合作并不足以确保正义。建立在合作之上的多边体制，当且仅当该机制能够改善（或者至少不减损）所有合作国家中境遇最差选民群体的福利时，才是公正的。

如第四章和第五章中较为详细的探讨，国际组织和学术文献都提出了相当数量的关于国际合作的建议。这些建议包括：促进国家间信息交换以提升透明度（从而防范偷逃税）；协调税收机制（防范税收套利和双重征税）；以及一项（高度虚构的）全体国家共同参与的旨在维持一定水平征税的协调努力（防范"有害"税收竞争）。[60] 而促进正义的建议在政策制定者之间则鲜有耳闻。[61] 事实上，正义，如果有的话，也很少被认为是国际税收框架的一项关键特征，国际税收体系似乎暗示地将合作努力和提升国家征税能力具有内在正义性作为了不言自明之理。

如果这一合作性机制能够成功，那么就可能以最优的方式恢复国家强制性权力以及国家维护所有选民正义的能力。然而，这一看上去值得称赞的国家努力的融合并非不存在正义或者合法性的问题。尽管在缺乏合作的情况下，国家将丧失成为实行正义场所的独

60　尽管在涉及税收竞争时使用了"有害"一词，但有关建议很少提出实际协调跨国税率的方案，相反只是应对"过低"的税率以及被认为有害的其他政策（比如"围栏"）。OECD, Harmful Tax Competition an Emerging Global Issue 14 (1998), http://www.oecd.org/tax/transparency/44430243.pdf.

61　政治哲学家最近提出了基于正义的国际税收机制。参阅：布洛克，同注1，第131—141页，建议开征非基于所得的全球税（例如碳税、托宾税、机票税和电子邮件税），这些税由各国征收，其中（超过发展中国家需要）部分的累进数额由征收国保存，其余部分存入由国际税收组织所管理的全球正义基金中。也可参阅：龙佐尼，同注1，支持建立在限制国家预算以及再分配能力的税收竞争对国家自决权造成损害基础上的国际体制。迪奇与里克森，同注1，建议成立能够帮助国家政体重获关于预算规模和国内再分配水平等财税政策集体决定能力的国际税收组织。关于支持这一建议的扩展论据，迪奇，同注1。

特地位,但是多边体制也并不必然能取代国家而成为这样的中心。笔者认为其理由在于,尽管利用这一多边机制可以行使强制性权力,但共同制定性这一因素却并不能如此。因此,如果内格尔关于政治组织的强制性权力和共同制定权力之独特组合都要求正当性,并对该组织施加正义责任的论断是正确的话,那么国家和多边体制每个都缺乏某些重要的元素。如果没有多边合作,国家缺少强制性力量:在不遵从多边体制的情况下,[62]国家无法为共同制定规则的选民确保正义。而就多边体制而言,尽管在其成功运作的情况下能够提供执行力,但其缺乏集体的共同制定性。尽管近期的不少努力帮助非经合组织国家能够参与到该组织的决定形成过程中,但这一国际领域似乎仍然缺少代表性、责任性和政治成员数量。尽管二十国集团和经合组织寻求在设计现行税基侵蚀与利润转移(BEPS)的协议中融入金砖国家和发展中国家,但目前尚不清楚这一措施是否能够成为全面推进该组织更具包容性和代表性努力的组成部分。[63]正如在许多国际领域那样,在国际税收论坛上许多国家(更不用提这些国家中的个体)并没有很好地被代表,即使那些被代表的国家,相关决定的进程也没有完全包容它们,或者允许它们享有平等的话语权,更不用说这些国家的选民了。

因此至少在税收领域,似乎不存在内格尔政治理念中追求正义

---

62 假设竞争导致国家给予流动性纳税人优于非流动性纳税人的待遇,它可能同样缺乏对于所有选民的平等对待。参阅:龙佐尼,同注1。
63 Jeffery M. Kadet(杰夫瑞·M.卡德特), BEPS: A Primer on Where It Came from and Where It's Going(《BEPS手册:其过去以及将来》), 150 *Tax Notes* 793, 804 (Feb. 15, 2016).

的"天然"场所,即强制性与规则共同制定性的汇聚点。对于那些寻求促进正义(或者寻求国家作为合法组织的持续性)的人们而言,问题在于,正确的出路在哪儿?

一种可行的解决方案是提升国际体制对于规则共同制定性方面的回应性。以正义之名在更广范围内促进规则共同制定性的一条极端道路是建立全球国家(global state),并在此多边层面上确立正义责任。这一体制被认为能够对世界正义论者和国家统治论者的正义关切作出很好的呼应。但是这条极端道路不仅是不可行的,而且可能也是不合理的。[64]一个全球国家可能难以对其选民的偏好作出特别的回应;该组织也将深受权力过于集中和缺乏责任性的困扰;[65]而且该组织还会面临严重的效率问题。

克服正义缺陷的另一条可能的途径是将多边合作作为重新增强国家权力从而在国界内追求正义的框架。[66]这一解决办法在国际税收领域探讨中经常获得支持。然而这种混合双重履行正义职责的模式本身是否具有合理性,以及在何种条件下具有合理性?

---

64 参阅如:迪奇,同注1,认为关于"扩展民主范围……走向全球民主"的建议即使不是适得其反的,也是不切实际的空想。

65 参阅:龙佐尼,同注1,第14页,提出应当注意"全球财政权威专制危险"的可能性。

66 迪奇,同注1,例如,支持关于将所有资本主义的利害关系方都置于民主决策控制之下的建议。龙佐尼,同注1,主张即使是非世界正义论者也应当同意旨在使国家重新获得自主权和提供正义能力而约束主权权力的国际体制。也可参阅:Yariv Brauner, What the BEPS?, 16 *Fla. Tax Rev.* 55, 59 (2014):

BEPS项目至今提出的最具有根本性的洞见是这种范式的失败。国家,即使是最具实力的经济体,也不足以根据现行体制圆满地执行本国税法。从定义上看,单边行动无论其实质如何,都不会成功,因此任何执行实质性改革的机会都要求将税收政策的国际协调作为一个条件。

二、对所有(国家)的正义

要回答这一问题,也许应当回归到内格尔的基本问题:是否应当将合作在本质上视为一种"讨价还价",还是"创造集体授予主权权威的飞跃"?[67]前一项似乎推论出合作本身是合理的(至少只要合作不是被强迫的);而后一项则意味着,超越国家边界存在着自治的正义责任,条件是在多边层面上出现一个主权者权威。国际税收的通常观点暗示采用了前一种观点,即主权国家为合作而进行讨价还价——假设不受任何超越国家责任之上的正义责任的阻碍。据此观点,所建议的合作体制似乎如同国家统治论的完美解决方案:每个国家对其选民存在正义的责任,以及它们相互合作以实现国内再分配方面的互利结果。这些国家相互之间不负有或者对其他国家选民不负有任何超过由讨价还价达成的明示协议规定之外的任何义务。

这似乎与内格尔关于国际制度的立场完全一致:

> [国际制度]并不是由所有生活受此影响的个体集合制定的,也不是以这些个体之名义而强制实行的;而且国际制度无需个人提供某种授权,也不存在随之而来的需要在某种意义上平等对待这些个体的责任。相反,国际制度是由自利的主权者相互讨价还价而建立的。国际制度并不是以个人名义,而是以创立它们的国家或者国家协议以及机构的名义而运作的。因此,这些制度对于个体的责任被代表及对所有个体承担首要责任的国家所滤除了。[68]

---

67 内格尔,同注13,第141页。
68 同上,第138页。

基于与国家统治论者观点类似的立场,国际税收合作的论调回避了关于合作可取性的探讨,支持国际税收合作作为实现正义的完全正确之事(既然合作被假定能够促进国内正义),并将任何单个国家缺乏合作的行为视为机会主义。这一论调将国家拒绝合作视为在讨价还价上采取强硬立场,而不是一个在国家间实行正义的原则性要求。毕竟该论调声称,如果国家享有与其他国家合作以增加其税收收入的机会(从而能够为国内再分配提供更多的财政资金),为何国家要放弃这一机会呢?国家之间以及不同国家选民之间再分配的差距被认为与本讨论无关,因为国家只对自己的选民承担正义责任——而不是向其他国家或者其他国家的选民承担该责任。由此,诸如在发达国家与发展中国家间更为平等的诉求没有得到充分的解决,或者只是将其作为一种对慈善待遇的呼吁而不是一种正义的义务。

如果每个国家能够独立合法地设置其征税体系,那么国家统治论的观点就可以成立——换言之,它能够成功确保共同制定规则的集体体制。然而,正如上文所述,在税收竞争条件下,情况并非如此,每个国家都在努力执行本国的税收体制,而这些征税规则在很大程度上是由市场条件所决定的。

作为对本章探讨的总结,笔者质疑该通常的观点,并认为能够使国家保留其合法性的多边体制其本身亦要求具有独立的合法化。具体而言,仅当能够保证所有参与合作国选民的国内正义时,该多边体制才具有合法性。为了达到这一正义的要求,多边体制必须设定条件确保贫穷国家中最贫弱阶层人们的福利,使之不受合作性安排的损害。

可以借助内格尔和通常的观点更好地理解这一论断。内格尔坚持认为，超国家的正义责任只有在合作创立共同制定规则的主权权威时才会产生。合作性体制的合法性来源于参与合作国的合法性，如内格尔所言：

> 一个全球或者区域性的网络并不对所有参与国的全体公民负有类似的社会正义责任，因为如果这一责任存在的话，只能通过成员国代表集体履行才能实现。相反，这些制度的目标在于通过成员国或者国家组成部分（state-parts）的合作更好地促进各自的目标，这些目标包括了追求某种形式的国内正义。极其重要的是，实现这一目标依靠的是独立主权国家之权力，而非一个对所有国家负责的超国家力量。[69]

然而有必要提及的是，国家已经在很大程度上丧失了其强制性权力，特别是至少在税收领域，国家单边确保给予其选民平等待遇的能力已经受到很大程度的削弱。国家征税的合法性由此也被削弱了。在很多情况下，国家只能通过合作性协议才能重获这些权力。[70]在这些情形中，合作已经不是参与国的单纯偏好或者是通过讨价还价促进各自目标的框架。相反，合作已经触及国家合法性的核心。如果无法确保其公民集体行动以及公平地尊重和关切全体公

---

[69] 内格尔，同注13，第138—140页："即使是联合国安全理事会的强制性权力，主要也表现为由传统主权国家行使的集体自卫权形式，尽管防范国内种族屠杀的干预行动对于主权有所侵蚀。"这里所侵蚀的是发生种族屠杀国家的主权。但是国际税收与此不同，因为主权的侵蚀是在没有干预下发生的，而干预是维护主权所要求的。换言之，如果缺乏国际集体行动对于其他国家中的个体施加义务，那么国家就无法行使主权权力确保对本国臣民的正义。

[70] 参阅：龙佐尼，同注1；迪奇，同注1。

民,那么国家就不再能合法地使用其强制性权力。而且,与其他国家的合作对于一国行使其权力的能力至关重要。笔者认为,在这些情形中就产生了多边体制本身的合法性问题:一个旨在为国家提供基本合法性的体制能否将其本身的合法性——其本身缺少的——单独建立在另一个国家的合法性基础上?以及如果答案是肯定的,这一体制——超越国家之上的为维护合作参与国的合法性——是否需要独立的正当性?

当国家为恢复其合法性而开启多边合作时,它们就授予了该多边体制协调国家行为的权力,从而使这些国家能对其选民施行正义。这是国家获得合法性的必要条件。这些国家将各自受损的征税权整合到一个比各国权力总和更大权力的集体体制中。因此——可以说——每个国家能够公平地对待其公民。

但如果这些协议减损了部分国家内的正义,又该如何?从国家统治论者的观点来看,只要所有合作参与国都同意这一多边协议,[71] 重获权力的国家甚至不应考虑这种多边协议在另一国家可能产生的非正义。按照国家统治论者的立场,正义完全是通过合作参与国这一层面所媒介的,参与合作国之间的协议并不会产生超越人道主义的独立的正义责任。

如果缺乏保证其选民正义的能力,国家相应地缺少行使强制性

---

71 对比查阅:Mathias Risse(马蒂亚斯·里瑟)& Marco Meyer(马可·梅耶), Catching Capital: The Ethics of Tax Competition(《捕获资本:税收竞争的道德准则》), *Notre Dame Phil. Revs.* (Mar. 19, 2016), http://ndpr.nd.edu/news/catching-capital-theethics-of-tax-competition;"但是为何B国的居民要关心A国的居民是否生活在一个公平的国家呢?B国居民必须在多大程度上确保A国国民能够实现这一点?国内情形与国际情形的差别是实质性的。因为在国内层面上是同一国家内居民之间的义务,而在国际层面上则是不同国家居民之间的义务。"

权力的合法性。由于国家行使权力需要正当的理由,因此,笔者主张国家不应授予多边体制超过使得国家能够公正对待其选民之外的权力。如果对其选民无法实行正义,那么国家作为一个主权者的能力——就本文而言——被削弱了。由此,在与其他国家缔约时,国家不能被授权作为正义的媒介。即使假定国家对于其他国家的公民不负有单独的正义责任(即国家不负有以平等的关切对待这些公民的责任),笔者也认为国家不能作为正义的媒介者"躲藏"——以正义的名义——在非正义(因此也是不合法的)合作国家的背后。不同于合法主权者之间的其他协议,通过加剧另一个国家的不合法性来为一个国家提供合法性的多边协议,并不会为国家行使强制性权力提供必要的正当性。尽管这类协议是以两个国家正式同意为基础的,但同意并不是正义的保证。笔者认为,要使正义盛行,以及国家能够合法地同意一项多边协议,该合作体制有责任确保每个国家在其国内施行正义的能力。

正如第四章所解释的,合作可能在部分国家,特别是贫穷的国家内产生非正义。并不是所有国家都是相同的。所以,确定能够促进部分国家正义的合作,可能给其他国家带来完全不同的后果。为说明这一点,第四章分析了一种虚拟的协调情形,在此情形中,各国为促进再分配,按照每个国家提供公共产品价值之上的X比例征收统一税(即各国按照X比例所征收的税款收入累进地在选民中进行分配)。我们发现,尽管部分国家政府确实能够更好地对资本所有者征税(从而实现财富再分配),但在其他(往往是发展中)国家,情况却并非如此。在后者情形,因税收增加所导致跨境投资的减少会损害本地生产要素拥有者的利益。相应地,这一体制是以诸如本地劳动力利益受损为代价的。诚然,一个协调的税收体制可能帮助东道国从流入的投资中获得更多的税收，并对投资海外的本国资本所有者征收税款，但这些财政收入并不必然能够补偿因外来投资减少所导致的本地生产要素所有者的损失。而且，这些国家政府也可能深陷腐败或者"被利益集团所俘获"，因此不愿意将这些财政收入用于再分配。如果东道国确实无法征收足额税款来补偿本地劳动力的工资损失，那么这种合作从再分配角度来看可能不是一个好办法。居民国可能更有能力对资本所有者征税，从而通过财富再分配向劳动力进行补偿，但东道国本地劳动力可能会因这一协调体制而受损，因为这是为居民国劳动力的再分配而"买单"。

当然，居民国可以将所增加财税收入中的更大份额转移给东道国，从而平衡各国的收益与损失。但居民国有此作为的义务吗？假设居民国希望做这些正确的事情，它们是否负有（再）分配这些利益的正义义务？这就是本章的一个中心问题：合作本身是否对参与合作国施加了正义义务？当代左派制度主义者和世界正义论者无疑是支持国家之间存在这种正义义务的。事实上，世界正义论者可能支持在所有国家人民之间建立一种能够直接进行财富再分配的多边机制。但是，笔者认为坚定的国家统治论者也不会（至少不应当会）认为这种多边机制只不过是一种讨价还价的交易。当体制在促进部分国家中的国内正义之时却在另外一些国家中产生了非正义，那么参与合作的国家就不能指望这样的观点，即后一类国家中民众的意志完全由其国家所媒介。一种给部分国家带来正义却给其他国家造成非正义的国际体制是不具有合法性的。[72] 笔者论证得出，当（富裕）

72　内格尔，同注13，思考了另一种类似的安排——也就是允许贫穷国家在贸易协议中维持所具有的低劳动力成本的比较优势——这在性质上属于人道主义而不是正义的义务。

国家需要来自其他（贫穷）国家的合作从而促进本国国内正义时，这些（富裕）国家的谈判地位应当受到正义在其他合作伙伴国内不应当被减损这一要求的约束。笔者认为，以其他国家国内的非正义为代价来促进一国国内正义的做法本身是不公平的。

因此，一个建立在部分国家非正义之上的国际体制不能寻求交易理论的庇护，并认为这一国际协议完全是由主权国家协调产生的。非正义的国家是不合法地行使其主权权力（即强制性和讨价还价的权力）。富裕国家不能凭借在其他合作参与国内产生非正义的国际协议使其以正义为基础的国内强制性权力得以合法化。一个以合作为基础的多边体制，当且仅当其能够改进（或者至少不减损）所有合作参与国国内境遇最差群体福利的时候，才在促进正义方面具有正当性。相应地，追求协调的多边体制只有在能够确保所有参与国国内正义时才是有效的。

尽管在理论上，国家间合作可以使全球福利最大化，并通过从富国到穷国转移财富实现分配正义，但国际税收普遍的去中心化产生了严重的协调问题。假设国家间转移支付是乌托邦式的，而且以穷国中贫穷人群为代价（不存在转移支付）实现富国国内再分配是不公平的，下一章将探讨第二种可能的选项——即完善而非遏制税收竞争。在此框架下，国家之间通过携手共同解决诸如搭便车、交易成本、信息不对称、阻碍竞争等市场失灵问题，完善税收竞争。这些阻碍竞争的典型因素在国际税收中演化成为避税、税收套利、逃税，以及政府间卡特尔等问题。国际税收政策界正在努力解决（突出地体现在BEPS报告中）其中的部分问题（特别是避税和逃税），而其他问题（如卡特尔）则很少受到（如果有的话）关注。

第七章　完善国际税收市场

本书前面的章节为现行国际税收体制描绘了一幅惨淡的图景。国际税收领域的去中心化和竞争性结构在国内和全球层面都产生了无效率和不公平的结果。税收竞争对国家普遍性地降低税率,特别是降低具有流动性的资源和居民税率产生了巨大压力,而这会危及福利国家的可持续性。不同税收体制之间的差异催生了税务筹划和避税;各国税制缺乏透明度导致逃税行为的泛滥;尽管在多边层面上的诸多努力和计划,但是国家之间税收不公正仍然达到了令人不安的程度。面对复杂的现实,曾经作为资助公共产品和促进分配正义典型工具的所得税,已经严重丧失了其所具有的公正和有效率地筹集公共资金的功能。而由于征税的式微,国家正日益丧失其在税收事务上的合法性。

在过去的近一个世纪里,国际社会在国际税收领域作出了不懈的努力。国际税收政策的目标持续转变,所提出的解决方案众多,但充满挑战。如本文所述,国际社会的努力最初集中于防范双重征税。此后转向"有害"税收竞争,并试图区分好的税制与坏的税制,接下去,国际社会又将透明度作为多边合作的一个重要目标。而晚近的BEPS报告深入检视各国税制之间的"差异与摩擦",针对重大的税收筹划活动,该报告通过向各国政府提供更为有效的政策工具帮助各国采取协调行动遏制税收筹划策略,但并没有完全重写国际税收

第七章　完善国际税收市场

规则。[1] 而欧盟委员会关于美国苹果公司在爱尔兰经营竞争的决定则是国际税收前沿的最新发展。这项决定要求各成员国按照欧盟国家援助制度对跨国企业足额征收税款,从而为应对国际税收挑战的努力增加了新的维度。尽管存在上述努力和成果,在全球经济中挽救对所得征税仍然前途漫漫。

统观上述历史,国际层面的应对努力似乎缺乏连贯性,且需要一个集中的视野。完善国际税收在规范层面和制度层面都是一项高度复杂的任务。正如本书中的探讨所力图展示的,各国税制的多样性和决策程序的去中心化是造成这种复杂性的重要因素。这些因素不仅成为阻碍国际税收政策协调同步的重大技术障碍,也提出了关于在何种合适层面决定国际税收规范性事项这一根本命题,即这种决定应当在国内层面还是国际层面作出?对于那些终极追求正义的人们来说,第六章中所提出的问题——是世界正义论还是政治正义论应当胜出(当然还涉及每种观点所包含正义责任的类型)。而对于追求效率的人们来说,问题——又是——何种体制,是国家之间的竞争还是中央统一的体制(第四章所讨论的)能够产生更好的整体结果,以及是否任何类型的中性都具有实现的可行性(笔者在第二章中所否定的)。对于那些聚焦政治领域的人而言,正如第一章所详

---

[1] 参阅: Mindy Herzfeld(明迪·赫茨菲尔德), News Analysis: BEPS Alternatives: Evaluating Other Reform Proposals(《新闻分析: BEPS替代方案: 评价其他改革建议》), 83 *Tax Notes Int'l* 253 (2016)(将BEPS行动计划描述为一种权宜之计); Yariv Brauner, Treaties in the Aftermath of BEPS, 41 *Brook. J. Int'l L.* 973, 975 (2016)(认为尽管有大张旗鼓的炫耀, BEPS行动计划不可能带来巨大的变革); Michael Graetz, Bringing International Tax Policy Into the 21st Century, 83 *Tax Notes Int'l* 315, 317 (July 25, 2016)(对通过20世纪的国际税收体系来解决21世纪问题的做法提出批评,并预计BEPS不会"开启国际合作的新时代")。

细阐释的，问题则是政治机构的最佳规模、层次、权力配置以及如何能使政治领域免受市场的侵扰。

目前为止的多边努力正沿着合作的方向推进。这种模式所暗含的假定是集体努力所追求的目标具有不可辩驳的正确性以及更高程度的协调具有必要性。然而正如本书所详细探究的，沿着这一方向的努力受到集体行动问题的削弱，并为那些发起和领导这些国际努力的国家——历史上多为发达国家——的偏向（包括确定问题的偏向和采纳解决方法的偏向）和私利所玷污。而且这些努力受到本文第五章锁定效应的制约而成为过时和低劣的标准，包括关于来源与居民的陈腐概念、不切实际的信息共享要求，以及参与的税收管辖区之间的巨大差距。

这一结果并非出乎意外。国际税收体制的去中心化和竞争性结构是以国家间策略性互动所形成的网络为基础的。这一结构几乎祈求（begs）偶然性的解决方案。各国力图在一些领域同时行动，应对问题（进而寻求解决方案），这些问题有些是系统性的和各国所普遍面临的，但有些也是个别国家所独有的。国家——这一领域的关键行动主体和政策制定者——正在与税收筹划者，特别是那些利用国际税收政策使其全球税收责任最小化的跨国企业，进行着斗争。但是，不同国家税收制度的多样性和碎片化、税收机制的差异性，以及各国税收体制对于税法定义的多样化解释，这些因素结合起来给予税收筹划者减轻其税收责任的必要弹性。与此同时，国家也深陷国家间竞争之中，每个国家都试图削弱其他国家从而吸引税收居民和能够最优配置国内资源和产生正外部性的经济活动。最后，国家所面临的第三项挑战是如何在上述两线进行斗争且仍能够保持其主权权力，该主权权力同时体现在国内层面（通过公正对待其选民，确保他们的发言权以及离开国家的选择权,来维护国家统治的合法性)与国际层面(通过反对超国家权力和跨国企业来保护其主权权力)上。

上述多边努力并没有为国际税收体系所存在的问题提供系统性解决方案。由此,尽管这些国际合作试图为国家打击税收筹划和逃税提供工具,但并没有专注于作为国际税收矛盾根源的内在结构性问题。鉴于问题的复杂性和数量众多的参与方,这一结果是可以理解的。国家所面临的实质规范意义上的困境和在多线上的抗争,以及所牵涉利益的多样性,会模糊整个事件,其结果是混淆所寻求的解决方案。本书所支持的视角——将国际税收解释为各国采用策略性征税进行竞争的市场——对于概括各种挑战和澄清结构性问题既是合适的也是有益的。这种视角是合适的,因为税收是国家为争取资源和税收居民而开展实际竞争的通货。这种视角是有益的,因为它有助于人们规整针对实际问题提出的不同解决方案。

将国际税收比作市场的隐喻突出了三种反对市场的典型意见。在国际税收体制中同样存在反对意见。第一种反对意见利用了对于市场本身的内部批评,认为国际税收的许多现存问题实际上是导致市场无法实现最优功能的典型市场失灵问题。而其余两个反对意见则是外部的批评。其中的第一项批评是与市场的分配结果有关,并在国际税收环境中确实存在,即在缺乏遏制市场"自然"运行机制的条件下,经济市场的运行会扩大贫富鸿沟。第二项外部批评指向了市场的商品化(commodification),认为当市场领域渗透到其他领域时,前者往往"挤出"后者赖以运行的规则。就税收而言,这一现象淋漓尽致地体现为,由于国家之间为争取税收居民和投资而展开竞争,国家与选民之间的互动关系商品化了。

将贯穿本文的问题加以归纳并考虑可能解决办法的途径之一是根据这些对市场的批评来重新审构这些问题。在下文中，笔者将详细探讨每一种批评意见，并展示这些反对意见在国际税收市场中的表现方式。本章并不旨在为解决这些国际税收问题制定详细的路线图。然而，本书关于国际税收所面临挑战的详细阐释，以及与之有关的对市场批评中所包含的关切，将指引我们评估这些挑战并帮助我们思考作出合适政策反应的总体方向。

第一节　市场失灵

鉴于国际税收的竞争性本质，国际税收最尖锐的问题与典型的市场失灵——交易成本，信息不对称，搭便车，以及反竞争性合谋——相关这一点就不足为奇了。

A.交易成本。首先，国际税收的去中心化结构导致了各个税收管辖区之间的严重冲突，而这些冲突反过来滋生了能够产生额外交易成本的税收漏洞或者双重征税。[2] 税收管辖区之间的差异促使

2　参阅：Julie Roin（朱莉·罗因），Taxation Without Coordination（《无协调下的征税》），31 *J. Legal. Stud.* 61 (2002)。该文描述了税基国际统一带来的征管益处：节约纳税人和政府在多元非统一税基情况下的申报、咨询、执法和裁决方面的征管成本。另参阅：Ruth Mason（鲁思·梅森），Delegating Up:State Conformity With the Federal Tax Base（《向上授权：州税基与联邦税基的一致》），62 *Duke L. J.* 1267, 88-1279 (2013)（解释了在联邦体系内各州之间税基的一致如何减少了各种交易成本）；Steven A. Dean（史蒂夫·A.迪恩），More Cooperation, Less Uniformity: Tax Deharmonization and the Future of the International Tax Regime（《多些合作少些统一：税收去协调化和国际税收体制的未来》），84 *Tul. L. Rev.* 125, 152 (2009-2010)（描述了确定各种规则、各种规则互动、遵循这些规则等涉及的成本，以及为获得税收利益而支付的交易成本）。

纳税人为研究其经营所在管辖区的税法规则投入大量资源。而且，正如第一章和第四章所述，管辖区之间的差异与摩擦正突出地被试图规避税收的纳税筹划者所利用，这些筹划安排被称为"税收套利"。[3]对于纳税人乃至政府而言，税收筹划同样产生了过高的交易成本。纳税人为了最大化其税收利益，向筹划者支付服务费；而政府为了挑战税收筹划需要支付执法费用，为了弥补税法漏洞需要承担立法开支。即使由税法漏洞所促成的最终交易是政府所希望的，或者说政府积极鼓励这些交易（比如吸引纳税人，让纳税人为国内市场带来正面的溢出效应），支付给税务顾问的花费是纯粹的交易成本，对于政府和纳税人而言都是净损失。而双重征税则会给那些疏忽大意的纳税人带来额外的风险，迫使纳税人投入资源来确保其跨境交易活动的税收安全性。按照社会福利主义的观点，这些投入的资源也是纯粹的交易成本，会减损社会福利。可取的解决方法应当是在整体上减少用于税收筹划和税务咨询的花费和努力，减少政府的执法成本和确保国内立法防范不必要税收筹划风险的成本，以及有效地防范双重征税附带问题所带来的成本，从而减少交易成本，提升效率。

B.信息不对称。国家在国际税收市场上面临的另一个突出的市场失灵问题是信息不对称。正如学者和多边努力（第五章所描述的）

---

3 参阅：Diane M. Ring（黛安娜·M.林），One Nation among Many: Policy Implications of Cross-Border Tax Arbitrage（《众多国家中的一国：跨境税收套利的政策影响》），44 *Boston College L. Rev.* 79 (2005)（比较和区分了国际税收套利与竞争协调争论并考虑通过一国和多边工具来遏制税收套利）；Adam Rosenzweig（亚当·罗森兹威格），Harnessing the Costs of International Tax Arbitrage（《利用国际税收套利的成本》），26 *Va. Tax Rev.* 555 (2007)（解释和阐明了税收套利的现象，并支持能够利用税收套利使发展中国家受益的单边政策）。

发起者所正确强调的那样，各种避税天堂及其他国家中存在的隐秘税收规则和不透明的税收征管程序[4]为纳税人提供了（或者至少在过去是这样）对本国政府隐匿财富并偷逃税款的机会。国家缺乏执行税法的必要信息，就沦为了半个瞎子。由此，政府提供公共利益所需资金往往是由那些无法很好隐匿财富的纳税人来承担。[5]而且，政府无法将执法的矛头直接针对那些逃避税者，而是被迫编织一张天罗地网，对那些遵纪守法的纳税人进行过度的审计。结果是国家在提供公共福利以及对逃避税者征税方面都是低效率的，导致执法成本和征税率都过高。如果政府能够对所有选民有效征税，则可以在不降低公共服务提供水平的前提下，更精准地提供公共产品并且减少成本（从而降低税率）。

然而，即使是对于非逃税的纳税人，尽管这些纳税人严格遵守了税法规则，但是国家缺少相关信息会对这些纳税人的税负产生重大的不利影响，因为许多纳税人能够创造性地对经济活动进行税务筹划。可以预想的是，如果国家能够完全掌握这些避税安排的信息，就能更加精准地定位避税者并对监管规则做出准确的调整，从而能够对国家所希望提供的公共服务提供财政支持，并对国家所希望征税的纳税人进行征税。诚然，有时国家有意地创造税法漏洞，使税

4　Omri Marian, The State Administration of International Tax Avoidance（《对国际避税的国家管理》）, 7 *Harv. Bus. L. Rev* (forthcoming 2017), https://ssrn.com/abstract=2685642 or http://dx.doi.org/10.2139/ssrn.2685642.该文描述了避税天堂国家在促进税收筹划机会方面的流氓行为，并以被泄露的卢森堡与跨国纳税人签订的预先税收协议（ATAs）作为例证。

5　因为政府提供的是公共产品——政府并不清楚，而只是预估纳税人对公共产品的消费水平。在国内，税收旨在克服这一信息缺乏的问题。然而，如果缺乏透明度，不仅是关于公共产品消费水平的信息，而且关于税基（特别是所得税税基）的信息也是缺失的。因此，需要从其他替代来源获得信息。

收筹划成为国家进行有利于流动性纳税人的歧视性价格安排的有效平台。但是如果政府缺乏全部信息，成为最少交税者的并非是最值得吸引的纳税人或者对国家所提供公共产品最具有需求弹性的纳税人，而是那些最具有创造性的税收筹划者和偷逃税者。

然而，信息交换受制于一个经典的集体行动问题，即每个行动者都希望获得其他行动者的合作，却不愿意向其他人分享自身的信息（例如，为了吸引外国纳税人来本国投资）。与任何经典的集体行动问题一样，有效合作——如果能达到的话——被认为是增进福利的。

C.搭便车。搭便车是国际税收领域中另一个典型的市场失灵问题。由于政府无法排除纳税人使用公共产品，因此，传统上公共产品的财政资助都是来自于税收。如果缺乏正常运行的市场，公共产品最好是由政府提供，政府决定向选民提供哪些公共利益，并对选民征税来资助这些公共利益的提供。[6]搭便车削弱了国家提供公共产品的效率。这种情况发生在部分纳税人能够享受到政府提供的公共产品，但无须为这些公共服务承担公平份额的费用。其结果是，政府（有效）提供公共产品的能力被削弱了。

纳税人逃税的能力以及发达的税收筹划行业进一步加剧了搭便车问题。当纳税人能够隐匿其应税所得，他们对于所消费的公共服务就存在搭便车行为。不幸的是，国际税收领域透明度的缺失导致了比国内税法环境中更多的偷逃税。在国际税收领域，税收筹划也

---

[6] 根据经典的蒂博特模型，打包（bundling）可以通过允许纳税人按照一定的"价格"选择捆绑的一揽子公共服务，弥合该机制产生的纳税人偏好与公共产品提供之间的差距。诚然，这种选择过程并不完美，但的确能够给纳税人提供某些选择，更好地将公共产品与个体偏好相匹配。

十分普遍。尽管在国内税法领域也并非罕见,但在国际税收领域,税法管辖权的碎片化和多样化为纳税人提供了更多与体制进行"博弈"的机会,从而加剧了税收筹划问题。各税收管辖区不同的税法概念、定义和规则,使得纳税人自身或者其在不同管辖区所经营的实体表现出不同的税收特质,按照税收责任最小化的目标对存在多种来源的活动进行税法定性,对涉及多个管辖区的所得确定不同的发生时间和地理来源,并能够在不同的税收管辖区创造性地确定应税所得数额。

在通常的市场环境中,多样性和碎片化通常能够更好地使消费者的偏好与生产商的供给相匹配,从而提升市场效率。因此,加剧搭便车问题的原因并不是多样性和碎片化这两者本身,而是国家无法为国内公共产品的每一份碎片化特征给出一个单独的价格标签。在当下国际税收碎片化的现实环境中,纳税人无须"购买"全部"一揽子"的公共产品。相反,纳税人能够自主决定从不同税收管辖区提供的众多公共产品与服务中选择特定内容。国家既不能排斥纳税人获得这些公共产品和服务,也不能因消费这些产品和服务而对这些纳税人有效地征税,因为这些纳税人对其经营活动的税收筹划能力日益增强(由于数量众多的碎片化税法管辖权)。[7]既然给非排他性

---

7 由于国家无法给公共产品贴上价格标签,所以最好的办法是使用替代指标。鉴于各国之间激烈的竞争,可以有效采用的替代指标并不是能够最精准反映纳税人所获利益的指标,而是体现为高需求、低弹性的特征指标(国家对其他特征的征税能够轻易地被纳税人所规避,这些纳税人对本应当由他们承担但实际被他们规避的税款所资助的公共产品搭了便车)。因此,举例而言,房地产市场炙手可热的国家可以对在本国买房产的纳税人征税;拥有高技能劳动力的国家可以雇佣这些劳动力的本国雇主征税;蓬勃的消费市场允许国家对国内的销售征税;优越的公司治理体制有助于公司所得税一定程度的增收——所有这些都在征税没有完全削弱相关特征的吸引力并假定税收没有完全转移给国内纳税人的程度内实现。

服务贴上单独价格标签是不可能的,那么解决问题的出路应当是通过限制纳税人凭借税收筹划或者(和)逃避税而脱离税收管辖权的能力,来增强国家的税收征管能力。

D.反竞争性合谋。在第五章中,笔者描述了部分(往往是发达)国家具有潜在结成卡特尔的趋势,由此合作各方(如果成功的话)能够获得更多的税收居民和投资者,并且提高"要价",即征收的税款。当这些策略对其他国家或者纳税人产生外部性时,就会损害市场效率。所以,国际税收政策制定者应当注意的风险之一是,具有一致利益的紧密联系国家之间所形成的(过分)成功的政策协调。

将国际税收典型问题(税收筹划、偷逃税、双重征税以及政府合谋)归为市场失灵有助于澄清本文所要探讨的论题。国际税收问题的市场化描述——交易成本、搭便车机会、信息不对称,以及竞争壁垒——解释了对市场进行干预的必要性。但在概述这种干预的可能路径之前,笔者将简要探讨国际税收中对市场化描述的两个经典外部反对意见,即分配正义的关切和市场侵蚀非市场领域所产生的问题。

第二节 分配正义

对市场的最主要批判之一——以及最需要干预的地方——是市场所产生的累退性分配结果。在没有干预的情况下,自由市场的运行具有增加和扩大经济差距的趋势。[8] 不仅市场机制不能缩小这些

---

8 参阅如:Anthony T. Kronman(安东尼·T.克罗曼), Wealth Maximization as a Normative Principle(《作为规范原则的财富最大化》), 9 *J. Legal Stud.* 227 (1980)。

差距（因为这些差距是市场主体自身利益最大化的结果），而且市场的通货本质上具有累退性，因为货币的边际效用是下降的。换言之，因为市场不仅对已满足的偏好强度，也对支付能力作出反应，其天然地不利于弱者，所以，仅靠市场难以解决分配正义的问题。正好相反的是，市场通常是分配非正义的根源之一。通常而言，国家监管以及特别是第一章所强调的对所得征税，是实现分配正义的解决之道。

税收竞争削弱了国家对分配正义的管控能力，因为正如第一章和第四章所述，此时国家本身在很大程度上已经成为一个市场主体。税收竞争中的国家市场化事实上成为市场机制无法促进分配正义的例证。当国家成为市场主体，竞争的压力使得遵循正义原则——在国内以及在国际层面上——的成本相比在其他情况下更为高昂。在与其他税收管辖区的互动中，国家的理性选择是考虑其本国的福利。这种考虑在国家之间不存在正义责任时可能是合适的。第六章详细探讨了关于国家之间是否存在超越人道主义的正义责任，以及如果存在，这种正义责任以何种形式存在这一复杂问题。但即使是国家间分配正义的支持论者，也无法在缺少对市场超国家干预的情况，寄希望于市场扮演国家间正义促进者的角色。

进一步而言，正如第四章所解释的，国家在税收竞争中的市场定位迫使它们减少征税，这损害了国家执行国内再分配政策的能力。由于那些资助再分配的纳税人往往不是从再分配中获益的纳税人，再分配已不是一种可市场交易的物品，因此也不能由处于竞争关系中的国家所能够有效促进。正如上文所述，竞争性定价机制（在国际税收中转化为税收竞争）限制了国家通过其税收系统在国内再分配财富的能力。

第七章　完善国际税收市场

总之,在税收竞争条件下,所得税已经不再能够履行弥合分配鸿沟的传统职能了。税收竞争事实上只会恶化分配差距的问题。在税收竞争条件下,(所得税)待遇也会存在相同的弊病(市场竞争),因此只会加重问题。当税收受制于市场规则,它们也会迎合纳税人选择并具有了内在累退性。

第三节　对政治领域的削弱

对于国际税收领域适用市场理论的第三种批评是,当市场向其他(比如社会和政治)领域渗透时,市场规则往往会"挤出"非市场领域的规则。[9]市场将资源、权利和互动转变为金钱,从而能够渗透到社会、政治等不同领域。之前不可测度或比较的领域向市场的趋同可能改变非市场领域的动态。当进入非市场领域时,市场规则往往对非市场领域的基础规则产生减损效应。举例而言,当金钱渗透进政治领域,就会腐蚀政治过程所具有的基于平等发言权而作出政治决定的能力,并给予富裕阶层对政治过程更大的影响力。因此,第一章所描述的市场商品化效果不仅是指市场规则挤出非市场规则的现象,也指使社会弱者(lesser-off)易受其他领域市场化所产生的不平等结果伤害的强制性影响。

在国际税收语境中,国家间竞争,如第一章所述,具有将市场规则引入国家与选民之间关系中的效果。在吸引投资和税收居民

9　参阅:Michael Walzer(迈克尔·沃尔兹),*Spheres of Justice: A Defense of Pluralism and Equality*(《正义的范围:为多元论和平等辩护》)(1983)。

的国际竞争中,国家根据纳税人对国家的利益程度来选择所欲吸引的纳税人。当纳税人能够在不同税收体制之间进行选择时,他们经常寻求于己有利的特定的公共产品和服务。正如在第一章和第六章所解释的,税收竞争下国家的市场化和碎片化损害了政治领域。因为在税收竞争中,政治领域无法再控制国家与选民之间的关系,国家也不再是行使强制性权力来执行选民集体意愿的唯一实体。相反,国家更能够将公共服务仅销售给那些对这些服务感兴趣并有能力购买的纳税人。换言之,现在已经不是由政治过程来决定向选民提供公共服务以及资助这些服务所应征税的水平,而经常是由国际税收市场来作出这些决定。这侵蚀了国家自主决定其命运的政治进程,并使国家的政治决定受制于市场规则和市场力量。相应地,当今国际税收所面临的一个重要挑战是国家政治领域的衰落。国家正日益丧失独立调和公民退出权与政治表达权的能力,从而无法以确保选民有效参与政治过程和决策者对现行国际税收政策加以控制和承担责任的方式,来维护政治领域对于国家财政选择的控制权。

第四节 一种可能的解决路径

正如所见,国际税收的去中心化和市场化本质导致了很多的弊端。转变解决方法对于应对效率、分配和政治方面的持续挑战至关重要。但问题在于,这种转变应当沿着何种方向进行?正如笔者所始终强调的,尽管现行国际税收体制的诸多挑战源自于其去中心化的结构,但集中化(centralization)并不必然是解决问题的答案。笔者揭示了，集中化，特别是限制国家在国际税收市场上开展有效竞争的能力，本身就存在问题。忽视这些问题而试图消除竞争所带来的问题将是一个错误。由此，与晚近国际多边合作试图在税收竞争消亡的预期下强化集中化的做法不同，本书作者支持将竞争作为促进国际税收规范性目标的手段。

224

值得一提的是，笔者支持的更具竞争性的体制并不是最优选择。在一个完美世界里，国家可以通过合作在一个具有政治责任性的国际税收体制中将效率与分配正义的组合最优化。举例而言，国家可以共同努力重获其作为一个政治实体的合法性，一方面允许每个国家在执行本国税法的过程中开展多边合作从而保留国家的再分配功能，另一方面则通过富裕国家与贫穷国家之间的转移支付来维护全球正义。然而，这样的世界即使合理，也是极难构建的，并明显带有乌托邦的色彩。这一合作体制对于国家在集体规范选择重要性方面的要求，以及国家对于其他国家以及其选民的承诺程度和团结程度（最为重要的是国家之间的分配），使得这一选项在现行国际税收中不具有可行性。由此，我们只有两项次优选择。第一项是采用能够取得更多集中化（但不是最优）的合作性策略，以接近这种乌托邦式的世界。这会要求部分解决措施：更强的税法执行、能够支撑国内分配正义的更高税率、部分搭便车机会的消除。但是如果缺少国家之间转移支付这一条件，该项选择同样可能如我们所见那样产生有利于富裕国家的累退性财富分配结果。第二个选项是——笔者所支持的——通过消除市场失灵促进更多的竞争。笔者强调，这两种解决方法都要求多边合作，并且对国家在协调方面提出严重挑战，并限制国家的政治主权和正义。但是，这两个方案在各自目标以及所需要的合作细节方面存在差异。

不同于缔结旨在遏制税收竞争的更加全面的多边协议，笔者坚持认为，多边协议应当改善——事实上是完善——竞争。更为准确地说，在作出多边努力时，国际税收政策制定者应当谨慎行事。多边合作的努力应当避免——以效率、正义或政治主权的名义——通过限制税收竞争、防范逐底竞争或者（甚至）要求国家征收最低税（由此来防范逐底竞争），来帮助国家维持或者可能增加税收收入。相反，笔者建议，多边努力应当促进国家之间关于确立和执行有助于更多竞争而非减少竞争（换言之，更加有效的竞争）规则的合作。这要求对通行的国际税收体系进行不少改进，特别是包括：减少交易成本，提高透明度，帮助国家执行国内税法规则从而减少搭便车现象。除此之外，应当减少卡特尔行为和国家市场中阻碍（发展中）国家竞争的障碍。这种更具竞争性的体制与更加集中化的体制之间的差异并非像看上去的那样大。两项建议都不要求在全球范围内重新分配财富（世界全球正义的支持者会提出这一要求），同时如上所述，这两项建议都要求至少在国家间的一些合作以及国家对于超国家体制一定程度的遵从。但是，现今正在被讨论的行动与笔者所建议的行动之间微妙的差异仍然是十分重要的：按照笔者的观点，尽管名声仍受质疑，但如果能够得到适当的调校，竞争有助于而非不利于提升全球福利和促进正义。

本书并非意在为国际税收所面临的挑战提出一项全面而详细的解决方案。然而，面对这一领域的巨大发展，以及各方提出的众多对策建议，有必要对于未来的出路进行一定的思考。因此，下文将粗线条地提出实现笔者所支持的更具竞争性解决方案的若干机制。但在这之前，笔者将考虑两项反对意见，即市场方案所无法解决的两个问题：恢复分配正义和增强政治领域。

第五节　两项可能的反对意见

笔者所支持的（改进的）竞争性体制方案并不能解决本书所考虑的所有问题。即使是改进后的市场或者完美的市场也自然受制于对于市场的一般性批评，而这些批评所指出的市场缺陷很难甚至是不可能被矫正的。但笔者认为，在当下全球环境中，国际税收领域中针对限制市场的多边努力同样无法解决这些问题。事实上，这些努力所产生的问题可能超过要解决的问题。因此，必须从其他地方寻求解决国内正义和国家主权问题的办法。

再分配——被认为——是更加集中化的国际税收体制的关键理论支撑之一。第一章和第四章的探讨指出，全球化将国家变成了争取税收居民（个人和企业）、生产要素以及税收收入的市场主体，从而转变了国家与公民之间的关系。国家不再是制定和执行强制性规则、征收税款和确定再分配的强大主权者，而是成为在竞争性全球市场上的，统治能力在很大程度上取决于供给与需求的市场主体。随着税收居民和生产要素流动性的增强，国家不再是那个可以制定任何其认为必要之规则的强制性政权，相反，国家在很大程度上成了一种可被选择的体制。结果是（部分）个人和企业享有了从广泛的法律体制中进行选择的能力，而国家却被迫按照有吸引力的价格向纳税人提供包含理想公共产品和服务（包括竞争性管制规则）的竞争性合约。相应地，再分配已经成为只有部分国家能够负担得起的对高能力个人和企业开出的要价。这一竞争性市场的现实迫使国家降低对个人和企业的要价，极大地削弱了国家再分配的能力。因此当今主权国家的一个重要关切是，它们日益丧失维持福利国家的能力，因为它们不得不在成为一个更具竞争力的国家（能够吸引最有效投资和最具价值税收居民的国家）与成为一个能够支持社会弱势群体的国家之间作出选择。

提升国内税率的终极策略可能是国家间采取一致行动来遏制竞争，并增加税收。但本书揭示了在国际税收市场上，更具集中化的国际税收体制（假设不存在国家间的转移支付）往往会损害全球正义。尽管这种体制在富裕国家中可能促进国内正义，但它同时可能在贫穷国家中损害正义，并且削弱国家间正义。

不幸的是，增进国内再分配和全球正义可能并不是国际合作所能推进的可行目标。基于第六章所提出的理由，富裕国家与贫穷国家之间的权力鸿沟，以及缺乏责任性的现行国际制度，使得在不减损国际层面正义的条件下，推进（显然理想的）国内层面的分配正义变得不可能。存在着恢复，至少在部分程度上恢复国内正义的两种替代路径，但都不在国际税收的范围内。第一条路径是要求国家重新聚焦于选民对于再分配的承诺，国家可以设法——如果在执行其规则时能够得到多边援助的支持，则可能——通过税收来整合社会。它们能够为选民提供一项真正的选择：或保持成为群体的组成部分（比如美国人、法国人等[10]），或退出这一群体。假设选民选择了前一个选项，那么伴随国家所提供的公共产品"一揽子交易"的是（分配）价格。由于国家在这方面只拥有十分有限的回旋余地，因此这是一个很微妙的平衡。如果国家要价太高，那么就可能失去社会中最强

---

10 公民身份显然是实现这种群体归属感的途径之一，但是它存在十分严重的缺陷。参阅：Ruth Mason, Citizenship Taxation, 89 *S. Cal. L. Rev.* 169, 187–231 (2015)。

的群体；而借助纳税人的归属感则可能为国家在为再分配征收税款时提供一定的空间。但是，强调国内承诺也可能会威胁到自由——因为国家可能会通过提高公民脱离国家的成本和进入国家的门槛增加其与邻国之间的障碍。跨国企业产生的所得可能是一个更加复杂的问题。尽管选民的忠诚——在一定程度上——可能转变为强国甚至是让跨国企业安心的标志，但在这种情况下，其潜力是有限的。应对下文第六节所探讨的市场失灵，能够进一步增强，至少在某些程度上增强国家对跨国企业征收更多税款的能力。但是整体而言，国家可能无法出于再分配目的对跨国企业的所得有效征税。而且从自由的意义上看，跨国公司在平衡政府权力方面发挥着重要的作用。公司在维持一个开放、自由和全球市场方面的利益——尽管这经常被谴责为向跨国企业提供了过多的权力——可能成为对政府寻求短视的孤立主义庇护的必要抗衡力量。

恢复国内正义的另一条途径可能在相比于税收，较少受到管辖区之间竞争影响以及较少被筹划的法律领域。尽管所得税具有作为再分配途径的诸多令人熟悉的优势，[11]国际税收体制的去中心化结构与国家间竞争的市场化和碎片化相结合，可能意味着其他规则（诸如财产法、侵权法，或者其他"非税的"法律）可以成为再分配方面更为有效的工具。所得税较高程度的可选择性——所得税更容易被税收筹划的事实——相比于其他法律领域，显然表明所得税不是

---

11 Louis Kaplow（路易斯·卡普洛）& Steven Shavell（史蒂文·萨维尔），Why the Legal System Is Less Efficient than the Income Tax in Redistributing Income（《所得再分配方面法律体系比所得税低效的成因》），23 *J. Legal Stud.* 667 (1994).该文提出了著名的观点认为，所得税是实现再分配最有效率的手段，应当优先于其他任何法律领域（比如私法）规范下的再分配。

再分配的理想途径。由于管制性竞争不仅发生在所得税领域,也发生在对法律规则具有不同选择的其他法律领域,那么再分配的最佳法律领域是那些较少受到选购管辖区(jurisdiction shopping)影响的领域。这意味着税收法律规则并不必然是再分配的最佳选择,[12]因为税法领域广泛的税收筹划机会以及对替代税收管辖区的选择,使得税法规则具有高度的弹性。

而且值得一提的是,尽管完善税收竞争——笔者所提出的解决方案——并不是专门针对完善再分配而言的,但这一方案减少了税收筹划和搭便车的机会,从而对于完善再分配具有积极影响,因为纳税人之间并非具有相同的流动性以及税收筹划的能力,而且那些具有很强税收筹划能力的纳税人往往就是最富有的群体,也是再分配政策的主要目标,因此限制税收筹划机会本身就是累进性的。

上述考虑确实不能完全解决分配正义的问题。但是要使正义能够真正取得主导地位,对全球正义的认真思考必须成为任何多边合作的组成部分。笔者担心替代的方法可能更为低劣:一方面,以牺牲穷国中贫穷者的利益为代价来维护本国的再分配;另一方面,限制对政府浪费和权力形成有效制约的公民脱离国家的权利。总之,缺乏详尽的对于贫穷国家贫穷人群的转移支付体系,因此无法保证对所有国家的正义——在缺少国际政治机制的条件下这一转移支付体系既不可能实现,也并不必然是理想的——国际税收合作可能不得不

---

12 Tsilly Dagan, The Global Market for Tax & Legal Rules(《税收与法律规则的全球市场》), 21 *Fla. Tax Rev.* (forthcoming 2017), https://ssrn.com/abstract=2506051. 关于地方政府方面的一个类似观点,参阅:Brian Galle(布赖恩·盖尔), Is Local Consumer Protection Law a Better Redistributive Mechanism than the Tax System?(《地方消费者保护法是比税收体系更好的再分配机制吗?》), 65 *N. Y. U. Ann. Surv. Am. L.* 525, 532-33 (2010)。

放弃集体消除国内非正义的愿景。

支持更大程度集中化的另一个论据是竞争导致了政治领域的市场化。然而,多边合作也没有为解决该问题提供一个足够好的答案。尽管竞争可能限制发言权,但集中化则可能限制脱离国家的权利。前者通过将国家与其选民的关系市场化来限制选民的发言权;后者则是通过限制纳税人的选择来阻碍纳税人脱离国家。这两者都有损于一个健康的政治进程。正如阿尔伯特·赫希曼指出的,在不存在脱离国家的真正选择权的情况下,发言权是无效的,而没有发言权支撑的脱离国家的权利,也不能真正地改进国内政策。[13]但是,可能更重要的是,国家的市场化导致原本使政治领域免受市场价值和规则影响的隔离崩塌,但是多边领域也不必然为维护政治领域提供一个独立的平台。问题在于国际领域被(一群经过挑选的)有影响力的国家和强有力的利益集团的立场所主导。第五章解释了这些强大国家是如何影响国际领域的动态从而服务于自身利益的。因此,当国内政治领域的功能因为税收竞争而衰减时,利用国际领域来加强国内政治领域并不能真正提升政治责任性,更不用说公民对于规则的共同制定权。如果国际领域确实被强者所俘获,则意味着国际领域无法为国内政治进程提供必要的保障;当涉及国家独立时,这 国际领域也无法公正行事。这再一次表明,在维护国家政治领域方面,多边合作并不必然比竞争更好。

上述也再次说明了,应对侵蚀政治领域的解决方案可能不是国际税收集中化,而要另寻出路。其中的一项选择是通过增加各国代

---

13 Albert Hirschman, *Exit Voice and Loyalty: Responses to Decline in Firms, Organizations and States*(《退出、发言权与忠诚度:对于公司、组织和国家衰弱的回应》)(1972).

表的责任并为这些代表提供积极参与国际政治进程的更多途径，从而增加人民对于国际政治领域的参与度。另一个选项则是提升人们更加坚信的本地化平台的重要性。

这些问题明显超越了本书探讨的范围。笔者认为，这些问题足以说明多边合作并不必然是对市场政治批评的最佳反应，由此，不宜将竞争从完善国际税收的途径中排除。

第六节　完善税收竞争

将国际税收体制面临的挑战用市场来比喻，有助于把握理想解决方案的方向。笔者提出的竞争性方案具有建立在现行竞争性市场机制之上，以及通过矫正市场失灵、改进市场机制，从而加强国际税收政策的优点。当然，面临的挑战是在防范卡特尔行为以及消除对（发展中）国家竞争障碍的同时，如何减少交易成本、提升透明度、加强税法执行以及减少搭便车现象。本书的目的并不是提出具体的解决方案，而是提醒人们在寻求解决方案的过程中，应当关注合作的成本并且认识到单凭合作并不能提供解决问题的全部答案。因此，下文的内容应当被解读为克服这些市场失灵的一些替代性机制的说明——可以作为人们进一步研究的议程——而不是研究的终点。这些替代性机制都要求合作。但重要的是，这些合作都与竞争性博弈规则而不是对结果的协调有关。这些替代解决方案包含了从比较具有实验性的（可能是不现实的）组成部分到那些已经处于确立过程中的因素。方案中最为激进的建议是建立旨在遏制国家反竞争性策略的国际反垄断机构；较为现实的方案则是为缓解信息不对称而建立信息共享体系。第三种可能的机制是寻求解决各国税制规则分歧的结构性问题，在防范搭便车现象和减少交易成本的同时，维护国家提供多样化征税和支出体制的能力。

如我们将看到的，所有这些解决方案在设计、适用以及合法性等方面确实面临诸多挑战。但是这些解决方案对于某些市场失灵似乎比对其他市场失灵更加直接有效。克服信息分享方面的集体行动问题——没有减少解决这个问题的难度——似乎明显是信息不对称的必要解决方案，而且还有助于减少交易成本并防范部分搭便车行为。因此，无怪乎这也是近年来取得进展最大的领域。其他的"根深蒂固的问题"则更难处理。要为应对搭便车行为与遏制反竞争的策略确定"黄金标准"更为困难，为这些问题提供可行的方案则同样困难。

一、信息共享

正如上述，信息是国际税收市场有效率运行的重要因素，是国家使其所征收的税款与所提供的公共产品和服务相匹配的重要前提。由于公共产品是非排他性的，国家无法有效预计纳税人使用公共产品的情况。因此，税收在传统上成为评估公共产品消费这一需要的替代。但是如果缺乏税收居民海外经营的有关信息，国家就无法恰当地执行本国的国际税收规则。由此，部分纳税人就能够对国家提供的公共服务"搭便车"而无须负担其应承担之公平份额（无论这里的公平如何定义）的费用，而其他纳税人没有获得最符合其所偏好种类和数量的公共产品。增加透明度是一项解决方案，因为它使国家能够更好地依法对本国纳税人征税。有了充分的信息，国家可以更好地确定哪些是"其"纳税人，这些纳税人拥有哪些资源，以及国家希望如何对这些纳税人征税,这就削弱了这些纳税人对国家公共服务搭便车的能力,也使国家能够为其他选民提供更慷慨的公共产品。换言之,透明度是关于税收和公共产品的国际市场有效运行必不可少的条件。

由于信息不易获得,国家就需要得到其他国家——税收居民所得的来源国家——的协助。作为投资和经营活动实际发生地的东道国更容易获得这些必要的信息,因为东道国可以要求其居民纳税人——特别是金融机构——提供这些信息。但是,收集信息的过程代价不菲,特别是行政成本高昂。而且,东道国(特别是,但并不必然是那些帮助外国投资者隐匿海外活动的国家)可以从这些海外投资以及向海外投资者征收(较少的)税款中获益,因此缺乏披露这些信息的积极性。因此,尽管国家一般能从获得本国税收居民信息中获益,但缺乏为其他国家收集和提供信息的动力。[14] 这是一个典型的集体行动问题,而许多人也正确地提出了经典的对策:合作。信息共享是解决典型市场失灵的教科书般解决方案能够产生实际效果的一个领域。

但正如解决集体行动问题时通常出现的情形,即使是对于那些因信息共享所负担的成本和所获得的利益基本对称的国家而言,实

---

14 对比参阅:Philippe Bacchettaa(菲利普·巴彻塔)& Maria Paz Espinosac(玛丽安·帕斯·埃斯皮诺萨克), Information Sharing and Tax Competition among Governments(《信息共享与政府间税收竞争》), 39 *J. Int'l Econ.* 39, 103-21 (1995)(认为在双边条件下,策略性运作的东道国可能有披露信息的动力,但是在多个东道国为外国投资同时展开竞争时,这种激励效果就消失了);Michael Keen(迈克尔·基恩)& Kai A. Konrad(凯·康纳德), The Theory of International Tax Competition and Coordination(《国际税收竞争与协调的理论》)59 (Max Planck Inst. for Tax Law & Pub. Fin. Working Paper 2012, July 6, 2012)(认为存在十分尖锐的利益分歧,因为重税国家确定可以从信息相互交换中获益)。

现这种合作也是十分复杂的。那么对于发展中国家（由于缺少技术能力，收集和提供信息的成本可能高昂到事实上无法开展这项工作的地步），以及显然地，避税天堂国家（由此导致"避税天堂经营活动"的减少所带来的损失相当巨大）而言，[15]这方面合作所面临的挑战可能更大。基于此，发展中国家可以为建立21世纪的信息收集和报告体系而合理地要求获得技术支持和资源。避税天堂国家，尽管它们不愿意参与合作是不合理的，仍可能为参与自身利益受损的合作而（明确或者暗示地）要求获得补偿。[16]

克服这一集体行动的困难确实是一个巨大的挑战。但即使能够克服这个困难，构建和运行信息交换体系的成本也可能高得让人无法承受。一个国家与多个国家进行信息交换，而这些国家都遵循各自的规则，这种信息交换对于这些国家以及纳税人而言是令人却步的。标准化总是能够提供某些帮助。对于收集和提供的信息进行标准化可以节约收集和组织相关信息的成本。如果所有税收管辖区的全体纳税人只被要求提供相同类型的信息，并以相同的方式来处理和提交这些信息，那么行政成本就会被大大降低。所以，兼容性标准让采用该标准的国家以及遵从该标准的纳税人在与其他国家交往中因使用相同的规则和信息而获益。

15　参阅：Itai Grinberg（埃泰·格林伯格），Taxing Capital Income in Emerging Countries: Will FATCA Open the Door?（《对新兴国家资本所得的征税：FATCA会开门吗？》），5 *World Tax J.* 325 (2013)。

16　Steven A. Dean, The Incomplete Market for Tax Information（《关于税收信息的不完全市场》），49 *Boston Coll. L. Rev.*1, 21 (2008); Adam Rosenzweig, Thinking Outside the (Tax) Treaty（《跳出（税收）协定的思考》），2012 *Wisc. L. Rev.*717（建议通过能够让小的非合作国受益，获得补偿支付的机制，来矫正大国与小国在合作激励方面的非对称性）。

如第五章所述，在信息共享采用全球标准和标准化报告领域，国际社会已经取得了相当大的进展。[17]二十国集团财政部长、经合组织成员国以及若干非成员国都支持税收信息自动交换的共同报告标准。这一标准要求国家从它们的金融机构中获得具体的金融账户信息，并按年自动与其他国家进行交换。超过101个税收管辖区已经公开承诺执行该标准。[18]

令人瞩目的是，许多发展中国家和避税天堂国家也在公开承诺执行该标准的国家之列。然而，成功的信息交换仍未实现。正如所料，尽管其他国家被鼓励为发展中国家获得必要的信息交换能力而提供支持，而且这种支持物有所值，但发展中国家仍很难符合该标准的技术要求。而且，国家可以选择其所愿意进行信息交换的对象国，所以税收正义网（Tax Justice Network）最近抱怨："最新公开的数据表明，许多国家包括部分避税天堂在确定分享信息的对象国时非常具有选择性，经合组织的许多国家似乎更愿意在它们之间进行这种'约会'博弈（dating game）。"[19]因此，共同报告标准是否以及能在多大程度上取得实际成功尚不明了。[20]

除此之外，共同报告标准获取优势之路还面临其他两个挑战。第一个挑战是，尽管目前的努力看上去很有希望，但人们仍可能见证

17　参阅：Itai Grinberg, The Battle Over Taxing Offshore Accounts（《对离岸账户征税的斗争》），60 *UCLA L. Rev.* 304 (2012)（认为我们正在见证新的国际体制的诞生，在这种新体制中，金融机构因为离岸账户而扮演着跨国税收中介的角色）。

18　关于这些国家的完整清单，参阅：http://www.oecd.org/tax/transparency/AEOI-commitments.pdf。

19　参阅：http://www.taxjustice.net/2016/10/25/oecd-information-exchange-dating-game/。

20　承诺遵守国际协议却没有实际遵守的现象并不是这种情形所独有的。参阅：Steven A. Dean, Philosopher Kings and International Tax, 58 *Hastings L. J.* 911, 961 (2007) and references there。

一场标准之战。FATCA规则由美国创设并为许多国家所采用,[21]美国却似乎不愿意加入其所领导的多边努力之中。[22]第二个挑战是采用共同报告标准的次序本身可能存在问题。原因在于,当更多的避税天堂国家采用这个标准时,没有采用该标准的避税天堂国家(那些没有加入该网络的国家)可能会发现对其所提供的避税服务的需求日益增加。由此,这些国家采用共同报告标准的成本就会随着其提供避税业务收益的增加而上升。采用该标准的成本越高,这些国家加入该标准网络的可能性就越低(当然也应该考虑迫使它们加入该标准网络的国际压力的程度)。

笔者不准备对解决集体行动问题,以及获取作为一个可行的信息共享系统先决条件之一的标准(将来可能更多)的复杂困难进行轻描淡写。但是这些合作的努力——不同于笔者在之前论述中所批评的其他合作——是值得的,因为这一信息共享体系是构建可行的国际税收竞争市场的一个重要因素。

二、简化国家税收规则

国际税收市场去中心化和碎片化的本质滋生出多样化的税制。通常而言,产品的多样化可以提升市场满足偏好的能力。但如上所述,征税和支出体制并不能等同于普通产品。这类体制是用来提供那些市场所无法有效提供的公共产品的。在全球化的市场上,各国

---

21 参阅:Joshua D. Blank & Ruth Mason, Exporting FATCA, 142 *Tax Notes* 1245 (Mar. 17, 2014)。

22 参阅:William Hoke(威廉·霍克), The Year in Review: Demands for Greater Tax Transparency Escalate in 2016(《年度回顾:2016年对更大税收透明度的呼声不断高涨》), 85 *Tax Notes Int'l* 27 (Jan. 2, 2017)。

的征税和支出体制在国际税收体制网络中相互联系。然而，国际税收体制的多样化却导致了各国税制之间的不一致。各国税法体系之间的差异和摩擦——正如上文提到的——产生了巨大的交易成本，以及双重征税和税收筹划的机会，这些都制约了国家有效使用其资源和征税的能力，而这些征税是对政府提供公共产品的对价。

如果每个国家孤军作战，就会发现克服这些不一致具有挑战性。在某些情形下，这种单边努力是可能的：举例而言，个体国家可以单边采取措施来防范双重征税，也可以颁布一般反避税条款（GAAR），或者对纳税人与税务管辖区之间具有实际联系的（少有）特征（attributes）进行征税，并将公共产品与国家对这些特性的征税捆绑在一起从而为提供公共产品筹集税款。[23]但是，在其他很多情形中，与其他国家相互合作促进管辖区之间必要程度的一致性更为有效。如笔者在第四章所详述的，国际税收体系的完全统一既不可能也不可取。但是我们确实可以考虑通过多种途径来实现规则之间的这种一致性。

BEPS行动项目指明了一个方向：应对因各国税制不一致所产生的具体的税收筹划机会。因此，BEPS项目寻求遏制税收筹划的策略，比如，消除混合错配或者在其他国家不征税收入所对应的支出不允许在支付国税前扣除。如果成功的话，这一解决方案确实能够制约避税，同时也能够帮助国家使其对部分纳税人的征税与向他们提供的公共服务相一致，由此也能限制搭便车行为。然而，这是一项代价高昂的策略，尤其是它要求国家监控其他国家的规则以及纳税人的

23　其中可以作为这种联结点的最佳特征应当是那些低弹性的——也就是纳税人最不易于转移至其他（更具吸引力的）税收管辖区的特征。因此，方案可以聚焦于高需求的（在拥有这些特征禀赋的国家里），监控那些能够使纳税人脱离特定管辖区的技术（从而增加脱离的成本），或者是限制那些有助于脱离税收管辖区的可行选择。

策略。而且，这一方案具有高度的选择性，限于针对特定的税收筹划策略，因此BEPS项目并没有消除国家税制之间的严重错配，还产生了将税收筹划机会推向其他机制——那些不是BEPS所明确针对的税收筹划机制——的风险。

防范各个独立税制之间错配的另一条路径是将所征收的税款与所提供的公共利益脱钩。这一策略可以通过各国共同确定一个全球税基（甚至是共同征收税款），并根据某个公式将这一税基的组成部分分配给不同国家的方式来实现。[24] 很明显，这一体制将在很大程度上消除纳税人人为地在国家之间转移税基的初始动机。有些人进

---

24 参阅如：Reuven Avi-Yoanh & Kimberly Clausing, *A Proposal to Adopt Formulary Apportionment for Corporate Income Taxation: The Hamilton Project*（《对在公司征税中采用公式分配法的建议：汉密尔顿项目》）(Jun, 25th, 2007), available at SSRN: https://ssrn.com/abstract=995202 or http://dx.doi.org/10.2139/ssrn.995202（建议对跨国企业所得征收单一税，并根据跨国企业在各个管辖区的国内销售来分配税收）; Reuven S. Avi-Yonah & Ilan Benshalom, Formulary Apportionment—Myths and Prospects（《公式分配法——神话与前景》）, 2011 *World Tax J*. 371, 373, 378; Reuven S. Avi-Yonah, Kimberly A. Clausing & Michael C. Durst, Allocating Business Profits for Tax Purposes: A Proposal to Adopt a Formulary Profit Split（《为税收目的分配经营利润：一项采用公式分配进行利润分割的建议》）, 9 *Fla. Tax Rev*. 497, 500, 501–07, 510–13 (2009); Julie Roin, Can the Income Tax Be Saved? The Promises and Pitfalls of Adopting Worldwide Formulary Apportionment（《所得税能被挽救吗？采用全球公式分配法的希望与隐患》）, 61 *Tax L. Rev*. 169, 172–73 (2008)。另参阅：J. Clifton Fleming, Robert J. Peroni & Stephen E. Shay, Formulary Apportionment in the U. S. International Income Tax System: Putting Lipstick on a Pig?（《美国国际所得税体系中的公式分配：给猪画口红》）, 36 *Mich. J. Int'l L*. 1 (2014)。

彼得·迪奇，《追逐资本：税收竞争的道德准则》）(2015) 建议成立一个国际税收组织，该组织可以为各国政府就国际税收协议的谈判提供场所，并确保协议规则得到执行。迪奇支持公式分配基础上的单一税体系，首先计算跨国企业的全球利润，然后根据能够体现跨国企业在各国经济活动的公式在各国之间分配可供征税的利润份额。只要不损害其他国家的财政自治，各国都可以确定各自的征税率。另参阅：Peter Dietsch & Thomas Rixen, Tax Competition and Global Background Justice（《税收竞争与全球背景正义》）, 22 *J. Pol. Phil*. 150 (2014)。

一步建议对整个国际税收体制进行重新思考，采纳诸如以目的地为基础或者以交易为基础的征税机制作为替代体系。[25] 如果纳税人所消费的公共利益与其所支付的税款脱钩（纳税人所缴纳的税款是基于那些相对容易确定的特征，比如销售额和雇员数等），这样特定的公共产品和服务就没有对应的税收价格；而且在公式分配法下的避税要求实质性措施——比如减少销售额或者转移雇员——这些都是很难筹划实现的。

确定每个国家能够获得全球税收份额的公式当然是一个非常重大的挑战并——如果说国际税收合作的历史告诉过我们什么的话——可能在国家之间分配税基、触发征税的确切要素，以及各国征税成本分摊等方面产生一系列重大问题。而且，这些决策要求的国家合作程度可能引发国家之间的不满，因为这些要求可能会严重削弱国家的税收主权。

构建能够减少交易成本、遏制税收筹划机会从而减少搭便车机会，但又不需要在各国之间分配征税权的国际税收体制的另一种选择，则是建立在国际税收的网络结构上。概括而言，这种体制是建立

25　关于对国际税收激进的改革建议的回顾，参阅：赫茨菲尔德，同注1；Alan J. Auerbach（阿兰·J.奥尔巴赫），Michael P. Devereux（迈克尔·P.德弗鲁）& Helen Simpson（海伦·辛普森），Taxing Corporate Income（《对公司所得征税》）in Stuart Adam et al., eds., *Dimensions of Tax Design: The Mirrlees Review*（《税收设计的维度：莫里斯评论》）(New York: Oxford University Press, 2010) 837；Michael Devereux & Rita de la Feria（丽塔·德·拉·费利亚），*Designing and Implementing a Destination-Based Corporate Tax*（《制定与执行目的地为基础的公司税》）(May 2014), available at http://eureka.sbs.ox.ac.uk/5081/1/WP1407.pdf（提出以目的地为基础的现金流公司税）；关于近期的一个批判性观点，参阅：Wei Cui（崔威），Destination-Based Cash-Flow Taxation: A Critical Appraisal（《以目的地为基础的现金流公司税：一个批判性的评价》），67 *U. Toronto L. J.*, 301 (2017)。另参阅：迪恩，同注2（建议在税收管辖区之间对劳动力进行分割，他将此命名为"去统一化"，并将之作为统一化的替代方案）。

第七章　完善国际税收市场

在含有改进的——更加透明和更加兼容的——标准的国际税收网络基础上的。[26] 如果设计合理，这种标准相比于现行国际税收体制以及更加集中化的替代方案，可以促进更大程度和更有效率的竞争，更能增进全球（尽管并不必然是国内）的正义。

当然，确立一项成功的标准，尚且不论该标准是否公正，绝非易事。[27] 然而，一旦该标准得以确定，又有相当数量的国家采纳了该标准，维持这一标准就变得相对容易，因为采纳该标准形成的网络具有外部性，其他国家都有积极性加入且留在该网络中。

由于国际税收是一个网络，纳税人和国家——作为网络的使用者——能够从国际税收的术语、概念和规则的标准化中获益，即使该标准的细节内容并不符合它们的最佳利益。如果所有国家都遵循国际税收的共同标准，纳税人就能节约为掌握其经营活动所在外国税收管辖区的税法规则和术语而花费的成本。国家也能够节省为设计与现行国际税收市场和其他国家税法的复杂性相一致的本国国际税收体系的成本。统一的标准确实能够为国家带来在行政、执法、争议解决方面的好处，这与当下税收协定提供的利益十分类似（并很可

26　Yariv Brauner, An International Tax Regime in Crystallization—Realities, Experiences and Opportunities, 56 *Tax L. Rev.* 259, 262 (2003). 该文曾提出一个部分和渐进的规则统一方案，类似地针对各国税基的趋同问题。另参阅：罗因，同注2，第77页："事实上，针对[行政成本和税收套利]只有一个解决方案具有真正的系统性：对于应税所得的定义达成全球协议。通过国际合作促成关于税基的共同认识可以同时解决多套账簿、过度的复杂性，以及上文提到的税收套利问题。"关于美国政府各州税基的标准化体制的全面分析，参阅：Ruth Mason, Delegating Up: State Conformity With the Federal Tax Base, 62 *Duke L. J.* 1267 (2013)。作者思考了美国国内联邦体系中税基统一的收益与成本，以及——鉴于其黏性——提出了若干改进方案。

27　参阅：罗因，同注2，描述了构建这种统一的税基需要花费巨大（甚至高得令人却步）的政治成本。

能更好），只是无需为缔结税收协定而展开代价高昂的双边谈判。而且与税收协定体制标准类似，一个国际统一的标准不仅能够实现各国税收规则之间更好的协调，而且能提升投资者的确定性，提供使投资者安心的信号，帮助各国在税法执行中实现更加便利的信息收集和合作。

国际税收标准还能够（事实上为了促进效率，该标准应当）涵盖比税收协定更广泛的领域。一项有效的标准应当成为在各合作参与国中运行国际税收体制的全面指引。该指引提供关于各国税基及其运作的相同定义。举例而言，如果现行的来源国与居民国的模式得以保留，则该标准应当确定应税所得的定义和种类；它可能包含一份关于实体、时间和居住标准、所得的地理来源、加比规则、解释，以及争议解决模式等内容的取得共识的清单。[28] 这一标准同样规范纳税人信息的提供及国家对纳税人信息的收集和共享，并使执行外国税收规则成为国内执法机构一项可以胜任的任务。通过设定一项能够涵摄更广泛领域的标准，国际税收体制可以成为一种能同时限制税收筹划机会和降低执法成本的稳定的解决办法。与此同时，该标准也允许国家通过提供包含相同"成分"（ingredient）和多种税率的不同组合来开展竞争。

这种标准的网络结构之优点在于它具有自我执行性。国家通过成为该体系的成员而获得正的网络外部性效应，从而具有遵守这些

28　这里的关键在于确定哪些领域中维持多样性定义的收益超过了潜在套利机会造成的成本。因此，举例而言，尽管为确定公司与合伙的统一定义需要花费成本，而且有些国家倾向于采用形式重于实质原则而其他国家则不是，但是如果关于公司与合伙的多样性定义所带来的收益低于定义不一致所导致税收筹划机会造成的成本，就应当统一定义。

规则的积极性。由此，与要求参与各国积极合作、监督其他国家，并对背叛者进行惩罚的体系不同，这项标准仅仅要求有独立的机构来验证国家是否遵循规则——国家也有动力去获得这种认可。

由于存在有效的标准，纳税人使用其他税收管辖区的规则与一个税收管辖区的规则进行博弈的可能性很小。可以说，这一标准的范围越扩张，内容越详细，税收筹划的机会就越少（尽管可能会有更多的税收筹划努力来利用残存的税法漏洞）。此外，税务机关得以将更多的执法资源投入到打击偷逃税，而不是遏制税收筹划上。由于税收信息的类型已经获得各国普遍和一致的理解，税务机关收集信息变得更加容易，执法成本降低了。与此同时，更为有效和精准的税收执法增加了偷逃税行为的税法风险。

设计该标准的具体内容当然是一个巨大的挑战（并远超本文的范围），而其可行性——毫无疑问地——也很令人质疑。标准的创立者首先需要确定的是，将标准建立在作为现行国际税收体系基础的来源国与居民国这一范式基础上，还是设计一个全新的模式。国际税收的现行原则——基于人们熟悉的来源国与居民国原则以及避免双重征税的机制——可能是令人宽慰的替代选择，因为这些原则和规则已经具有了多年的经验和实践的试错结果。现行体制也能够从作为主导体系，以及相应的锁定效应所产生的稳定性上获益。[29]

当然，即使被选为国际标准的基础，现行的国际税收原则仍然

---

29 Wolfgang Schoen(沃尔夫冈·舍恩), International Tax Coordination for a Second-Best World (Part I)(《为次优世界的国际税收协调（第一部分）》), 1 *World Tax J.*, 83 (2009).该文曾预测："任何只是等待来源征税制度消亡并建立一个新的统一国际税收秩序的建议都不具有现实性。对于营业利润的来源征税将在未来很长时间内存在。"

239 需要在各税收管辖区之间进行很多微调和简化,更不用说复杂的过渡安排。居所和来源的定义需要统一(比如,关于谁可以成为居民,特定类型所得的来源地和定性);不同类型的实体和交易需要标准化;要作出诸如关于扣除是否应当统一的决定。这些绝非易事。如同其他协调机制,这一安排的具体内容可能产生重大的分配后果(正如确定来源地和居住地的规则往往影响征税权分配,以及对经济活动也会产生激励效果)。该标准的设计者因此将获得影响税收收入和资源在国家间以及在国内分配的巨大权力。也许最令人困扰的是,这一标准——通过将很多决策权授予超国家的进程和机构,可能削弱国家的政治自主性,并可能严重违背政治参与和国家责任的理念,也会削弱更具本地性决策过程的微妙作用。[30]

值得注意的是,为了促进国家间有效竞争,一个标准化的税收体制断然不应当包括统一的税率。相反,该体制应当允许——甚至促进——不同税收管辖区之间就所提供的不同公共服务包展开有效的价格竞争。通过防止多数的跨境套利机会,这种以标准为基础的竞争应当——如第四章所阐释的——能够更好地匹配公民的偏好,遏制浪费巨大的税收筹划,并降低因了解复杂多样的各国税法术语和规则而产生的成本。但是,与任何其他标准一样,这类网络可能面临两个主要的风险。第一个是陷入次优标准的风险。第二个风险是卡特尔化,即部分(强)国可能会合谋作出利己的偏向规定。因此,尽管采纳一致性标准具有潜在的优势,仍需要对该标准的最初设计

---

30 关于在联邦制情形中协调税基标准的全面分析,参阅:梅森,同注26,第1288—1306页。

以及之后可能被滥用成为促成卡特尔平台保持警惕。[31]

同样重要的是不应忽略这种新的国际税收体制对于避税天堂国家的影响。这类国家能够从削弱这一网络中获得额外利益。避税天堂国家能够为纳税人提供的避税服务特点正是其他国家最为担心的：税收筹划和税收套利的机会，向其他税务机关隐匿信息，薄弱的征税执法。举例而言，一个避税天堂国家能够通过在本国税法中规定竞争性的定义，[32] 创造性地向纳税人返还能在其居民国抵免的税款，[33] 或者简单地拒绝与其他国家共享信息，[34] 帮助外国投资者减少

31　然而，如果没有足够的国家采用相同标准，那么交易成本与搭便车问题可能就无法得到解决。如果不同的国家群体提出不同的标准，那么另一类竞争——标准之间的竞争——就可能产生。这一情形下通常会产生"赢者通吃"的结果，占据主导地位的标准往往"接管了"整个市场。参阅：Stanley M. Besen（史丹利·M.贝森）& Joseph Farrell（约瑟夫·法雷尔），Choosing How to Compete: Strategies and Tactics in Standardization（《选择如何竞争：标准化中的战略与战术》），8 *J. Econ. Persp.* 117 (1994)。因此，如果缺乏共识，可以预计不同的国家群体会采用不同类型的标准，直到其中一个标准取得主导地位。哪一个国家群体提出这种最终获胜的标准——以及给不同国家带来的益处与不利——是另一个有意思的问题，但也超越了本书的范围。人们能直接想到的国家群体是经合组织和二十国集团，但诸如欧盟和发展中国家则可能成为替代选项。参阅如：*BRICS and the Emergence of International Tax Coordination*（《金砖国家和国际税收协调的兴起》）(Yariv Brauner & Pasquale Pistone eds., 2015)，对于金砖国家作为国际税收舞台的新兴力量进行了一番认真的研究。

32　参阅：玛丽安，同注4。

33　因此，举例而言，公司居所的不同定义可能产生外国居所；关于债务与权益的不同定义可以将股息所得转变为利息所得，反之亦然；关于特许权使用费以及知识产权销售产品的不同定义可能将经常所得（regular income）转为资本利得；相关定义的不同可能导致在一国被认为是资产销售的交易在另一个国家被认为是租赁；以及关于公司和合伙的不同定义可能会导致所得和扣除的穿透（flow-through）。

34　相关事例，参阅：Charles I. Kingson（查尔斯·I.金森），The David Tillinghast Lecture: Taxing the Future（《戴维德·蒂林哈斯特讲座：对未来征税》），51 *Tax L. Rev.* 641 (1996)。

在母国的税收负担。[35] 这类国家可以从吸引更多的投资和更多的税收居民上获益，或者简单地从所提供的避税天堂服务中收取更多的"服务费"。事实上，如果加入主导网络的国家越多，避税天堂国家拒绝加入该网络的概率就越大，与主导标准展开竞争而不是加入该标准所获得的收益就越大。这种现象的原因在于，在国家加入这个网络后，尽管网络的外部效应增加了，但争取寻求避税的纳税人的竞争者减少了——假设寻求避税的纳税人没有相应减少——那么避税天堂所提供服务的潜在收益就增加了。[36] 这样，部分国家肯定能够从采用反该标准的税收体系中获益，导致出现一个因帮助避税者而日益蓬勃发展的，由非网络国家形成的与主导标准并行的税收体制。

是标准规则还是反该标准的规则最终能取得成功是一个很大的问题。但同样明显的是，这种动态可能加剧"合法的"网络成员与"不合法的"避税天堂国家之间的两分格局。假设有相当数量的国家采纳了网络的标准，它们就可以利用其他国家没有采纳该网络标准的事实来服务于其利益：这些国家可以通过纳税人在非采纳标准的国

---

[35] 关于税收筹划机会的更详细例子，参阅如：David H. Rosenbloom（戴维德·H. 罗森布鲁姆），The David R. Tilinghast Lecture: International Tax Arbitrage and the "International Tax System"（《戴维德·蒂林哈斯特讲座：国际税收套利和"国际税收体系"》），53 *Tax L. Rev.* 137 (2000)；Edward D. Kleinbard（爱德华·D. 克兰巴德），Stateless Income（《无国籍所得》），11 *Fla. Tax Rev.*699, 706 (2011)；戴根，同注12；玛丽安，同注4；IMF, *Spillovers in International Corporate Taxation*（《国际公司征税的外溢》）11 (2014)；OECD, *Addressing Base Erosion and Profit Shifting*（《应对税基侵蚀与利润转移》）(2013), http://dx.doi.org/10.1787/9789264192744-en。

[36] 参阅：May Elsayyad（梅·艾尔赛义德）& Kai A. Konrad, Fighting Multiple Tax Havens（《打击多样的避税天堂》），86 *J. Int'l Econ.* 295 (2012)（基于这个理由主张采用一个"全新的"多边协议而不是逐个依次限制避税天堂国家）。

家居住或者投资的事实，筛选出潜在的避税者，并识别"柠檬"*。理想化地说，一个有效的网络应当能够基于国家是否适用标准这一简单事实，区分出"好的"体制和"坏的"体制。可以说，置身于该网络之外的国家更可能是避税天堂。由此，仅通过对在非网络国家的居民和投资者施加惩罚，一个有效的网络就能够杜绝搭便车和税收套利的机会。所施加的惩罚包括对这些纳税人施加更高的税率，不允许这类纳税人抵免境外已交税款，将这类纳税人列入黑名单，或者对纳税人的纳税申报作更为严格的审查。至少在理论上（当然也假设有相当数量的国家采纳了该网络标准），这些举措可以极大地改善该标准扩展性和可持续性的前景。在理想化的意义上，BEPS项目可以实现这样的目标：确保尽可能多的国家加入到这个"合法"国家的网络中，就可以孤立未加入网络的国家，从而更好地进行针对性的税收执法。[37]

总结而言，正如当前国际税收领域的诸多努力所揭示的，消除各个税收管辖区之间的差异和摩擦，遏制搭便车的机会，减少交易成本，确实是去中心化和竞争性的国际税收体制所面临的最严重挑战。

---

* 柠檬在美国俚语中是指"残次品"或"不中用的东西"。在信息经济学中，诺贝尔经济学家阿克洛夫1970年发表的论文《柠檬市场：质量的不确定性和市场机制》举了一个二手车市场的案例，信息不对称导致交易者产生逆向选择的动机，客观上最终造成残次品，也就是"柠檬"充斥市场。——译者

37 Yariv Brauner, BEPS: An Interim Evaluation, 6 *World Tax J.* 31 (Feb. 4, 2014), http://online.ibfd.org/kbase/#topic=doc&url=/collections/wtj/html/wtj_2014_01_int_3.html&WT.z_nav=Navigation&colid=4948. 布朗纳主张，以现行经合组织范本为基础的规则之范式转变是有必要的，而且BEPS的具有软法性质的国内反滥用法律是不够的。他建议，取代它们的应当是"更先进的分配规则，税务部门之间的积极合作，有别于只具有双边性质的国际税收体制，以及若干确保执行的机制，不一而足。是否实现这种范式的转变是检验BEPS项目成功与否的首要标准"。同上，第13页。

如上所述，可以思考一些可能的解决方案。这些方案可以针对税收筹划机制，这类似于BEPS相关行动项目所采用的方式。解决方案也可以超越现行的框架，建立一个在相关国家之间分配税收收入或者征税权的多边体制，或者这些国家共同选择一个完全不同的税基，或者也可以执行一种关于国家税收体系运行的精心设计的标准。毋庸讳言，所有这些解决方案都离不开各国之间相当程度的合作；都需要各国投入相当巨大的政治努力和惊人数量的细节方面的合作。笔者无意使这些成本最小化，然而本书始终强调的是，尽管这样的合作确实有利于提升税收竞争的效率，但合作应当局限于对博弈规则的设定——从而控制交易成本和限制搭便车的机会，但同时应该防止这种合作削弱国家之间的有益竞争。

三、为了国家的反垄断机构

对于市场效率以及市场分配结果的一个重大威胁——国际税收市场也不例外——是单个市场主体或者一定数量市场主体合谋所形成的市场支配地位，这一主体或者这些市场主体通过排斥其他竞争者或者直接损害消费者利益的方式使得市场的运行对它们有利。当市场主体之间的某些合作已经存在时，这些威胁就特别巨大；而在网络化结构的市场中，当网络产品增加了卡特尔行为的风险时，这些威胁则更加巨大。因此，合作性体制的一项内在危险——特别是包含持续升级的合作性机制的体制，诸如多边工具——在于合作可能触发合作发起者之间的卡特尔行为。如第五章所阐述的，合作参与国可能会发现利用共享框架作为它们协调征税并提升税率，或者以其他（诸如弱小、缺乏组织或者后进入网络的）国家或者纳税人整体利益为代价，促进其他自身利益（比如有利的税基分配）的平台，更为容易和更有助益。

这一挑战暗示着竞争性税收体制应当力争防范反竞争的行为。为了扩展关于制度机构的联想,我们可以考虑为国家设立反垄断机构。该反垄断机构专注于防止市场主体之间阻碍竞争或者对其他国家和纳税人——消费者强加成本的合谋行为。当然,这里的问题在于如何区别有利于竞争的合作与反竞争的合谋。相关情形范围的终点是比较清晰的:提升税率或者增加市场份额的协调(比如,居民国相互合作来减少来源国的税收)会遏制国际税收体制下的竞争。但为改善市场准入而提供更多信息的协调则不具有反竞争性。类似地,在设计和执行税法方面,减少交易成本和利用规模经济或者范围经济的协调可以促进更有效率的竞争。但是,某些要求可能构成对竞争的障碍(比如,遵从代价高昂的信息共享要求将禁止部分贫穷的国家加入俱乐部),将某些利益与只有部分国家所拥有的资源相捆绑,可能是反竞争性的(举例而言,将对知识产权的税率与实际的研发活动相捆绑,对于那些拥有超强研发能力的国家是有利的,这种捆绑可能构成市场支配地位的滥用)。

由此,这里的挑战在于如何维护甚至提升有助于保护国家主权、维护国家根据其偏好独立设计税制的能力,从而允许出现多样化、可获得的税收管辖区,同时要防范那些对某些税收管辖区和广大纳税人强加过高成本的合作行为。

在确定有关这类反垄断机构的指南时,人们可以借鉴国家反垄断机构的专业知识和经验,特别是这些机构对于合资企业、贸易商会和其他行业网络组织的监管。笔者不能自诩拥有提出具体指引的必要专业知识,对确切的制度性保障(比如,如何防范这类反垄断机构滥用监管权力)也不甚了解。但笔者希望在理想化的意义上,这类机构将禁止对税率（价格）以及公共产品和服务自主决定权产生影响的任何协调，防止对市场主导地位的任何滥用，以及对构成纳税人在税收管辖区之间转移居所或者经济活动能力之障碍的任何滥用。与此同时，反垄断机构应当支持提升透明度的机制，支持制定立法性的"手册"来减少交易成本，减少在税收管辖区之间资源和纳税人流动的成本。反垄断机构所面临的另一个挑战是其本身能否与（特别是来自强势国家的）政治涉入绝缘。如果反垄断机构偏向于强势国家，那么可笑地是，该机构（甚至）可能限制弱小国家开展合作的能力。

第七节　结论

在当今去中心化的国际税收体制下，对所得征税的规范意义上的挑战无疑是值得关注的。国家——曾经是对所得征税的唯一支配者——面临着来自同类国家的竞争和跨国企业的压力，现今处于一个十分脆弱的境地。在竞争压力之下，国家不再能够独立地制定和执行其（或者其选民）所支持的税收政策。相反，国家发现自己受制于市场力量——只保留了少量的税收主权：税收主权被碎片化了，并由国家和其选民的相对市场力量所决定。当下市场化、碎片化和去中心化的国际税收环境有损于效率、分配正义以及政治参与的目标。

不同于对这些竞争挑战的本能反应——支持对竞争加以遏制——笔者在本书中拥护竞争，并主张利用竞争的优点，而不是反对竞争（笔者认为，反对竞争既不现实又可能产生不合理的效率和分配后果）。由此笔者建议，如果国际社会支持一项偏向竞争的动议，使之成为促进更高效率和全球正义的载体,那么国际税收前沿上"必须做点什么"的急迫任务就会得以更好地完成。笔者主张,最主要的问题不在于国际税收存在着去中心化的市场,而在于这一市场深受严重的市场失灵问题的困扰,这些市场失灵应当被矫正,从而改善国际税收市场的运作。

本书的目的不在于提出解决方案,而在于探究国际税收存在的问题,重申其目标,引入新的(重要的)思路来阐明税务事项的国际合作。现在到了变革国际税收的时候。在这一事项上所汇集的公共和政治利益,以及对所急需变革的呼吁,似乎为国家之间深化合作从而保留国家征税能力赢得了更多的支持。然而,并不是每种形式的合作都对所有合作方有益:合作项目同样存在成本,有些成本经常被强加在发展中国家,特别是发展中国家内那些弱势群体身上。这些成本负担使人们有充分的理由认真考虑竞争性的替代方案。

诚然,笔者提出的应对国际税收市场失灵的想法并不完美,也是暂时性的;没有任何一项上述建议可以马上实施。然而,笔者的目的不是为了提出某项具体的机制,或者给出建议中高度复杂的细节内容,而是为构建一个运行良好的竞争性国际税收市场设定议程,构建这一市场需要得到国际性合作的支持,以实现增加全球福利的目标,同时也应当避免加剧全球非正义的合作行为。

现行国际税收体制所面临的许多挑战来自于其去中心化的竞争性结构,但是集中化并不必然是解决问题的答案。不同于旨在遏制税收竞争的更加综合性的多边体制,多边协议应当寻求改进——实际上是完善——竞争。尽管存在困难,一项协调的国际努力能够——笔者相信也应当——支持具有效率和促进正义的竞争。

索　引

（索引中的页码为原书页码，即本书边码）

agenda-setting　议程设定　177-180
allocation of jurisdiction to tax　征税管辖权的分配　44-50
antitrust agency, for states　国家间反垄断机构　242-244
arbitrage (tax)　（税收）套利　128, 198-199, 216-217, 234-242
authority allocation　权威分配　44-50
Avi-Yonah, R.　鲁文·S. 阿维-约拿　36, 46-47, 121-122, 130, 147-148
avoidance (tax)　避（税）　127-128

Baistrocchi, E.　爱德华多·拜斯特罗基　167-168
benefit taxation　受益税　39
BEPS initiative　税基侵蚀与利润转移项目　157-165, 234-235
bilateral cooperation. See also tax treaties　双边合作，也可参阅：税收协定
　　distributive ramifications of　……的分配效应　49-50
　　effect on foreign direct investment　对外国直接投资的影响　108-109
　　game theory application to　博弈论在……的应用　4
　　in double taxation prevention　防范双重征税　73-74
　　in information sharing　信息共享　152-155
　　in tax treaties　税收协定　81, 86-87, 143-144, 146-149, 152-154, 166-168, 177-178, 183, 237
　　instruments of　……的工具　152-155
　　interests served by　……所服务的利益　7
Tax Information Exchange Agreements (TIEAs)　税收信息交换协议　152-154
tax treaties history　税收协定的历史　146-149
Blake, M.　迈克尔·布莱克　190
Brauner, Y.　亚瑞夫·布朗纳　181
BRICS countries　金砖国家　181

Caney, S.　西蒙·凯尼　190
capital export neutrality (CEN)　资本输出中性　54-55, 58-59
capital import neutrality (CIN)　资本输入

300

中性 55–58
capital ownership neutrality (CON) 资本所有权中性 56–57
cartelization of states policies 国家政策的卡特尔化 143, 173–174, 242–244
coercive power of state and legitimacy 国家的强制性权力与合法性 199–202
　　as rationale in cooperation 作为合作的基本原理 144
　　in distributive justice 分配正义 191–195, 201, 206–211
Cohen, J. 乔舒亚·科恩 191–195
collection, from foreign residents 对外国居民的征税 106, 113
Commodification Critique of the Market 对市场商品化的批判 216
　　and identity 与身份 22–23
Common Reporting Standard (Standard for Automatic Exchange of Financial Account Information in Tax Matters) 共同报告标准（涉税金融账户信息自动交换标准） 155–157, 232–233
competition/tax competition. See also bilateral cooperation; multilateral cooperation 竞争/税收竞争，也可参阅：双边合作，多边合作
　　alteration of state's role by 通过……改变国家的作用 6
　　and arbitrage 以及套利 128, 198–199, 216–217, 234–242
　　as solution 作为解决方案 223–225
　　attempts to curtail 试图限制 149–152
　　costs, benefits of 成本、收益 121–128
　　distributive justice effects of 分配正义

效应 35–37, 121–125, 227–228
efficiency effects of ……的效率影响 31–35, 125–128
foreign investment taxation 对外国投资征税 31–32
for residents 为居民 33–34
fragmentation 碎片化 26–30, 33–34
harmful 有害的 75, 146–154, 165–166, 180–183, 213–214
location-specific rents 地域性特殊租金 36–37
personal, collective identities 个人与集体身份 38–41
political participation and 政治参与 40, 48–49
public services provision 公共服务的提供 1 C25–127
state as recruiter of investors and businesses 作为投资者和企业招揽者的国家 24–26, 31, 33, 122–124, 197–198
state-citizen relationship and 国家与公民的关系以及 12–14, 23, 124–125
state power inequality in 在……方面国家权力的不平等 228–229
tax avoidance and 避税以及 127, 128
tax incentives 税收优惠 39
vs. cooperation as solution 与合作相比，作为解决方案的 4–5, 10, 120–121
wealth/mobility connection 财富/流动性相关联 36, 38–40
wealth redistribution and 财富再分配以及 122–124, 227–228
competitive neutrality 竞争中性 56–57
Convention on Mutual Administrative

301

Assistance in Tax Matters　税收征管互助公约　155-156

cooperation. See also bilateral cooperation; multilateral cooperation　合作，也可参阅：双边合作，多边合作

 inequality, distributive disparity among states/individuals　不平等，国家/个人之间的分配差异　206-211

 vs. competition as solution　与竞争相比，作为解决方案的　4-5, 10, 120-121

credits. See also double taxation prevention　抵免，也可参阅：防范双重征税

deductions. See also double taxation prevention　扣除，也可参阅：防范双重征税

developing countries. See also BEPS initiative; multilateral cooperation; tax treaties　发展中国家，也可参阅：税基侵蚀与利润转移项目，多边合作，税收协定

 asymmetrical tax treaties　不对称的税收协定　111-113

 barriers to competition, removal of　竞争的障碍，移除　224-225, 229-230

 benefit-maximizing strategies　利益最大化策略　113-118

 biases against labor in　在……对劳动力的歧视　143

 cartelization against　对……不利的卡特尔化　143, 173-174, 242-244

 desirability of tax treaties　税收协定的可取性　100

 distributive consequences of tax treaties to　税收协定对……的分配后果　102-104, 119

 distributive justice as duty to　对……作为责任的分配正义　192, 204-205, 207

 foreign direct investment in　在……的外国直接投资　115-116, 134, 210

 information sharing, transparency　信息共享，透明度　152, 165, 230-234

 lock-in effect and　锁定效应以及　174-176

 multilateral coordination disadvantages to　多边合作对……不利　137, 183-184

 relative bargaining power of　……的相对谈判实力　132-137, 168-170, 181-183

 revenue disparity in tax treaties　税收协定中的税收收入差异　7, 73

 strategies regarding tax treaties　关于税收协定的策略　113-114

 tax revenue allocation　税收收入分配　44-50, 135

 tax treaties, cooperation, motivations for involvement in　税收协定，合作，涉入其中的动机　8-9, 102, 110, 113, 144, 167-168

 tax treaties, effects on　税收协定，在……的效果　77-78, 100-104

 tax treaties rejection by　为……拒绝的税收协定　116-118

 UN model　联合国范本　101, 114-115, 148

distributive justice competition, effects on　分配正义竞争，对……的效果　35-37

 cooperation as solution　作为解决方案

的合作 203-206
critique 批判 221-222
inequality, distributive disparity states within 不平等，国家之间分配差异 206-211
multilateral cooperation in 在……方面的多边合作 130, 132-137, 140-141, 188-189
political justice 政治正义 191
redistribution as duty 再分配责任 185-187, 191, 211
state legitimacy, sovereignty and 国家的合法性，主权以及 10, 187-188, 196-199, 206-211
state's roles, coercive powers in 国家的作用，在……方面的强制性权力 193-196, 225-227
taxation goals 征税目标 17-19
distributive justice critique 分配正义批判 221-222
double taxation. See international taxation 双重征税，也可参阅：国际税收
double taxation prevention. See also tax treaties bilateral cooperation in 避免国际双重征税，也可参阅：在……方面税收协定双边合作 73-74
   credits 抵免 53-54, 65-66, 91-93, 98-99, 105-106
   deductions 扣除 53-54, 65-66, 86-91
   deferral 递延 66
double taxation prevention (cont.) 防范双重征税
   economic allegiance 经济忠诚 45-49
   exemptions 免税 53-54, 65-66, 96-98, 105-106

foreign tax credit limitation 外国税收抵免限制 66-67
efficiency 效率
as taxation goal 作为征税的目标 15-17
competition, effects on 竞争，对……效果 31-35, 125-128
multilateral cooperation costs to 多边合作对……的成本 137-140
emerging countries. See BRICS countries; developing countries 新兴国家，参阅：金砖国家，发展中国家
equal distribution 平等分配 18-19
equal sacrifice 平等牺牲 18-19
exemptions. See double taxation prevention 免税，参阅：防范双重征税

FATCA 外国账户税务合规法案 155
foreign direct investment 外国直接投资
bilateral cooperation and 双边合作以及 108-109
in developing countries 在发展中国家 115-116, 134, 210
labor and 劳动力以及 62-65
multilateral cooperation and 多边合作以及 135-136
tax treaties and 税收协定以及 82-83, 106-110, 115-116, 169
taxation of 对……征税 31-32
formulary apportionment 公式分配 176, 235-236
fragmentation and tax planning 碎片化以及税收筹划 27-30
competition/tax competition 竞争／税

303

收竞争 33
　　of sovereignty 主权的 198-199
　　of taxing and spending regimes 税收与支出体制的 26-30
free riding 搭便车 219, 239

game theory 博弈论 4, 7, 60-62, 80-81
　　analysis of tax treaties 对税收协定的分析 82-98
Global Forum 全球论坛 152-154
global justice 全球正义
　　coercion 强制 191-195, 201, 206-211
　　coercion and legitimacy 强制与合法性 199-202
　　cosmopolitan, conception of 世界正义的，……的构想 190, 211
　　left institutionalism 左派制度主义 191-193, 195-196, 211
　　political justice, conceptions of 政治正义，……的构想 188-189, 191, 214
　　statist conception of 国家统治论者对……的构想 9-10, 185-189, 191-196, 199-211
global-normative approach applicability 全球规范路径的适用性 6-7

havens (tax) （避税）天堂 27-30, 131-132, 150-151, 198-199, 240-241
Hirschman, A. 阿尔伯特·赫希曼 228-229

identity 身份
　　community as tax policy consideration 作为税收政策考量的社区 20-23
　　personal, collective identities 个人与集体身份 38-41
IMF 国际货币基金组织 78-79, 116-118
incorporation, taxation and 成立公司，征税与 24-26
individual relocation, taxation and 个体重新选址，征税与 24-26
information asymmetry 信息不对称 218-219
　　automatic exchange of 自动交换 156-159
　　sharing, transparency 共享，透明度 152, 165, 230-234
Instrument to Modify Bilateral Tax Treaties 修订双边税收协定的多边工具 170-171
international taxation 国际税收
　　allocation of jurisdiction to tax 税收管辖权的分配 44-50
　　anticompetitive collusion in 在……的反竞争性合谋 220
　　as decentralized competitive market 作为去中心化的竞争性市场 1-2
　　cooperation as strategy 作为策略的合作 68-70
　　current regime 现今的体制 4, 6-7, 159-165, 168-170, 236-237
　　deferral 递延 66
　　domestic tax policy and 国内税收政策以及 2
　　foreign investment 外国投资 62-65
　　free riding in 对……搭便车 219, 239

索 引

information asymmetry in 在……方面信息不对称 218–219
market failures in 在……方面市场失灵 216–217, 239
national interests as focus of 作为……焦点的国家利益 44, 65–68
national preferences in 在……的国家偏好 62–65
strategic taxation 策略性征税 60–62
taxation authority allocation 征税权的分配 44–50
undermining political sphere critique 削弱政治领域的批判 222–223

Kingson, C. 查尔斯·金森 67–68
Knoll, M. 迈克尔·诺尔 56–57

League of Nations report 国际联盟报告 44–50
lock-in effect 锁定效应 174–176

market failures critique of international taxation 对国际税收的市场失灵批判 216–220
marketization and tax planning 市场化和税收筹划 27–30
    capital markets as leverage 作为杠杆的资本市场 31–33
    and competition for residents 以及为居民展开的竞争 33
    international taxation and 国际税收以及 24–26
market valuation in coercive legitimacy 强制性合法性的市场评价 196–199
Mason, R. 鲁思·梅森 56–57

mobility 流动性
    of capital 资本的 2–3, 8, 31–32, 64–65, 124–127, 130, 135–136, 139–140, 177–178, 242–244
    of residents 居民的 5–6, 14, 24–26, 33, 122–124, 139–140, 196–202, 213, 218–219, 225–227, 242–244
Moellendorf, D. 达雷尔·莫勒多夫 191–193
multilateral cooperation. See also competition/tax competition 多边合作，也可参阅：竞争/税收竞争
    achievement, sustainability of ……的实现，……的可持续性 130–132, 215–216
    agenda-setting 议程设定 177–180
    asymmetric capabilities 不对称的能力 168–170
    cartelization 卡特尔化 143, 173–174, 242–244
    challenges in ……方面的挑战 214–215
    collective good as rationale 作为基本理由的集体的善 144–145
    competition, attempts to curtail 竞争，试图遏制 149–152
    Convention on Mutual Administrative Assistance in Tax Matters 税收征管互助公约 155–156
    costs, outcomes of generally 成本，通常的结果 7–8
    defections 背叛 131–132, 152
    distributive justice in 在……的分配正义 130, 132–137, 140, 203–206
    efficiency costs, benefits of 效率成

305

本，……的收益 137–140
FATCA and 《外国账户税务合规法案》和 155
foreign investment effects 外国投资效应 135–136
Global Forum 全球论坛 152–154
governmental waste, incentives to reduce 政府浪费、减少的激励 138–139
harmonization of rates, policies 税率、政策的统一 128–130
inequality, distributive disparity among states/individuals 不平等，国家/个人之间的分配差异 206–211
information, automatic exchange of 信息，……的自动交换 156–159
information sharing, transparency 信息共享，透明度 152, 165, 230–234
lock-in effect 锁定效应 174–176
network effects 网络效应 170–173, 176, 235–239
OECD's role in power structure remodeling 经合组织在权力结构重构中的作用 180–183
participation, rationales for 参与，基本原理 142–143, 166
participation, strategic rationales for 参与，策略性理由 166–168
revenue allocation 税收收入分配 135
revenue vs. financial market orientations in 在……税收收入与金融市场导向 132–133
special interests, effects on 特殊利益，对……的影响 139
state sovereignty as rationale 作为根本原理的国家主权 144

strategic consideration 策略考虑 7–8, 58–59, 70–71, 146–149, 166–168
tax evasion 偷逃税 150–151
tax havens 避税天堂 27–30, 131–132, 150–151, 198–199, 240–241
Tax Information Exchange Agreements (TIEAs) 税收信息交换协议 152–154
vs. competition as solution 与竞争相比，作为解决方案的 4–5, 10, 120–121
multilateral instrument 多边工具 159–165, 170–171, 224–225

Nagel, T. 托马斯·内格尔 191–196, 199–202, 208
network effects 网络效应 170–173, 176, 235–239
lock-in effect 锁定效应 174–176
neutrality 中性
  capital export neutrality (CEN) 资本输出中性 54–55, 58–59
  capital import neutrality (CIN) 资本输入中性 55–58
  capital ownership neutrality (CON) 资本所有权中性 56–57
  competitive neutrality 竞争中性 56–57
  efficiency and 效率以及 15–17
  flaws of ……的缺陷 57–60, 68–69
  in promotion of welfare 促进福利 50–53
  national neutrality 国家中性 56
  partial 部分 53–57, 69

OECD Model Tax Convention 经合组织税收协定范本 78–79, 101, 113–114,

147-148, 232-233

OECD's role in regime design 经合组织在体制设计中的作用 180-183

optimal taxation 最优征税 16-17

partial neutrality 部分中性 53-57, 69

personal, collective identities 个人与集体身份 38-41

planning (tax) （税收）筹划 26-30, 198-199

political participation, political sphere 政治参与，政治领域 40, 48-49, 191, 222-223

Race to the Bottom 逐底竞争 7-8, 35-36, 120-121, 123-124, 128-130, 143, 224-225

redistribution as duty 作为责任的再分配 185-187, 191, 211

Report on Harmful Tax Competition (OECD) （经合组织）有害税收竞争报告 149-154

residency 居所
  competition/tax competition for 竞争/对……的税收竞争 33-34
  state as recruiter 作为招揽者的国家 24-26, 31, 33, 122-124, 197-198
  state-citizen relationship and 国家与公民的关系以及 12-14, 23, 124-125

Richman-Musgrave, P. 佩吉-里查曼·马斯格雷夫 50-51

Roin, J. 朱莉·罗因 137-138

Ronzoni, M. 米利亚姆·龙佐尼 203-204

Sabel, C. 查尔斯·萨贝尔 191-195

Sangiovanni, A. 安德鲁·萨基奥万尼 191-193

Shaviro, D. 丹尼尔·沙维罗 59, 70

Smith, P. 帕特里克·史密斯 190

source (basis of taxation) 来源地（为基础的征税）
  transaction classification 交易分类 27-30

source rules 来源规则 105-106, 198-199

withholding taxes 预提税 175-176

Standard for Automatic Exchange of Financial Account Information in Tax Matters (Common Reporting Standard) 涉税金融账户信息自动交换标准（共同报告标准）155-157, 232-233

state as recruiter of investors and businesses 作为投资者和企业招揽者的国家 24-26, 31, 33, 122-124, 197-198

strategic taxation 策略性征税 60-62

tax arbitrage 税收套利 128, 198-199, 216-217, 234-242

taxation 征税
  allocation of jurisdiction to tax 税收管辖权的分配 44-50
  collection, from foreign residents 对外国居民的征税 106, 113
  distributive justice goals of ……的分配正义目标 17-19
  efficiency goals of ……的效率目标 15-17
  fragmentation 碎片化 26-30
  identity, community and 身份，社区以及 20-23

labor, foreign investment and 劳动力，外国投资以及 62–65

marketization and 市场化以及 24–26

ring fenced activities 围栏式的活动 31–32

tax avoidance. See also tax planning 避税 127–128，也可参阅：税收筹划

tax havens 避税天堂 27–30, 131–132, 150–151, 198–199, 240–241

Tax Information Exchange Agreements (TIEAs) 税收信息交换协议 152–154

tax planning 税收筹划 26–30, 198–199

tax rules, streamlining 税收规则，简化 234–242

tax treaties. See also double taxation prevention 税收协定，也可参阅：避免双重征税

    advantages, benefits of 优势，……的利益 105–107

    agenda-setting 议程设定 177–180

    as regressive redistribution mechanism 作为累退性再分配机制的 7, 77–78, 102–104

    asymmetrical 非对称性 111–113

    bilateral cooperation in 在……的双边合作 81, 86–87, 143–144, 146–149, 152–154, 166–168, 177–178, 183, 237

    credits 抵免 91–93, 98–99, 105–106

    deductions 扣除 86–91

    developing / emerging countries, benefit maximizing strategies 发展中／新兴国家，利益最大化策略 113–118

    developing / emerging countries, effects on 发展中／新兴国家，在……的效果 77–78, 100–104

    double 双重 27–30

    double taxation alleviation by 由……消除双重征税 72–80, 100–102

    exemptions 免税 96–98, 105–106

    foreign direct investment and 外国直接投资以及 82–83, 106–110, 115–116, 169

    game theory analysis of 对……的博弈论分析 82–98

    history of ……的历史 146–149

    host country national interests 东道国的国家利益 82–84

    host country policy preferences 东道国的政策偏好 84

    jurisdiction, revenue allocation 管辖区，税收收入分配 99–100, 102–104

    lock-in effect 锁定效应 174–176

    network effects 网络效应 170–173, 176, 235–239

    OECD Model Tax Convention 经合组织税收协定范本 78–79, 101, 113–114, 147–148, 232–233

    participation, strategic rationales for 参与，对……的策略性理由 166–168

    relief granted by 由……给予的救济 76–77

    residence country national interests 居民国国家利益 84–86

    residence-host country interactions 居民国与东道国的互动 74–76, 80–82, 100

    revenue allocation disparity 税收收入

索 引

分配的差异 73
single tax ideal 单一税交易 101
subsidies 补贴 82-84
symmetrical 对称的 111
tax-sparing arrangements 税收饶让安排 115-116

UN model 联合国范本 101, 114-115, 148
Tiebout, C. M. 查尔斯·M.蒂博特 122-123
transaction costs 交易成本 216-217, 239

309

图书在版编目（CIP）数据

国际税收政策：在竞争与合作之间 /（英）特斯利·戴根著；毛杰译. — 北京：商务印书馆，2024
（财税法译丛）
ISBN 978-7-100-23514-3

Ⅰ.①国⋯ Ⅱ.①特⋯ ②毛⋯ Ⅲ.①国际税收—税收政策—研究 Ⅳ.① F810.42

中国国家版本馆 CIP 数据核字（2024）第 055679 号

权利保留，侵权必究。

财税法译丛
国际税收政策
——在竞争与合作之间
〔英〕特斯利·戴根 著
毛杰 译

商 务 印 书 馆 出 版
（北京王府井大街36号 邮政编码100710）
商 务 印 书 馆 发 行
北京市十月印刷有限公司印刷
ISBN 978-7-100-23514-3

2024年5月第1版	开本 880×1230 1/32
2024年5月北京第1次印刷	印张 10¼

定价：79.00元